本书撰写人员名单

主　编：张颖举

撰写人员：张颖举　王晓勇　赵意焕　谢娅婷

　　　　　王　睿　程春丽

新时代中国县域脱贫攻坚案例 研究丛书

光山

绿色发展引领脱贫攻坚

全国扶贫宣传教育中心／组织编写

人民出版社

目 录
CONTENTS

第一章

逻辑起点：光山绿色发展引领脱贫攻坚的背景及条件

光山位于河南省东南部，为大别山集中连片特困区贫困县和大别山国家重点生态功能区所属县。2008 年 7 月，环境保护部与中国科学院联合发布《全国生态功能区划》，大别山区被确定为国家重点水源涵养生态功能区。2011 年 12 月，中共中央、国务院印发《中国农村扶贫开发纲要（2011—2020 年）》明确指出，大别山区等区域的连片特困地区，要在国家指导下，以县为基础制定和实施扶贫攻坚工程规划。"加强生态建设和环境保护，着力解决制约发展的瓶颈问题，促进基本公共服务均等化，从根本上改变连片特困地区面貌。"2013 年 11 月 3 日，习近平总书记在湖南考察调研时强调，扶贫开发要同做好农业农村农民工作结合起来，同发展基本公共服务结合起来，同保护生态环境结合起来，向增强农业综合生产能力和整体素质要效益。光山县委、县政府认真贯彻习近平总书记关于扶贫工作重要论述，根据国家重点生态功能区定位，牢固树立绿色发展理念，立足"智慧之乡""红色热土""生态之地"的特色优势，积极探索绿生态优先、绿色发展新路子。

一、智慧之乡的历史过往

光山历史悠久、文化灿烂，区位独特、气候宜人，民风淳朴、人杰地灵，是著名历史典故"司马光砸缸"的发生地。特殊的风土人情，孕育形成了著名的智慧之乡。

（一）建制沿革

关于"光山"县名字的由来，一般认为是因为其境内的浮光山。《水经注·淮水》："淮水又东径浮光山北，亦曰扶光山，即弋阳山也。出名玉及黑石，堪为棋。其山俯映长淮，每有光辉。"《名胜志》："光山县以浮光山为名"。宋《太平寰宇记》："俯映长淮，每有光耀，因名光山。"光山历史悠久，有文字可考的历史长达 4000 余年，在周朝时为弦子封国，故称"弦"；春秋时期属于楚国；秦和西汉辖于九江郡；王莽时废国立县，境内设光城、茹由、东安三县；隋文帝开皇十八年（公元 589 年）更光城为光山，始为光山县。此后光山一直是豫南的军事、政治、经济和文化重地。中华民国二年（1913 年）属河南省豫南道（1914 年，改豫南道为汝阳道）；1928 年 5 月，河南省境划为 14 个行政区，属第十三行政区（潢川）辖区；1932 年 8 月，属河南省第九区（潢川）辖区。中华人民共和国成立后，属河南省潢川专区辖区；1952 年 10 月，信、潢两专署合并，属信阳专区；1970 年，属信阳地区；1998 年 6 月 9 日开始，属信阳市管辖。

（二）地理环境

光山县地处鄂豫皖三省交界地带，北临淮河，南依大别山，中心坐标：32°00′0″N，114°54′0″E。县境东临潢川和商城，西连罗山、南接新县、北与息县相望。东距合肥 227 公里、南离武汉 220 公里、北至郑州 430 公里、西抵西安 696 公里。全县东西长 60 公里，南北宽 55 公里，总面积 1835 平方公里，总人口 86 万人。辖 17 个乡镇，2 个街道办事处，1 个产业集聚区，1 个国家森林公园管理区，1 个商务中心区，360 个村（社区）。光山县境内地势西南高、东北低，南部为浅山区，中部为丘岗区，沿河为平畈区。光山县地处亚热带向温带过渡地带，境内气候宜人，四季分明，年平均日照时间为 1990 小时，年平均气温为 15.4℃，全年无霜期平均为 226 天，年平均降水量 1027.6 毫米。光山生态优良，绿水青山，全县水资源总量 20 亿立方米，森林覆盖率达 42.6%。人文景观与自然景观交相辉映，素有"北国江南"之美称。在 2015 年 7 月，河南省环保厅首次公布的 2015 年上半年全省县（市、区）城市环境空气质量排名中，光山位列第一。之后，光山又多次获此殊荣。

（三）风俗文化

光山地处中国南北地理分界线，是荆楚文化与中原文化交融之地，由于地理与历史的原因，光山县在饮食文化、婚姻文化、年节文化等很多方面与河南大部分地区有些不同。不管是春节前打糍粑、正月十五送灯、春节期间舞狮子、玩旱船等民俗活动，还是日常民间结婚习俗、节日庆典、人情往来等既具有豫南风情更体现光山特色。其中，正月十五"送灯"（又称"送亮"）是光山最独特的民间习俗。光山自古就有"十五大于年"的说法，"哪怕过年不回家，也要十五坟送亮"。在光山，从正月十五下午开始，平日繁华熙攘的商业街市全部关门歇业，人们都加入送灯队伍中。有的全家出动，有的不远千里赶回，步行、骑车、开车，一个目标，一个时间，一个意愿，到祖宗坟山、自家祖坟前去"送灯"。到十五晚上，光山的夜空烟花绽放，山谷鞭炮齐鸣，满山的座座祖坟亮灯如繁星点点。除了在祖坟上送灯外，还要在天地、灶神牌位前烧纸钱并送灯，以求神仙赐福家人；也有在仓库、牛马圈、井台、碾房等处烧纸送灯，以求五谷满仓、牛肥马壮，打水平安、粮食常吃常有；还有在大路口烧纸送灯，祈求出入平安，家来四面八方客。"年复一年的'送灯'路上，孩子们听着先辈们故事长大，更加深刻地意识到'送灯'文化对家族影响的重要性，也就更加热衷于带着自己的后辈跋山涉水回来'送灯'，复述着前辈们的故事，灯节又成了传承家史的最好平台。"①

（四）经济基础

改革开放以后，尤其是进入新世纪，经过不懈努力，光山的经济发展取得了长足的进步，为打好脱贫攻坚战、实现经济快速发展打下了坚实基础。数据显示，脱贫攻坚战开始前的 2014 年，光山全县生产总值 153.8 亿元，全社会固定资产投资 172.5 亿元，社会消费品零售总额 65.6 亿元，进出口总值 1060 万美元。一、二、三产业结构占比为 29.5∶40∶30.5。地方公共财政预算收入 4.53 亿元，地方公共财政预算支出 28.4 亿元。城镇居民人均可支配收入、农民人均纯收入分别为 20315 元、8832 元，居民储蓄存款 138.2 亿元，金融机构贷款 73.7 亿元。居民消费价格指数为 1.9%。但是，光山"农业大县、财政穷县、工业弱县"的局面依然没有改变。

1. 第一产业发展情况

光山是传统农业大县，农林牧业在经济社会发展中占有举足轻重的地位。光山主要的粮食作物是水稻，水稻常年种植面积在 78 万亩以上，平均亩产 1200 斤以上。2014 年，全县粮食种植面积 110.6 万亩，总产量达 11.8 亿斤，相继获得"全国产粮大县""全国油料百强县""全国粮食生产先进县"等荣誉称号。林业经济发展迅速。2014 年，全县新发展茶园面积 5.2 万亩、油茶 7 万亩、苗木花卉 4.5 万亩，茶园、油茶、花木总面积分别达到 23.8 万亩、18.7 万亩、

① 梁庆才：《时代答卷——来自一个国家级贫困县的脱贫攻坚报告》，河南人民出版社 2019 年版，第 341 页。

10.3 万亩，茶叶、油茶、花木三大产业逐步向规模化、专业化和标准化方向发展。畜牧业生产稳定增长，全年畜牧业产值 17.32 亿元。肉类总产量 48588 吨；禽蛋总产量 23717 吨。

2. 第二产业发展情况

羽绒加工业、茶叶加工业、化纤工业、水泥工业等是光山的传统工业，而茶油加工业则是光山新兴产业。脱贫攻坚战开始前，光山第二产业发展较为迅速。2014 年，光山全县工业累计完成增加值 515300 万元，同比增长 11.4%。其中，规模以上工业完成增加值 418772 万元，同比增长 14.5%；规模以下工业完成增加值 96528 万元，同比增长 3.3%。然而，当时工业经济下行压力依然较大。一是部分企业经营形势不佳，一些不确定因素随时会影响部分企业的生产经营。受外围市场影响，产品价格下降，用工费用等上涨，挤占了企业的利润空间。二是全县完成工业投资不足，远低于全县固定资产投资的增长速度。产业集聚区在建项目和新开工项目少、进展缓慢，造成工业经济发展后劲不足。三是企业规模较小，入库难。全县 95% 以上是中小企业，年产值亿元以下，缺少年产值过 10 亿元、税收过亿元的大企业。四是工业园区基础设施建设滞后，基本无土地储备，征地难致使工业项目引进难、落地少，造成工业投资小、投产少。五是工业基础薄弱，基本上为资源型加工业，高科技、高附加值的产业很少，外贸出口仍处于起步阶段。

3. 第三产业发展情况

旅游与电商是光山第三产业的中坚力量。光山文化旅游资源丰富，绿色生态旅游和红色文化旅游的资源优势明显。脱贫攻坚战开始前的 2014 年，全县共接待海内外游客人数达 152 万人次，实现旅游综合收入 6.8 亿元。开始启动 AAAA 级风景区创建工作，保护提升邓颖超祖居、王大湾会议会址纪念馆、司马光故居、白雀园明清街等历史文化景点。电子商务发展势头迅猛。2014 年，光山成立了羽绒电子商务协会和速递物流行业协会，举办了 30 期电商培训班，快递、物流公司发展到 29 家，日出单量 5 万票，电商网上销售的产品发展到近百种，年销售额达 10 亿元以上。但光山的第三产业起步晚、种类单一，在三产中占比较小。

（五）社会民生

党的十八大报告提出：就业是民生之本，教育是民生之基，医疗是民生之需，社保是民生之依，分配是民生之源，住房是民生之安，稳定是民生之盾。"十二五"期间，光山的社会民生事业发展较快，居民收入、就业、医疗与社会保障、教育等不断改善。全县社会大局安定和谐，人民群众的幸福指数不断攀高。五年中，光山用于民生支出的财政资金 107.1 亿元，占一般公共预算支出的83%。城镇居民人均可支配收入由 12924 元增加到 22245 元、农民人均纯收入由 5287 元增加到 9715 元。城镇新增就业、下岗失业人员再就业年平均增长率分别为 1.5%、3.1%。城乡居民基本养老保险参保群众占适龄人口的 92.9%，城乡低保、医疗救助机制进一步完善。

尤其值得一提的是光山的教育事业。"十二五"期间，全县教育经费拨款累计达到 40.1 亿元，义务教育入学率达到 99.5%，普通高校录取率达到 80% 以上，被北京大学、清华大学、香港大学、香港中文大学等名校录取 55 人。教育已成为光山的一张靓丽名片。时任光山县教育局局长的杨文清说："光山作为国家级贫困县，虽贫但勤耕苦读之风始终绵延兴盛。一等人忠臣孝子，两件事读书耕田。也许正是从司马光时代就秉承的这种崇文尚学、尊师重教的优良传统，才让光山人创造了薄弱经济基础支撑宏大教育体系的光山教育现象。"光山亮眼的高考成绩，源于坚实的基础教育。光山二高为河南省省级示范性高中，曾在河南省重点高中办学水平督导评估中名列全省第三，跻身地区重点高中之列。"十二五"时期，光山中小学教育，尤其是民办教育得到长足发展。司马光学校、慧泉学校、紫水学校、光州学校、光辉学校等十几所民办中小学的在校生已达 3 万多人，在校生人数占全县在校生总数的 17.3%。

二、红色热土的治贫之迫

光山属于大别山革命根据地、是刘邓大军"千里跃进大别山"时首长和中原党政军机关的主要驻地，更是解放战争由战略防御向战略反攻的转折地。在这里，诞生了红四方面军、红二十五军、红二十八军等主力红军，留下了刘伯承、邓小平等老一辈革命家和军事家的战斗足迹，走出了尤太忠、万海峰、钱钧等数十位开国将领。著名的"王大湾会议"就在光山县砖桥镇召开。光山境内有文物和革命纪念地 535 处，是著名的革命老区、红色热土。然而，由于种种原因，红色光山曾经长期饱受贫困之苦，治贫任务十分紧迫。

（一）光山贫困状况与特点

光山地处大别山北麓，既不沿海也不沿边，属于信息闭塞、经济发展滞后的中西部地区。1985 年，光山县由于半数以上人口为贫困人口，被国务院确定为国家级贫困县，1994 年，再次被国务院确定为"八七"扶贫攻坚计划的重点贫困县，2002 年，被国务院确定为国家级扶贫开发工作重点县，2011 年，被国务院扶贫开发领导小组确定为新一轮扶贫开发工作重点县和大别山片区县。在 2015 年脱贫攻坚战开始前，光山县在贫困人口数量、经济发展速度、基础设施、产业结构、社会事业、地方财力、人民生活等方面在全国范围内比较依然有较大差距。

1. 贫困人口多，脱贫难度大

2014 年初，光山县共有贫困村 106 个，建档立卡贫困人口 95902 人。通过帮扶，当年脱贫 16329 人。到 2014 年底，有建档立卡贫困人口 79573 人。2015 年底，光山县建档立卡贫困人口 21329 户 87446 人，未脱贫人口 10532 户 30751 人，其中因病致贫、返贫 4996 户 17467 人，因病致贫、返贫率高达 56.80%，而国家有关部门根据建档立卡统计的数字，全国因病致贫、返贫贫困户占建档立卡贫困户的总数则为 42%。中办驻光山扶贫工作组组长党孝民认为，"光山的贫困人口比例虽然不高，但基数却很大，在信阳市各县区位居第一，在全国比例都是比较高的"。而从这些贫困人口的致贫原因来看，缺技术致贫占 27.16%、缺资金致贫占 26.94%、缺劳力致贫占 11.93%、因病致贫占 16.53%、因灾致贫占 3.07%、因残致贫占 3.65%、因学致贫占 7.10%，其他原因的占 3.63%。这些贫困人口是多年来遗留下的重点贫困人口，是贫中之贫、困中之困，致贫原因复杂，脱贫难度大。

2. 经济总体水平落后，贫困人口增收困难

一是县域综合实力不强，全县人均 GDP、农民人均纯收入、城镇居民人均可支配收入均与全国平均水平有较大差距。2014 年，全县人均 GDP 为 18282 元，是全国人均 GDP 的 38.89%；农民人均纯收入 8832 元，为全国农民人均纯收入 10489 元的 84.2%；城镇居民人均可支配收入 20315 元，为全国平均水平 28844 元的 70.43%。2014 年，全县地方财政一般预算收入 4.53 亿元，地方财政支出 28.35 亿元。人均财政收入与全省、全国平均水平有较大差距，属典型"吃饭财政"，地方财政对上级转移支付依赖程度较高。在 2012

年河南县域经济发展排名中，光山县位列 108 个县（市）的第 83 位。[①] 二是财政收入低，很多项目和建设靠国家和省市转移支付来维持，自我发展、自我供血能力严重不足，与全国其他大多数贫困县区一样，主要是靠国家"输血"来发展。县委书记刘勇说："直到 2014 年，全县地方公共财政预算收入只有 4.53 亿元，但支出保守数字也得 30 个亿，很多项目和建设都得靠国家和省市转移支付来维持，光山自我发展、自我供血能力严重不足。"三是龙头企业少，高新技术产业和现代服务业比重偏低，企业整体效益不高，对财政和社会的贡献非常有限。

3. 农村基础设施配套不完善，巩固扶贫成果难度大

光山虽然交通比较方便，宁西、京九两条铁路穿境而过，沪陕、大广两条高速在境内交会，106、312 两条国道和 213、338、339 三条省道穿越县境，境内设有 5 个高速出口、2 个火车站。但农村道路交通设施滞后却是制约农村经济发展和贫困群众脱贫的重要因素。2014 年，光山全县行政村通公路占比 59%，村民组通公路占比 18%。行政村通公路比例小、标准低，断头路多。特别是多数贫困村位置较偏，距离公路干线路程较远，公路覆盖比例偏低，一遇阴雨天就出现交通困难，农产品无法外运，农民出行困难，严重影响了光山农村经济的发展和贫困群众的生活。光山地理环境不同于河南北方，村庄随地势高度分散，有的三五户就是一个自然村庄，不仅里程多，因是浅山丘陵，到处不是沟就是坎，拨开荆棘，很多地方下脚处只有扁担宽，路基条件错综复杂。同时，由于水利工程布局不合理、不配套，设施陈旧，年久失修，效益发挥在逐年降低，全县有近 1/3 耕地仍然靠天收获，特别是国家干旱监测中心的监测点、全省有名三大干旱片之一的西北干旱片的仙居等 5 个乡镇，农业用水、人畜饮水特别困

---

① 参见河南省社科院 2012 年《河南县域经济发展质量评价》。

难，这些地方的贫困人口脱贫难、返贫易。

4. 社会保障水平低，民生任务重

尽管在改革开放后，特别是进入新世纪，光山社会事业发展较快，但与发达和先进地区相比，社会保障水平依然较低，保障民生的任务比较繁重。在卫生方面，受财力所限，仍有部分乡镇卫生院条件简陋，医疗器械和专业医务人员缺乏。在教育方面，农村中小学硬件条件差，师资力量不足，教育教学质量难以保证，造成生源萎缩，反过来造成教师流失现象严重。在就业方面，全县工业企业实力不强、集聚不够，第三产业比例小、吸纳就业能力有限，加上贫困人口自身的原因，造成贫困人口就业难。在社保方面，全县城乡低保、五保、优扶对象多，相当一部分贫困人口因客观条件限制和进出渠道不畅而得不到及时救助；救助标准偏低，维持基本生活尚有困难。

（二）光山致贫主要原因

就县域经济而言，光山的贫困既有历史的原因也有现实的因素；既受客观条件限制，又有思想观念等主观因素的影响。

1. 地理位置较偏、交通不方便

光山县位于鄂豫皖三省交界地区，是武汉城市圈、中原经济圈和皖江城市带的连接地带，区位独特。但是它距离省会郑州市430公里，距离湖北武汉市220公里，距离安徽合肥市227公里，距离信阳市95公里。也就是说，距离区域政治经济中心较远，属于中原经济圈、武汉经济圈和皖江城市带辐射带动的盲区。长期以来，受地理条件限制，内联外通的路网结构尚未全面形成，交通运输能力不足、物流成本偏高，对光山的发展形成了明显的制约。受此影

响，一方面，颇具光山特色的茶叶、麻鸭蛋、糍粑等农副产品不能够很好地宣传外销；另一方面，丰富的红色文化旅游资源、优美的自然山水资源也不能够得以充分开发利用。农村富余劳动力只能够选择费尽千辛万苦外出务工谋生。青壮年劳动力的大量外出，又反过来阻碍和制约了农业生产和农村经济发展，不利于光山脱贫攻坚工作的开展。

2. 二、三产业发展滞后、缺少龙头企业

光山是农业大县、产粮大县，为国家的粮油安全作出了贡献。"十二五"期间，光山第一产业占 GDP 比重始终高于全国和全省平均水平。例如，2014 年，全国的第一产业占比不到 9.17%，而光山却高达 29.48%。而光山的第二、三产业发展一直相对滞后。光山整体工业化水平不高，产业层次较低、链条短，市场竞争力较弱，对 GDP 的贡献率较低。2014 年，光山第二产业增加值 615365 万元，占三大产业增加值的 40.02%，低于 42.72% 的全国平均水平。全县 95% 以上是中小企业，年产值亿元以下，缺少年产值过 10 亿元、税收过亿元的大企业。光山红色文化和生态旅游资源丰富，历史古迹众多，是中华农耕文化发祥地之一，楚文化、禅宗文化、根亲文化交汇交融。但光山旅游开发仍处于零星分散状态，产业化水平不高，旅游资源优势尚未转化为产业优势。2014 年，光山第三产业增加值 468927 万元，占三大产业增加值的 30.49%，远低于 48.11% 的全国平均水平。在"无工不强""无商不富"的市场经济时代，二、三产业的发展滞后使得光山无法真正富起来。同时，光山缺少龙头企业带动，高新技术产业和现代服务业比重偏低，企业整体效益不高，对财政和社会的贡献率偏低。

3. 财政收入少、经济基础薄弱

光山虽然是农业大县，但也是经济弱县、财政穷县。2015 年，

光山县完成国内生产总值 166.5 亿元，相当于同期河南省县（市）平均水平（234.24 亿元）的 71.1%，全国县（市）平均水平（241.70 亿元）的 68.9%；2015 年，光山县人均国内生产总值 27508 元，相当于同期河南省平均水平（39222 元）的 70%、全国平均水平（49351 元）的 56%。很显然，脱贫攻坚战前的光山经济在总量和人均方面均明显落后于河南省和全国平均水平，属典型的"吃饭财政"，地方财政对上级转移支付依赖程度较高。

4. 自然灾害多、向现代农业转型能力低

光山地处南北气候过渡地带，气候复杂多变，暴雨、暴雪、干旱等自然灾害频发，农作物大面积减产甚至绝收的年份时有发生。同时，该区域属于典型的生态脆弱带，水土流失比较严重，河道逐年淤积，滑坡、泥石流等自然灾害频发。光山县虽然是农业大县，但农业资源和农业生产条件却十分有限。2014 年，全县共有可耕地面积 125.7 万亩，人均耕地不足 1.5 亩，低于全国平均水平。由于光山农村劳动力外出务工时间早、规模大，也带来了农业基础设施陈旧老化，农业技术服务人才稀缺，农业科技投入不够，生产方式落后，农业产业化经营和社会化服务水平较低等一系列现实问题，制约了从传统农业向现代农业的转型。

5. 自我发展能力不足、等靠要现象较为普遍

一方面，受环境条件影响，光山县殷棚乡、南向店乡、马畈乡等山区乡镇的农民文化程度普遍较低，掌握现代农业生产和经营的能力不强，外出务工大多只能从事简单的体力劳动，工作收入很有限、发家致富难度大。另一方面，受传统农业大县的农民思维影响，"不思进取""小富即安"甚至"得过且过"的观念比较盛行。"盐菜稀饭蔸子火，除了神仙就是我"的人贫志短懒于干事现象曾经比较普遍。再加上光山人讲求生活质量，爱吃、会吃，又注重人情礼节、应酬

多、开销大，常年辛苦攒下的钱财，往往一个春节消费殆尽，从而影响了生产经营和脱贫致富。

（三）光山治贫历程与经验积累

改革开放后，光山的经济社会发展取得了前所未有的成绩，但作为国家首批命名的贫困县，光山的经济社会发展与东部地区以及与中部先进县域相比还是有相当大的差距。从 20 世纪 80 年代中期开始，至脱贫攻坚战役打响之前，光山人民就开始了为期三十年的与贫困进行抗争的奋斗史。这段历史，按照光山 1985 年被国务院确定为国家级贫困县、1994 年被国务院确定为"八七"扶贫攻坚计划重点贫困县、2002 年被国务院确定为国家级扶贫开发工作重点县、2011 年被国务院扶贫开发领导小组确定为新一轮扶贫开发工作重点县和大别山片区县，而大致可以分为四个阶段。这段抗争史，有成绩也有缺憾，虽然没有解决光山的贫困面貌，但为随后的脱贫攻坚战提供了经验积累和启示。

1. 起步探索阶段（1986—1993 年）

1983 年底，时任河南省委副书记、省长何竹康来信阳地区调研，看到 90% 的农户是"茅草房土坯墙、泥巴凳子泥巴床，除了泥巴没家当"，41% 的农户处于温饱线以下，立即向省委提交了《关于信阳老苏区经济和社会发展情况的调查报告》，反映了信阳的贫困状况。1984 年 2 月，河南省委、省政府批转了何竹康的报告，要求采取一系列特殊的政策和措施，给予信阳必要的扶持。同年，中共中央、国务院下发了《关于帮助贫困地区尽快改变面貌的通知》（中发〔1984〕19 号）。1986 年，国家启动贫困县认定工作，中央政府成立专门的扶贫工作领导机构即"国务院贫困地区经济开发领导小组"（1993 年改为国务院扶贫开发领导小组）。至此，中央、省、市、县有组织有计划的大规模扶贫开发工作全面展开。光山作为第一批国家级贫困县，扶贫工作正式拉开帷幕。这一阶段的扶贫重点是发款发物的救济式扶贫，首先解决贫困群众基本的生存生活条件，让群众不受冻、不挨饿。扶贫措施主要是围绕资源优势，狠抓粮油、棉麻、水产、用材林、经济林、茶叶、桑蚕等基地建设，大力发展支柱产业。同时，注重治山治水，修路架电，改善群众生产、生活条件。这一阶段中，扶贫工作实现了三个转变，即从扶持一家一户生产向抓基地建设和服务实体转变；从解决眼前温饱向改善基础设施转变；从单一的资金扶持向资金、物质、技术、配套服务扶持转变。

2. 扶贫攻坚阶段（1994—2000年）

1994年4月，《国家八七扶贫攻坚计划》（1994—2000年）公布实施，随后省、市、县各级政府制定了相应的扶贫攻坚计划，扶贫开发进入了适应社会主义市场经济的攻坚阶段。这一时期，光山在大力发展支柱产业的基础上，立足优势资源，着力把农民引向市场，兴办白鲨针布公司等一批龙头企业，促进农村劳动力向二、三产业转移，通过市场提高扶贫效益。这一阶段的特点是：以龙头企业牵头，商品生产基地为骨干，千家万户为靠山，按照"公司+基地+农户"的发展模式，逐步形成了贸工农一体化、产加销一条龙的经营机制，促进了支柱产业的深度开发。

3. 扶贫开发阶段（2001—2010年）

2001年，国务院制定了《中国农村扶贫开发纲要（2001—2010年）》。《纲要》明确了新阶段扶贫开发的方针是："政府主导、社会参与、自力更生、开发扶贫、全面发展"；目标任务是："巩固温饱、加快发展、缩小差距、构建和谐"。为此，光山县制定了《2001—2010年扶贫开发工作规划》，突出扶贫开发工作重点，抓好扶贫开发规划的编制和贫困村、贫困户的申报确定工作。全县共确定 7 个重点乡镇、100 个贫困村。在这一阶段，扶贫工作走出了一条以开发式扶贫为主，救助保障为辅的比较成熟的开发模式，并探索出了以整村推进工作为主体，以培训贫困劳动力促进转移和产业化龙头企业带动为两翼的工作路径，推动了全县经济社会的快速发展，开创了新时期扶贫开发的新局面。

4. 精准扶贫、精准脱贫阶段（2011—2015 年）

2011 年 12 月，中共中央、国务院印发了《中国农村扶贫开发纲要（2011—2020 年）》，明确提出了新一轮扶贫攻坚的总体目标："到 2020 年，稳定实现扶贫对象不愁吃、不愁穿，保障其义务教育、基本医疗和住房。贫困地区农民人均纯收入增长幅度高于全国平均水平，基本公共服务主要领域指标接近全国平均水平，扭转发展差距扩大趋势。"扶贫新《纲要》的颁布实施，标志着我国扶贫开发从以解决温饱为主要任务的阶段转入巩固温饱成果、加快脱贫致富、改善生态环境、提高发展能力、缩小发展差距的新阶段。2014 年 1 月，《大别山片区区域发展与扶贫攻坚规划（2011—2020 年）》经国务院批准实施。2013 年，中共中央办公厅、国务院办公厅印发了《关于创新机制扎实推进农村扶贫开发工作的意见》，在坚定《纲要》"两不愁、三保障"等目标的基础上，更加突出扶贫体制机制的创新，更加突出精准扶贫、精准脱贫，并在全国范围全面推进贫困识别和建档立卡工作。光山县委县政府响应中央和地方政府号召，积极动员部署，深入调查研究，突出精准扶贫到村到户和区域扶贫攻坚两个重点，既注重发挥政府扶贫的主体作用，又充分发挥行业扶贫、社会扶贫的积极性，初步形成了专业扶贫、行业扶贫、社会扶贫"三位一体"的大扶贫格局，为随后的"脱贫攻坚"战略实施奠定了坚实基础、积累了初步经验。

三、生态之地的绿色发展优势

大别山区是我国重要的生态功能保护区。在 2014 年河南省人民政府颁布的《河南省主体功能区规划》中，就将光山确定为重点生态功能区。2016 年 9 月 28 日，中国政府网发布《国务院关于同意新增部分县（市、区、旗）纳入国家重点生态功能区的批复》，光山县正式入围国家重点生态功能区的县（市、区、旗）名单。依托国家重点生态功能区定位，光山绿色发展增添了更多的自信和优势。

（一）自然生态资源

光山自然资源丰富，是全国粮油基地、茶叶之乡、青虾和麻鸭原产地，素有豫南"鱼米之乡"之美称。尤其是山林资源和水资源具有显著优势，具备发展绿色农业和生态旅游的良好条件。

1. 山林资源

光山位于大别山北麓，县境中南部和中西部山林面积广阔、风景秀丽壮美。以大苏山风景区和赛山风景区为代表的山林资源已得到初步开发，为开展生态旅游和生态林业提供了良好条件。规划总面积 2788.53 公顷的大苏山森林公园于 2015 年 1 月被林业部正式批准为国家森林公园，2017 年 12 月又成功入选国家 AAAA 级旅游景区确定名单。赛山风景区位于光山县的白雀园镇、凉亭乡和新县的八里畈镇交界处，主峰在凉亭乡杨岭村内，海拔 374.3 米，景区内群峰叠起，林木葱茏，花草繁多，气候温和，雨量充沛，四季云雾缭绕，景色宜人。景区面积为 24000 亩，有生态林 3600 亩，区内野生动植物丰富，松柏参天，茂林修竹，清泉幽潭，具有深度旅游开发的潜力与价值。

2. 水资源

光山山秀水更美。全县境内有 20 余条流域面积达到 10 平方公里以上的河流，水资源面积十分广阔。丰富的水资源不仅利于水产养殖和生产灌溉，而且也适宜开发地文景观类、水域风光类和生物景观类旅游。以泼河水库、龙山水库和五岳水库为代表的光山丰富水资源已初步得到开发利用。位于光山县城南 25 公里泼河镇的泼河水库，控制流域面积 222 平方公里，总库容 1.5 亿立方米，库水面积 1.7 万亩。库区内湖光山色秀丽，水域景观优美，自然景观和人文景观交相辉映。库区已成为旅游、养殖、度假、灌溉为一体的省级大型水利风景区。龙山水库又称龙山湖，位于县城西南七公里的潢河龙山处，主要是为了防洪、灌溉、城市供水、发电、旅游开发的需要而修建的一座人工湖。龙山水库已建成一个集观赏自然风光，游览名山、古寺，接受传统教育为一体的综合旅游区。五岳水库也称五岳湖，位于光山县城西南 35 公里。库区气候宜人，冬暖夏凉，自然资源和人文资源丰富，已成为光山著名的生态旅游风景区。

3. 生态系统

"生态资源是光山最宝贵的资源，生态优势是光山最具竞争力的优势"。光山是河南省屈指可数的国家重点生态功能区之一。早在 2008 年环境保护部和中国科学院发布的《全国生态功能区划》，就已经将光山、新县等信阳五县（区）列为全国重要生态功能区，在水源涵养、土壤生态保持、生物多样性保护等方面发挥重要作用。光山生态系统完好，在南部山区，拥有金、银、铜、铅、锌及沸石、萤石、石英石等 20 多种矿产资源；有野生动物 170 余种，各类植物 500 余种。耕地面积 121.86 万亩，宜林面积 92.5 万亩，林地面积 66 万亩，宜渔面积 10 万亩。全域水资源总量年均 19.2 亿立方米，总蓄水量 5.9 亿立方米。

（二）历史文化资源

光山历史悠久、文化灿烂，长期的历史积淀和文化传承，逐渐形成了以智慧文化为代表的历史文化资源，从而为光山绿色、和谐与可持续发展提供了智慧支撑。

1. 智慧名人文化

光山县是著名的智慧之乡，智慧文化源远流长。光山具有代表性的智慧文化主要包括佛教天台宗创始者智𫖮大师的"一心三观""圆融三谛""一念三千"的佛教智慧文化；"司马光砸缸"故事的少儿智慧文化；豫南民俗农耕智慧文化；大别山革命胜利的红色智慧文化等。改革开放后，每年都有来自日本、新加坡等东南亚地区的高僧来净居寺寻根问祖，寻根文化开始形成。以司马光、龚友福、胡煦、胡季堂、邓颖超、钱钧、尤太忠、万海峰、晏甬、文圣常、徐庶之等为代表的光山名人效应不断显现。以智慧文化为内核、以名人文化为形式的智慧名人文化，彰显的是光山人的勤劳智慧，启迪的是光山未来必须要走一条健康、可持续的发展道路。

2. 历史古迹文化

光山历史悠久、文物古迹众多。在河南省内属于真正的文物大县。其中，司马光纪念馆内所藏宋代文物、古字画和文房四宝等有3000 余件；明清红木家具陈列馆的桌、椅、床、榻不在少数，瓶、坛、壶等各朝代风格迥异的精品瓷器以及玉器、象牙制品、玳瑁、珊瑚等各种珍宝也不计其数；而收藏于石刻博物馆内的各时期石刻文物就超过 10000 余件；茶具博物馆内的各时期茶具也多达 5000 余件。光山古迹资源丰富，既有属于屈家岭文化类型的南向店徐畈古文化遗址，又有黄君孟夫妇合葬墓、黄大山战国墓群、泼陂河阚岗汉墓群等古墓葬遗址。尤其是邓颖超祖居、司马光故居、净居寺、紫水塔、永济桥等历史古迹具有巨大的旅游文化价值。

3. 民间艺术文化

光山花鼓戏、皮影戏、地灯戏等民间艺术丰富多彩、源远流长。尤以光山花鼓戏最为著名。这一具有土色土香的地方剧种，集萃着豫、鄂、皖边区的民间小调、山歌、花会、舞蹈的精华于一体。1953年，光山花鼓戏《夫妻观灯》参加中南大区会演并被评为优秀剧目。随后到中南海怀仁堂作汇报演出。受到当时在场观看的中央主要领导同志的表扬。由于传承独具地方特色的光山花鼓戏艺术效果显著，文殊乡成为信阳市第一个被命名为"河南省民间艺术之乡"的乡镇。2004年，花鼓戏被列入河南省民间文化遗产抢救项目，2006年，又被列入省非物质遗产代表作品录。花鼓戏已成为光山民间艺术龙头，带动了地灯戏、皮影戏、狮舞、龙舞、旱船、竹马、花挑和大鼓书等地方戏的蓬勃发展。

（三）红色文化资源

光山县是红色革命根据地，是刘邓大军千里跃进大别山的落脚地。在这片热土上，28 年红旗不倒，10 多万优秀儿女用血肉之躯捍卫了红色革命政权。这里留下了中国工农红军第四方面军、红二十五军、红二十八军等主力红军的足迹，拥有众多具有重要历史价值的革命遗迹和文物，全县共有 500 余处革命纪念地，仅以革命旧址、遗迹为主的文物保护单位就有 300 余处，省级、国家级教育基地有 6 处，红色旅游资源非常丰富。其中最有代表性的是白雀园革命旧址群、邓颖超祖居和王大湾会议旧址。

1. 白雀园革命旧址群

白雀园革命旧址群是河南省文物保护单位、省级红色旅游景区。它位于光山县城东南33公里的白雀镇白雀老街（白雀园明清街），是土地革命时鄂豫皖革命根据地的重要组成部分，是主要的军事基地，也是联系豫东南、鄂东北、皖西北三片红色区域的交通要衢，1946年6月中原军区突围的主战场之一。白雀园革命旧址群包括白雀园殉难烈士纪念地、白雀园大肃反监狱、白雀园市苏维埃政府、鄂豫皖省政治保卫局分局、鄂豫皖省苏经济公社、红军赤卫独立师指挥部、红四军司令部、白雀园殉难烈士纪念碑、明代城门及古城墙、小东门、皮定均旧居、白雀园会议旧址以及白雀园明清街等，现有保护房屋1000余间。2000年9月，河南省人民政府公布此旧址群为省级文物保护单位。

2. 邓颖超祖居

邓颖超祖居是国家级文物保护单位、河南省爱国主义教育基地，位于河南省光山县司马光中路白云巷内，是原全国政协主席、中国妇女运动的先驱邓颖超同志父亲及祖父居住的地方。祖居占地面积3000平方米，分东、西、中三个院落，坐北朝南，前后两进，现存清代建筑房屋30多间，建筑结构严谨，格扇门窗古朴典雅，是一座典型的具有南方特点的清代建筑。现祖居内陈列有周恩来、邓颖超同志生前文物及生平事迹展室、党和国家领导人及文艺界名流题词碑廊、具有徽派建筑艺术风格的晚清大家豪宅寝室陈列展、练武厅等景点。邓颖超淳厚朴实、善良贤淑，辅佐周总理执政为民、鞠躬尽瘁、死而后已，成为中华民族美德的一种象征。邓颖超祖居成为对广大青少年进行爱国主义教育的重要基地。

3. 王大湾会议会址

王大湾会议会址是国家级红色旅游景区、全国青少年教育基地、省级文物保护单位。它位于河南省光山县东南 20 公里的砖桥镇，占地面积一万多平方米。会址为清代建筑，融鄂、豫、皖三省建筑特点于一体，主要由"福""禄""寿""禧"四个四合院落组成，是一处典雅别致的民居群。王大湾会议，是刘邓大军挺进大别山后，在军事政治斗争中有深远影响的重要会议，对于重建大别山根据地，打破蒋介石总体战略，实现党中央战略进攻的伟大决策，起了十分重要的作用。2005 年，王大湾会议会址被列入国家发改委重点红色旅游开发项目，2007 年，由团中央命名为"全国青少年教育基地"，2009 年，由河南省委宣传部命名为河南省爱国主义示范基地，2010 年，荣获信阳市文明单位。

光山县红色文化资源具有鲜明特点：一是数量多，种类齐全，红色特征突出，极具市场感召力，具有打造高端旅游产品的条件。二是与光山其他类型的资源，如绿色生态、宗教古迹、乡村旅游等相伴相生，可以按照"红配绿""红配古"等模式打造复合型乡村旅游产品；"以红色吸引人、用绿色留住人、让古色感染人"。三是分布面广，充分挖掘乡村旅游地区红色旅游资源，推动乡村旅游和红色旅游联动发展，同时，利用红色旅游品牌引领全县旅游业形成新的发展格局，带动地方经济发展，实现乡村旅游扶贫目标。

（四）政策资源

光山县位于大别山国家集中连片贫困地区，是国家级贫困县，同时，光山又属于国家重点生态功能区的贫困县，光山的脱贫攻坚工作受到中央和地方政府的高度重视，多重政策红利使得光山具备生态脱贫、绿色发展的独特优势。

1. 国家生态扶贫、绿色发展政策

2015 年 11 月，《中共中央国务院关于打赢脱贫攻坚战的决定》明确指出，要"坚持保护生态，实现绿色发展。牢固树立绿水青山就是金山银山的理念，把生态保护放在优先位置，扶贫开发不能以牺牲生态为代价，探索生态脱贫新路子，让贫困人口从生态建设与修复中得到更多实惠""保护生态、实现绿色发展"的脱贫理念，既为国家级贫困县光山的脱贫工作指明了方向，也使光山的绿色发展获得了国家政策支持。

2. 国家生态功能区政策

2010 年 12 月，国务院印发《全国主体功能区规划》，大别山区作为国家重点生态功能区限制开发，功能定位明确为保障国家生态安全的重要区域，人与自然和谐相处的示范区。强调要以保护和修复生态环境、提供生态产品为首要任务，因地制宜地发展不影响主体功能定位的适宜产业。2015 年 11 月，环保部与中科院发布《全国生态功能区划》（修编版），进一步强化生态系统服务功能保护的重要性，明确要求要加强重要生态功能区的保护与恢复，经济社会发展应与生态功能区的功能定位保持一致。同时提出对重要生态功能区加大国家和地方财政投入与转移支付力度，建立和完善生态补偿机制。2016年 2 月，中办和国办联合印发《关于加大脱贫攻坚力度支持革命老区开发建设的指导意见》，强调要完善资源开发与生态补偿政策，支持将符合条件的贫困老区纳入重点生态功能区补偿范围，逐步建立地区间横向生态保护补偿机制。作为国家重点生态功能区的贫困县，不仅能够得到绿色生态发展的政策照顾，也能够得到财政补偿的实实在在利益。

3. 大别山国家集中连片贫困地区政策

党中央国务院高度重视革命老区发展，将大别山区作为国家新一轮扶贫攻坚主战场之一，不断加大支持力度，为老区加快脱贫致富步伐提供了有利条件。2011 年，《中国农村扶贫开发纲要（2011—2020年)》印发，作为一个时期我国扶贫开发工作的纲领性文件，其中第十条明确指出，六盘山区、秦巴山区、武陵山区、乌蒙山区、滇桂黔石漠化区、滇西边境山区、大兴安岭南麓山区、燕山—太行山区、吕梁山区、大别山区、罗霄山区等区域的连片特困地区和已明确实施特殊政策的西藏、四省藏区、新疆南疆三地州是扶贫攻坚主战场。大别山集中连片贫困地区打赢脱贫攻坚战是贯彻落实党中央重大决策部署的现实要求。为此，2015 年 6 月，国务院印发了《大别山革命老区振兴发展规划》，更是明确把光山在内的大别山革命老区作为国家重点生态功能区进行建设。因此，光山作为大别山集中连片贫困地区贫困县，又获得了特殊的绿色生态发展政策支持。

4. 中央机关定点帮扶政策

2016 年 6 月 7 日，中央办公厅印发了《中央办公厅定点帮扶光山县、宁陕县脱贫攻坚具体措施》，对帮扶光山县提出了 13 条具体措施。2016 年 9 月，中办机关党委印发了《中办党支部与光山县、宁陕县贫困村结对帮扶工作方案和工作规则》，明确了中办 149 个党支部对接帮扶光山县 74 个村党支部（含 2 个非贫困村）。2015 年以来，中办机关、直属机构各单位先后到光山调研脱贫攻坚工作 37 次、184人次。四年来共派出四批 12 名挂职干部帮扶光山，助力扶贫，投入到光山脱贫攻坚主战场。中办系统和中办干部发挥政治优势、组织优势、作风优势，全方位帮扶光山，高标准、严要求，充分调查研究，紧密结合光山实际，帮助光山找到了绿色发展、生态优先的脱贫攻坚模式。

5. 中央和省市领导对光山扶贫工作的高度重视

光山县作为中央办公厅定点帮扶县，2016 年 2 月 20—21 日，原中办主任、现全国人大常委会委员长栗战书同志莅临光山考察指导，提出"更细致、更艰苦、更具体地做好扶贫开发工作"的要求，让全县干部群众倍受鼓舞。2018 年 4 月 5—6 日，中办丁薛祥主任莅临光山考察指导，用"两个生动"（是习近平总书记精准扶贫思想和党中央脱贫决策部署的生动实践，也是全国脱贫攻坚工作取得历史性成就的一个生动的缩影）充分肯定了光山脱贫攻坚工作，并提出了"四个进一步"要求（要进一步增强打赢脱贫攻坚战的责任感和使命感，要进一步完善打赢脱贫攻坚战的思路举措，要进一步提升打赢脱贫攻坚战的实效，要进一步锤炼打赢脱贫攻坚战的严实作风）。河南省委王国生书记到河南工作的第二个调研点就是来到光山，提出"四看"（看红色受教育、看本色增底气、看绿色长精神、看特色识干部）、"三担"（担责、担难、担险）的要求，省长陈润儿、省委秘书长穆为民，市委书记乔新江、市长尚朝阳等省市领导多次到光山调研指导，为光山县打赢脱贫攻坚战把航定向，提供了政策思路和发展方向。

第二章

思路机制：绿色发展理念融入脱贫攻坚全过程

在脱贫攻坚中，光山县深入学习党的十八大以来习近平总书记关于"绿色发展"理念的论述，结合光山实际，通过"多彩田园"产业脱贫框架，把绿色发展理念贯穿到经济发展和脱贫攻坚总体要求和发展战略中，努力融入政治、经济、社会、文化建设的各方面和全过程，光山发展思路不断拓宽，内涵持续深化，成效突出显现，实现经济效益和社会效益的"绿色崛起"，倾力打造群众致富的"金山银山"，走出了一条生态经济脱贫致富之路。

一、绿色发展的理论背景

（一）绿色发展概念的界定

绿色发展概念目前在学术界还有一些讨论，但是一致的观点认为其来源是可持续发展的理念。世界环境和发展委员会（WECD）于1987年发表的《我们共同的未来》的报告中首次提出了可持续发展的概念："既满足当代人的需求又不危及后代满足其需求的发展。"[①]这个定义包含了两个基本观点：一是人类要发展，尤其是穷人；二是发展要有限度，要为当代人和后代人改变发展模式。这两个观点为绿

---

① 丛林主编：《可持续发展的理论与实践》，海风出版社 2008 年版，第 12 页。

色发展所继承和发展，将可持续发展和生态发展有机融合。联合国开发计划署发表的《2002年中国人类发展报告：绿色发展，必选之路》中，首次提出在中国应当选择绿色发展之路。2010年我国发布的《2010中国可持续发展战略报告》提出，要以"绿色发展与创新"来应对我国推进可持续发展过程中面临的各种挑战。[①] "绿色发展"的概念从此走入了中国经济建设和发展的视野。这正是光山将绿色发展理念融入脱贫攻坚全过程的理论起点。

特别值得强调的是，光山在脱贫攻坚中所贯彻的绿色发展理念并非狭义的生态发展或清洁发展概念，而是广义的概念：绿色发展是将生态发展与循环发展、低碳经济结合的发展模式，是以效率、和谐、持续为目标的经济增长和社会发展方式，是可持续发展的扩展和升华。绿色发展与可持续发展在思想上是一脉相承的，既是对可持续发展的继承，也是可持续发展中国化的理论创新，还是中国特色社会主义应对全球生态环境恶化客观现实的重大理论贡献，符合历史潮流的演进规律。

（二）习近平的绿色发展系列论述

习近平有关绿色发展系列论述是对马克思主义生态理论和发展观的丰富拓展。马克思早在《1844年经济学哲学手稿》中就指出，自然界既是人的改造对象，又是人的生存基础，[②] 强调要从生态价值的角度重新审视人与自然的关系，以维护社会发展的生态基础。2005年8月，时任浙江省委书记的习近平在考察时首次提出"绿水青山就是金山银山"的"两山论"。一周后，习近平在浙江日报《之江新语》发表评论指出，"生态环境优势转化为生态农业、生态工业、

[①] 参见霍艳丽、刘彤：《生态经济建设：我国实现绿色发展的路径选择》，《企业经济》2011年第10期。

[②] 参见马克思：《1844年经济学哲学手稿》，人民出版社2000年版，第105页。

生态旅游等生态经济的优势，那么绿水青山也就变成了金山银山。"①

对于贫困地区的发展路径，习近平给出了答案：要找准路子、突出特色。2012 年在河北考察时，他曾谈道，要"因地制宜、科学规划、分类指导、因势利导，各项扶持政策要进一步向革命老区、贫困地区倾斜"。2013 年 7 月 18 日，习近平总书记在《致生态文明贵阳国际论坛二〇一三年年会的贺信》中强调："中国将按照尊重自然、顺应自然、保护自然的理念，贯彻节约资源和保护环境的基本国策，更加自觉地推动绿色发展、循环发展、低碳发展，把生态文明建设融入经济建设、政治建设、文化建设、社会建设各方面和全过程，形成节约资源、保护环境的空间格局、产业结构、生产方式、生活方式，为子孙后代留下天蓝、地绿、水清的生产生活环境。"② 2013 年 11 月，在湖南考察时他进一步指出，发展是甩掉贫困帽子的总办法，贫困地区要从实际出发，因地制宜，把种什么、养什么、从哪里增收想明白，帮助乡亲们寻找脱贫致富的好路子。

2015 年 9 月，中美两国元首重申《中美气候变化联合声明》时，习近平总书记向世界宣布："中国正在大力推进生态文明建设，推动绿色低碳、气候适应型和可持续发展，加快制度创新，强化政策行动。"10 月，党的十八届五中全会创造性地提出了绿色发展的科学理念。习近平同志指出："绿色发展注重的是解决人与自然和谐问题。"③ 党的十八大以来，习近平总书记反复强调的"绿色发展"，正是继承和发展了马克思主义的发展观，又结合中国实际提出来的，具有很强的实践价值。

---

① 《之江新语》，浙江人民出版社 2007 年版，第 153 页。
② 《习近平关于社会主义生态文明建设论述摘编》，中央文献出版社 2017 年版，第 20 页。
③ 《习近平谈治国理政》第二卷，外文出版社 2017 年版，第 198 页。

（三）"绿色发展"引领脱贫攻坚思路的提出

光山提出以绿色发展引领脱贫攻坚的理念，正是认真学习习近平总书记关于绿色发展系列论述时，结合光山实际提出的。绿色发展包含生态发展与可持续发展两个维度。光山将绿色发展理念融入脱贫攻坚全过程，在思路上重点回答了三个方面的问题：一是光山为什么要走绿色发展之路；二是如何将绿色发展理念融入脱贫攻坚全过程；三是绿色经济如何低成本、可持续发展，实现经济模式高效转型。自2015年脱贫攻坚战打响以来，光山县将学习绿色发展理论与县域脱贫攻坚实践结合，在中央办公厅和省、市各级部门的定点帮扶中，立足自身自然特点和扶贫现状，逐渐探索出了以"多彩田园"为总体框架的一条独具特色、可持续的绿色产业扶贫路。

光山以绿色发展理念为先导、以环境治理为基础、以生态产业为核心、以文化传统为根本、以制度创新为保障，坚定不移探索脱贫攻坚的实践路径，生态与产业并重、脱贫与发展同步，经济与环境协调发展，形成了以"坚持绿色发展、培育生态产业、打造多彩田园、形成利益联动、保障脱贫攻坚"为施政思路与发展目标的光山脱贫攻坚模式。

在最初的设计中，光山仅仅是将脱贫攻坚作为落实中央要求的头等民生工程来做，然而在实施的过程中，光山通过学习习近平总书记的论述，通过调研和考察逐渐拓宽了思路，将脱贫攻坚与产业发展结合起来，将生态发展与可持续发展结合起来，打造了"多彩田园"产业扶贫示范工程。"房前屋后一亩茶，一塘肥鱼一群鸭"，光山结合县域特点，大力发展粮油、养殖等传统产业，突出抓好羽绒这一主导产业，支持茶叶、油茶、花木等特色产业，积极探索"互联网+扶贫""金融+产业"等多种产业扶贫新模式，找对了绿色可持续发展的新路子。光山的绿色发展，已经不局限于生态环境的改善，而是将脱贫攻坚、产业发展、循环经济、生态发展结合在了一起。这种探索正是对习近平总书记关于绿色发展论述的生动实践。

二、探索绿色发展路径的过程

光山走出了一条绿色发展的路子，这条路径的找寻过程，正是中国县域积极探索发展转型的一个缩影。2019 年 9 月，习近平总书记在光山司马光油茶园调研时强调，种油茶绿色环保，一亩百斤油，这是促进经济发展、农民增收、生态良好的一条好路子。路子找到了，就要大胆去做。这条路径是光山的干部、人民艰苦探索出来的。

（一）社会发展趋势要求绿色发展

党的十八大以来，中国正在推进一场深层次、全方位的发展方式的变革和建设。绿色发展是对传统发展模式的反思与创新，是在传统发展基础上的一种模式创新，是建立在生态环境容量和资源承载力的约束条件下，将生态保护作为实现可持续发展重要支柱的一种新型发展模式。面对我国长期以来经济高速增长而带来的一系列生态环境和资源问题，绿色发展是我国今后发展的必由之路。2017 年 5 月，习近平在第十八届中央政治局集体学习时再次指出，推动绿色发展方式和绿色生活方式是发展观的一场深刻变革，是贯彻新发展理念的必然要求。[①] 生态经济与传统的农业经济、工业经济相比，具有绿色循环、高科技和可持续性等特征。中国当前经济所面临的主要形势是在

---

① 参见任铃、张云飞著：《改革开放 40 年的中国生态文明建设》，中共党史出版社 2018 年版，第 131 页。

经济发展的前提下，坚持走可持续发展道路。因此，社会经济发展的突出问题是如何在不破坏环境的情况下，保证经济的高速可持续发展。

光山人认识到社会形势带来的机遇：光山脱贫的问题就是发展的问题，发展的首要问题是深刻认识加强生态文明建设、践行绿色发展理念的重大意义。光山站在推动中华民族永续发展的高度，深入扎实践行这一根本大计、根本遵循，深入贯彻落实《中共中央国务院关于打赢脱贫攻坚战的决定》以及习近平总书记关于精准扶贫精准脱贫系列讲话精神，认真落实栗战书同志到光山县考察调研时提出的"房前屋后一亩茶，一塘肥鱼一群鸭"的指示要求，按照宜种则种、宜养则养的基本思路，重点推进产业发展与贫困户增收的有效对接。力求使经济发展起步较晚的光山县，能够在不破坏环境的情况下"弯道超车"，并保证长效的社会经济可持续发展。

（二）自然资源奠定绿色发展基础

光山属于国家重点生态功能区，功能定位明确为保障国家生态安全的重要区域，人与自然和谐相处的示范区。这一方面限制了光山某些产业的发展，但也提供了一些良好的机遇。光山的发展要以保护和修复生态环境、提供生态产品为首要任务，因地制宜发展不影响主体功能定位的适宜产业。光山的自然资源奠定了绿色发展的基础。一是光山有机农业资源丰富。光山是全国粮油基地、茶叶之乡、青虾和麻鸭原产地，素有豫南"鱼米之乡"之美称，盛产品质优良、有机健康的农业产品。光山利用良好的自然条件大力发展茶园、油茶、花木和畜牧产业，并以此为基础发展羽绒加工业、茶叶加工业等，获得了丰厚的收益。二是旅游资源丰富。光山的自然资源中山林资源和水资源具有显著优势，具备发展绿色生态旅游的良好条件。如大苏山森林公园和五岳水库风景区，自然景色秀丽，气候宜人，提供了众多休闲旅游、避暑度假的理想旅游资源。

（三）文化资源形成绿色发展特色

光山拥有以司马光为代表的诸多历史名人，是中国智慧之乡。这些名人文化和历史文化启迪了光山走绿色可持续发展的道路。另外，光山也利用历史文化资源发展经济。如司马光故居、邓颖超祖居、净居寺、王大湾会议会址纪念馆、司马光小镇、白雀园明清街等构成了历史文化和红色文化旅游景区系统。光山红色旅游资源丰富，充分利用大量革命旧址、遗迹和省级、国家级教育基地发展红色旅游，开展红色教育，吸引了来自省内外的大批游客，创造了很好的经济收益。光山独具特色的传统民俗文化、红色文化资源也有利于开发高附加值、无污染的文化产业。春节前打糍粑、正月十五送灯、春节期间舞狮子、玩旱船等民俗活动具有光山特色。光山花鼓戏作为河南省非物质遗产代表和民间艺术龙头，带动了地灯戏、皮影戏、狮舞、龙舞、旱船、竹马、花挑和大鼓书等地方戏的蓬勃发展。

（四）定点帮扶、实地调研确定绿色发展路径

光山是革命老区，又属于国家重点生态功能区，中央的重视和支持使得光山具备生态脱贫、绿色发展的独特优势。光山的绿色发展路径是光山人民和定点扶贫干部共同努力探索出来的。

表2-1　中办定点帮扶光山时间表

时　间	定点帮扶与调研工作内容
2015 年	中办机关、直属机构先后到光山调研脱贫攻坚工作。
2016 年 2 月 21 日	时任中办主任栗战书同志到光山调研指导脱贫攻坚工作，根据光山实际，提出了"房前屋后一亩茶，一塘肥鱼一群鸭"的产业发展思路，给光山指明了方向。

续表

时　　间	定点帮扶与调研工作内容
2016 年 3 月	光山县脱贫攻坚指挥部发布 1 号令，拉开了脱贫攻坚的序幕。
2016 年 6 月 7 日	中办印发了《中央办公厅定点帮扶光山县、宁陕县脱贫攻坚具体措施》，对帮扶光山县提出了 13 条具体措施。
2016 年 10 月 24 日	光山学习、总结和推广"房前屋后一亩茶，一塘肥鱼一群鸭"产业扶贫、电商扶贫、金融扶贫、教育扶贫等好的帮扶模式。

从表 2-1 可以看出，光山的绿色发展思路是在定点扶贫单位大量认真调研和考察后，结合光山实际提出的。中办系统和中办干部发挥政治优势、组织优势、作风优势，全方位帮扶光山，高标准、严要求，充分调查研究，紧密结合光山实际，帮助光山找到了绿色发展、生态优先的脱贫攻坚模式。绿色发展策略最初被形象化地称为"房前屋后一亩茶，一塘肥鱼一群鸭"的产业发展模式，此后逐渐形成了"多彩田园"产业扶贫示范工程，将电商扶贫、金融扶贫、教育扶贫等好的帮扶模式有机融合在一起。

在探索绿色发展路径时，光山通过考察和对比，吸取其他地区的产业扶贫经验。如 2018 年 7 月，光山县领导和扶贫干部组成考察团，实地参观考察了宁陕县冷水养殖产业、全域生态旅游产业、异地搬迁社区加工企业、特殊养殖基地等产业扶贫项目。通过考察，光山感受到要坚持从实际出发发展产业，学习宁陕县发挥生态优势的生态旅游+休闲康养+异地搬迁旅游服务产业发展之路。光山在定点帮扶、实地调研的基础上，建立健全了产业扶贫的"四项机制"，正式形成"多彩田园"产业扶贫整体框架。

三、生态之地的绿色脱贫实践

　　光山县认真学习贯彻习近平总书记重要讲话精神，多次召开扶贫攻坚大会，提出以扶贫开发统揽经济社会发展全局，认真落实精准扶贫精准脱贫方略。在学习习近平总书记"两山论"及国内绿色经济发展的先进经验后，在思路上明确了扶贫和发展模式的转变，确定了"一个目标三个总"的绿色发展思路。

（一）绿色发展的思路设计

　　光山的绿色发展思路体现为两个方面的转变。首先是由单纯扶贫向绿色产业发展与扶贫开发并重的转变。2016 年，光山县在《"十三五"脱贫规划（2016—2020)》中，提出了脱贫攻坚的指导思想。就是要以绿色发展为引领，坚持扶贫开发和经济社会发展相互促进，坚持精准帮扶和集中连片特殊困难地区开发紧密结合，坚持扶贫开发和生态保护并重，坚持扶贫开发和社会保障有效衔接，着力推进产业结构和城乡结构调整，以新型工业化、城镇化带动和提升农业现代化，着力建设资源节约型和环境友好型社会，着力保障和改善民生，着力促进文化发展繁荣，着力促进人力资源开发，不断提高贫困人口综合素质，着力发展社会事业，深入推进基本公共服务均等化，形成全社会扶贫和全方位协作新格局，推动县域经济实现跨越式发展。其次是常规经济向可持续的绿色低碳经济发展的转变。光山的经济发展成果不能以牺牲环境、破坏生态为代价，而是通过改变传统的经济增长模式，从生态开发向生态建设转变，从生态赤字向生态盈余转变。这是未来世界经济发展的趋势，同时也是中国在追求"高效、持续、公平"社会发展过程中的必然战略选择。[①] 光山提出了绿色发展理念引领，工业、农业、教育、卫生、旅游协同发展的战略。绿色发展理念在首位，核心原则就是生态优先。这突出了发展观念和发展方式的转变，是经济社会发展的出发点和立足点，出发点就是在保护生态的前提下发展，落脚点就是通过发展营造生态和谐的社会环境。

光山在确定扶贫开发统揽经济社会发展战略的同时，确定了利用光山的"绿水青山"建设"多彩田园"，以生态发展引领脱贫攻坚工作的原则。在实践策略上明确了"一个目标三个总"的绿色发展思路。"一个目标"即全面建设中国智慧之乡；"三个总"，即以脱贫攻坚为总引领，以实施"六大战略"（产业发展、农村改革、城镇建设、生态文明、第三产业发展、社会事业发展）为总支撑，以弘扬"五种精神"为总保障。把全面打赢脱贫攻坚战作为全面建成小康社会的底线任务，作为全面建设中国智慧之乡的重要内容。以绿色发展理念统揽全局，坚持一张蓝图绘到底，一以贯之抓落实，始终保持力度不减、节奏不变、干劲不松，推动脱贫攻坚不断取得新成效。

（二）绿色发展的实践策略

1. 充分利用县域资源，多方面协同发展

光山县充分利用县域自然资源、生态资源、历史文化资源、红色文化资源和政策资源优势，在进行经济发展的同时注重生态保护。利用光山的茶叶、油茶、麻鸭等优质的自然资源，培育生态产业，实施多彩田园产业扶贫示范工程，通过绿色发展理念引领，将工业、农业、教育、卫生、旅游等多方面协同发展，实现一、二、三产业的融合发展。在2016年2月光山县第十三届人民代表大会第五次会议上，县长王建平所作的政府工作报告中，提出了利用县域资源优势多方面

---

① 参见亚洲开发银行：《迈向对环境可持续发展的未来：中华人民共和国国家环境分析报告》。

协调发展的策略：生态工业方面，抓好产业集聚区和商务中心区建设，推动羽绒主导产业转型发展，逐步提高创新能力，抢抓"中国制造2025""互联网+"等战略机遇，促进光山制造业向高端化、智能化转型。

生态农业方面，一是发展现代农业。按照"产业兴旺、生态宜居、乡风文明、治理有效、生活富裕"的总要求，推进农业供给侧结构性改革，实现由农业大县向农业强县转变。二是深化种养结构调整和品牌建设。持续调优结构、调长链条、调大规模、调响品牌，加快高效种养和绿色食品业转型升级。三是强化农业农村基础设施建设。四是深化农村改革。以新型农业经营主体为支撑，开展农村一、二、三产业融合发展试点，改革农业补贴方式，农业补贴政策向规模经营主体倾斜，大力扶持专业大户、农民合作社、家庭农场等多种经营主体，培育壮大龙头企业。

现代服务业方面，一是大力发展电子商务。积极推进财政部、商务部电子商务进农村综合示范县项目建设，健全县、乡、村电子商务运行体系，推动多点合一模式。二是大力发展现代物流业。鼓励骨干物流企业和第三方机构搭建面向社会的物流信息服务平台，推动构建互通省际、下达市县、兼顾乡村的物流信息互联网络。三是抓好文化旅游体育等新兴产业发展。将红色文化、农耕文化、生态文化、茶文化及宗教文化与休闲旅游、体育产业发展有机结合。

2. 狠抓党建健全组织，提高绿色发展水平

光山通过狠抓党建健全组织，深入贯彻实施"严乡强村育新计划"，健全领导、引领、推进、考核四个机制，统一思想，锻炼队伍，加强了党组织的动员力和战斗力，有效保障了"多彩田园"产业扶贫示范工程的顺利实施，提高了绿色发展水平。具体措施，一是明确乡镇党委领导责任，把乡镇党建工作细化量化条目化为18项任务清单，把履行职责情况进行写实性记录，逐一对账销号。挑选一批

政治素质好、"双带"能力强、懂农业、爱农民的党员能人进入村"两委"。健全完善村级组织各项规章制度，抓好软弱涣散村整顿。二是围绕精准扶贫和绿色产业发展，对全县村（社区）党组织书记进行全员轮训。选派优秀基层党组织书记（村主任）到县直涉农部门上挂锻炼3个月，开阔眼界和视野，不断拓宽绿色发展思维和思路，不断提高干部队伍整体素质和发展产业的能力。三是充分发挥党组织在产业发展的引领作用，把支部建在产业链上，加强培育新型农业经营主体党组织，以"党建+产业链"为模式，实现新型农业经营主体与脱贫攻坚精准对接、有机融合，带领群众找到脱贫致富之路。

3. 经济与环境协调，绿色产业促进经济发展

为了实现经济与环境协调发展，真正达到脱贫攻坚的效果可持续、有保障，光山县凭借社会主义制度的先天优势，集中力量决策部署，抓住2015年国家脱贫攻坚定点帮扶的历史机遇，秉承追求科学发展和绿色发展的理念，通过转变发展方式，给经济的车头装上"绿色引擎"，确保生态经济的高速发展。

对此光山提出了具体的举措。《光山县"多彩田园"产业扶贫示范工程实施意见》（光脱指〔2017〕8号）提出：要拟定"多彩田园"扶贫产业推进计划，统筹推进县级服务平台和电商平台建设，督促指导扶贫产业计划实施。指导各村选准产业，形成规模效应。各贫困村要坚持因地制宜，依据自己的资源优势和产业基础，按照"一村一品或一村多品"原则，立足实际，找准路子，选好产业，培育、打造适合本村的主导产业。结合现有农业产业发展基础，助推企业（合作社）扩大经营规模、延伸产业链、做大做强传统优势产业，以建设乡村小微型产业聚集的"多彩田园"为载体，激发和调动乡级层面统筹作用，发掘和释放村级产业发展潜力。"既要金山银山，更要绿水青山"，从发展茶叶、油茶、羽绒到发展电商，从发展"智慧之乡""长寿之乡"到"多彩田园"。光山提出"生态兴县"战

略，引进不破坏生态环境的项目，构建可持续发展的工业、农业和服务业循环生态经济格局，从而实现经济与环境协调发展。

在产业带贫方面，通过利益联动机制保障产业发展与脱贫致富同步，在《光山县脱贫攻坚九项要求》中提出："走'新型经营主体+基地+贫困户'的路子，在新型经营主体壮大和特色产业发展中带动一批贫困人口，靠门口就业和资产收益脱贫"。在脱贫攻坚工作中构建紧密的利益联结机制，打造坚实的利益共同体，实现产业发展和群众脱贫致富齐头并进。通过这些利益联动机制，在绿色产业发展中充分激发各类企业参与产业扶贫的积极性和主动性，形成可持续的产业发展与脱贫攻坚有机结合的模式。

4. 保障民生实现发展的良性循环

光山把保障着力点、工作着眼点更多放在群众所需所盼上，不断织密"民生保障网"，让群众充分共享改革发展成果。2016—2019 年，每年的光山县政府工作报告都坚持把保障和改善民生作为绿色发展的主要目标，要扎实办好民生实事，在落实好"两不愁三保障"的基础上，提高人民收入，确保城乡居民收入增长和经济发展同步，发展成果更好更多地惠及人民，使人民生活更加幸福。光山提出：通过绿色产业发展实现经济收入增长，坚持民生为本，全方位推进就业扶贫，因地制宜、科学规划、分类指导、因势利导，多措并举，拓宽贫困户增收渠道；二是通过就业扶贫保障民生的根本；三是通过健康扶贫"拔出穷根"，杜绝因病致贫的隐患；通过教育扶贫有效解决贫困代际传递问题，斩断贫困的恶性循环；四是通过异地搬迁和危房改造，保障群众的居住需求。"两不愁三保障"是绿色发展的根本目的，也是循环发展的新推动，通过保障民生，让人民真正感受到绿色发展给自己带来的好处，才能持续产生干事创业的动力，才能把绿色发展持续下去。具体措施包括以下四个方面。

（1）强化创业就业服务。重点解决大中专毕业生、城镇就业困难人员、"零就业"家庭人员就业，加强被征地农民职业技能培训，纵深推进人力资源开发助力脱贫攻坚。持续推进基层就业和社会保障服务平台建设，逐步完善人才市场和人才信息服务工作。积极支持农民工等人员返乡创业，加大农民工工资支付保障工作力度。

（2）强化社会保障服务。扩大社保覆盖面和做好社保基金征缴、监管、发放工作，强化工伤医疗待遇审核。加强失业预防监测，落实失业保险政策，全面推进"五险合一"。进一步做好保障性住房建设和管理工作。建立健全村干部奖励机制，为村干部提供适当的福利保障。加大弱势群体的救助力度，完善救助体系。完善价格监督检查机制，保持价格总体水平的基本稳定。

（3）强化养老助残服务。完善养老金合理调整机制，深化机关事业单位养老保险制度改革，加快推进多元化养老服务体系建设。鼓励和引导社会资本兴办养老事业，加快光山县社会化养老中心建设，建成残疾人综合服务中心项目。实现城乡低保、五保供养动态管理，积极开展0—6周岁贫困残疾儿童抢救性康复工程，扎实开展残疾人就业培训工作，加强关爱"三留守"人员工作。

（4）全面提高公共服务水平。推进教育均衡发展，落实《光山县公办教育发展三年规划（2015—2017年)》，切实做好义务教育发展基本均衡县评估验收工作，确保顺利通过国家、省评估认定。大力推进教师教育，办好示范性教师培训机构，加快学前教育普惠发展，免除建档立卡困难家庭的普通高中学生学杂费，抓好职业教育，完善县特殊教育学校新校区基础设施建设，加快县六小建设步伐。进一步加强和规范民办学校管理，加强办学许可管理、收费和年检工作。提升科技服务水平，继续做好科技特派员农村科技创业行动。完善防震减灾应急预案，做好抗震设防管理工作。提升卫生保障能力，加强新型农村合作医疗工作，确保基金运行平稳。改善社区和村卫生室卫生服务条件，提升服务能力。推进基本公共卫生服务均等化，积极做好公立医院改革工作。坚持计划生育基本国策，全面实施"两孩"政策。完善"县、乡、村"三级食品安全监管网络，加大县食品药品检验检测中心投入，提高食品检验检测能力，确保食品安全。

5. 志智双扶激发绿色发展内生动力

光山利用独特的智慧文化、名人文化、红色文化和民俗文化，激发出人民自强不息、艰苦实干的脱贫志气，激发了人民乐观热情的态度和对未来美好生活的向往。光山干部群众一条心，利用历史文化资源和红色文化资源，开展扶志提气、志智双扶的"爱光山、加油干、奔小康"系列活动，干事创业的理念激发出脱贫攻坚的强劲内生动力。

2017 年，光山《关于进一步狠抓落实全面打赢脱贫攻坚战的若干意见》提出：要做到扶志气全覆盖，大力挖掘苦干实干脱贫的先进典型，开展典型巡回宣讲、评选"脱贫光荣户"等活动，全面激发贫困群众自主脱贫的内生动力。做到扶智慧全覆盖。放大光山教育品牌效应，持续加大教育脱贫的宣传力度，落实好国家助学政策，管理好教育捐赠资金，动员更多的成功人士、企业家结对帮扶贫困学生，坚决阻止贫困代际传递。以"巧媳妇"工程、"雨露计划"为载体，加大对贫困户种植养殖、羽绒服装加工、电子商务等培训力度，让有能力、有意愿的贫困户掌握 1 至 2 项实用技术，实现贫困户依靠技能增收脱贫。

光山还用"爱加奔"系列活动孕育和激发脱贫攻坚的内生动力，具体举措分为三个方面：一是用"红色文化"来强化干部群众脱贫攻坚的信心和克服困难、艰苦奋斗的决心，发扬"自强不息、艰苦奋斗，宁愿苦干、不愿苦熬"的老区精神，迎难而上、自强不息，通过实施产业带动、项目拉动、转移促动、改革推动、社会联动等有效措施，走出一条苦干实干的脱贫致富路子；二是用光山的"智慧文化"来培育人才，阻断贫困的代际传播，开发光山的智力型人力资源；三是用光山的民俗文化激发热爱家乡、发展家乡的感情，呼吁美好民风乡风的复归，在精神文明上建设"美丽光山"。

6. 聚焦绿色发展，持续改善生态环境

光山致力于绿色发展，把生态建设和环境保护置于首要位置，建设"绿色"发展新家园，力求在生态光山上实现新跃升，实现生态效益和经济效益的"双丰收"。围绕"一河"（小潢河）、"两库"（泼河水库、五岳水库）、"三园"（大苏山国家森林公园、龙山湖国家湿地公园、仙居农业公园）的治理与保护，通过点、线、片、面带动，使全县城乡生态环境呈现出"天蓝、地绿、水清"新面貌。

（1）加强生态系统建设。通过实施"青山计划"，大力开展植树造林。推进生态廊道建设，打造一批分布在城乡的生态通道和生态廊道，实现县城园林化、乡村田园化。开展生态乡镇、村创建活动，新创建一批省级生态乡镇、村。加快矿山治理与生态环境恢复，对限期整顿、规范提升的 6 家矿山从严管理，规范河砂开采秩序。

（2）加强环境综合治理。实施"碧水工程"，统筹运用湿地建设等措施开展水污染防治，改善全县水环境质量。实施官渡河区域综合治理，推动落实沿潢河湿地公园、森林公园、生态长廊和生态社区等一批重大生态项目。加强对泼河水库、五岳水库饮用水水源地保护，确保城乡饮用水安全。实施"蓝天工程"，以治理灰霾和解决损害群众健康突出环境问题为重点，全面加强大气污染防治，突出抓好工业污染源防治、烟花爆竹燃放控制、城市施工和道路扬尘治理，加大农作物秸秆禁烧及综合利用、燃煤锅炉拆改、油气回收治理和老旧车淘汰力度。同时加强节能减排工作，坚持工业发展"增量"和节能降耗"减量"不动摇，加大重点污染行业治理整顿力度，鼓励支持企业开展清洁生产。

（3）建立绿色发展长效机制。大力开展省级文明城市创建活动，深入推进城乡环境卫生综合治理，实现环境卫生保洁常态化。把生态

文明建设纳入经济社会发展评价体系和领导干部政绩考核范畴。划定生态保护红线，实行最严格的源头保护制度，保护和改善光山生态功能。建立健全生态教育机制，将生态文明的理念渗透到生产、生活各个层面，倡导绿色消费、绿色出行、低碳生活，努力建设自然美和人文美的美丽光山。

第三章

党建扶贫：以高质量党建引领绿色脱贫

　　《中国共产党章程》中指出："党的基层组织是党在社会基层组织中的战斗堡垒，是党的全部工作和战斗力的基础。"习近平总书记指出："农村基层党组织是党在农村全部工作和战斗力的基础，是贯彻落实党的扶贫开发工作部署的战斗堡垒。抓好党建促扶贫，是贫困地区脱贫致富的重要经验。"① 党的十八大以来，习近平总书记先后在陕西、贵州、宁夏、山西、四川和河南等省、自治区就脱贫攻坚考察调研。2018 年 2 月 12 日，习近平总书记在四川成都召开的打好精准脱贫攻坚战座谈会上指出，脱贫攻坚要加强组织领导，贫困县党委和政府对脱贫攻坚负主体责任，一把手是第一责任人，要把主要精力用在脱贫攻坚上。

　　在脱贫攻坚前，光山面临着扶贫找不到组织基础，扶贫政策在贫困村缺少得力的执行主体，脱贫致富缺少"带头人"，一盘散沙的贫困户不能摆脱贫困的困境。与此同时，农村基层党建缺少落实抓手，陷入"走过场"的形式主义窠臼，甚至沦落为"写在纸上、挂在墙上"的口号，农村基层党建出现边际效益递减的内卷化趋势。其结果是农村依然无法摆脱党组织涣散、经济发展滞后的老问题，脱贫摘帽迟迟难以实现。

　　自脱贫攻坚打响以来，光山县把习近平总书记向贫困发起总攻的号召与党的十九大精神贯通起来学习理解，把打赢脱贫攻坚战的庄严承诺与新时代的坐标系对照起来谋划工作，把中国方案与全球减贫事

———————
① 习近平：《做焦裕禄式的县委书记》，中央文献出版社 2015 年版，第 21—22 页。

业对比起来思考问题，准确把握扶贫工作的历史意义、现实意义和世界意义，深入学习贯彻习近平总书记扶贫开发重要战略思想，认真落实新时代党的建设总要求和新时代党的组织路线，坚持"四个全面"，做到"两个维护"，把党的建设贯穿脱贫攻坚全过程，筑牢基层党组织战斗堡垒，强化党建引领作用，严乡强村育新，把支部建在产业链上，以加强组织建设为先导，精准选人，因村派人，用活干部和人才。围绕全县脱贫攻坚各项工作，以"千名党员干部帮千户""干部进万家真情帮扶贫""创一流走前列""三百竞赛""四对照""四查四促"等活动为载体，推动全县党员干部全力投身脱贫攻坚工作中来，以高质量党建引领绿色脱贫。

一、光山县以高质量党建的思想理念引领绿色脱贫

（一）以高质量党建的思想理念引领绿色脱贫的价值意义

思想攻坚是做好脱贫攻坚的关键。习近平总书记强调："扶贫开发到了攻克最后堡垒的阶段"[①]。习近平总书记关于扶贫工作的重要论述，充分体现了中国共产党人立党为公、执政为民的鲜明立场，是在全面建成小康社会决胜阶段打赢脱贫攻坚战的战略指引。只有消除思想观念上的障碍，切实帮助贫困群众从思想上脱贫，才能从根本上脱贫。2012年底，习近平总书记在河北阜平考察扶贫开发工作时说过这样一段话："我们不缺豪言壮语，也不缺运动式的东西，关键是

[①] 《习近平关于社会主义经济建设论述摘编》，中央文献出版社2017年版，第233页。

看有没有找对路子，有没有锲而不舍干下去。我们讲宗旨，讲了很多话，但说到底还是为人民服务这句话。各级干部要把工作重心下移，深入实际，深入基层，深入群众，认真研究扶贫开发面临的实际问题，创造性开展工作。"党员干部只有把握好思想攻坚这个关键，真正站在群众的立场去想群众之所想、急群众之所急，真正为群众办实事，才能带领群众全面打赢脱贫攻坚战。

党建是引领一切工作的基石，党建扶贫是具有中国特色的扶贫方式。习近平总书记特别强调，要建强基层党支部，扎实开展脱贫攻坚工作，以党建引领脱贫攻坚任务顺利完成。实现绿色脱贫就是要充分发挥党建引领作用，把党建优势转化为扶贫优势，着力解决抓党建促脱贫攻坚工作存在的突出问题，全面落实精准扶贫，让广大群众实现脱贫攻坚奔小康。为了展现党建引领在绿色脱贫和决胜全面小康工作中"第一抓手"和"红色引擎"的重要作用，光山县结合自身优势，积极探索"围绕脱贫抓党建，抓好党建促脱贫"工作方法，从党建工作入手，夯实党建基础，使党建工作成为驱动扶贫工作的最大动力，让扶贫列车从普通轨道转入高速轨道。

（二）以高质量党建的思想理念引领绿色脱贫的举措及成效

2017年6月23日，习近平总书记在深度贫困地区脱贫攻坚座谈会上讲话时强调，各级党政机关要积极向贫困地区选派干部，向贫困村选派第一书记和驻村工作队，让干部在脱贫攻坚中锻炼成长。

光山县委把选派第一书记作为夯实基层基础和全面推进脱贫攻坚的重要抓手，按照个人报名、单位审查、沟通人选、研究决定、选派办复核的程序，严把政治关、能力关，在干部选派上严把"两好四强"标准，即严格思想政治素质好、公道正派作风好，组织协调能力强、带领带动能力强、引领发展能力强、群众工作能力强，确保因村派人精准。从 2015 年 9 月至 2020 年底，光山县分两批精准选派 210 名优秀党员干部到所有贫困村、软弱涣散村、贫困户 50 户以上的非贫困村担任驻村第一书记。同时，分两批选派 88 名优秀青年到贫困人口较为集中的非贫困村担任驻村团支部第一书记，以党建带团建，推进脱贫攻坚。驻村第一书记坚持"五天四夜"吃住在村，担当脱贫攻坚尖兵。在全县各乡村随处可见驻村第一书记身影，他们深入村组、深入田间地头，积极开展扶志、扶智、扶产"三扶"工作。2016—2018 年，第一书记累计引进致富项目 385 个，指导成立农业专业合作社 586 家，新修村组道路 1700 多公里，改建桥梁 124 座，安装路灯 13000 多盏，协调资金近 4 亿元，打造美丽乡村示范点 135 个，易地扶贫搬迁点 26 个，转移贫困人口劳动力 1.04 万人。2019 年，光山县脱贫摘帽后，驻村第一书记工作队及全体帮扶干部深入贯彻落实习近平总书记"四个不摘"重要指示精神，按照县《关于持续做好驻村帮扶工作的通知》要求，围绕解决"两不愁三保障"等突出问题，做到"四个不摘""四个不减"，一手抓未脱贫人口的脱贫工作，坚决兑现"全面小康、一个不能少"的承诺；一手抓已脱贫人口的巩固提升工作，筑牢高质量脱贫防线。在驻村第一书记工作队争取和协调下，全县新修村级道路 510.06 公里，新打机井 388 口，新改建桥梁 39 座，安装路灯 4661 盏，协助群众办理大病救助 1212 例，帮助困难学生 9759 人次，用宗旨意识、为民情怀和责任担当，赢得了广大群众的充分认可。

1. 勤于思考，勇当学习尖兵

光山县委组织部针对选派驻村第一书记职位新、人员新的实际，为帮助选派干部及早适应角色开展好工作，建立了驻村第一书记定期培训观摩制度，即每月组织第一书记互相观摩学习，分片召开现场会，培训采取"讲座+专题电教+第一书记现身说法"的方式对建强基层组织、推动精准扶贫、落实四项基础制度、办好惠民实事等内容进行培训和专题辅导。2016—2020 年，光山县先后组织召开了 30 次选派驻村第一书记、工作队长精准扶贫工作推进会。通过定期观摩和培训，取长补短，共同提高，确保驻村第一书记能够迅速进入角色有序开展工作。2019 年 4 月 24 日，全市驻村第一书记及工作队员示范培训班 180 余名学员，到光山县实地观摩抓党建促脱贫攻坚、实施乡村振兴、拥河发展、依托产业发展壮大村集体经济等工作实践，学员们对光山县驻村帮扶工作给予了充分肯定。

2. 服从管理，勇担责任尖兵

驻村第一书记服从组织部门、乡镇（街区）、派出单位三级管理，扎实开展驻村工作。服从综合管理。县委组织部发挥牵头抓总作用，建制度，搭平台，树载体，对驻村第一书记实行综合管理责任。先后制定了工作日志制度、工作汇报制度、请销假制度等 7 项制度，明确驻村第一书记工作职责和保障措施，靠制度管人，用制度促事。严格按照《第一书记精准脱贫目标责任书》要求，第一书记、工作队长同乡镇党委签订脱贫军令状，实现脱贫目标量化、帮扶措施细化。服从乡镇党委管理，各乡镇均明确了 1—2 名班子成员负责第一书记工作，建立第一书记月例会制度，定期听取工作汇报，加强对第一书记工作的指导。各选派单位领导班子成员定期到第一书记派驻村调研走访，帮助第一书记理清思路，找准方向，了解第一书记思想工作动态，帮助解决工作生活中遇到的困难和问题，为第一书记开展工作创造良好条件，确保第一书记"五天四夜"驻村在岗。

3. 创造条件，勇做作为尖兵

驻村第一书记是帮扶单位与贫困村、贫困户的桥梁和纽带，他们在精准帮扶过程中，充分发挥个人优势，利用单位和个人资源，创造性地开展驻村工作，有困难、有问题、有矛盾的地方就有他们的身影。驻村第一书记成为全县脱贫攻坚前线尖兵，发挥着"战斗员"

作用。他们结合实际，积极参与村级党务和政务工作，深入到组、到户、到田间地头了民情、解民意，宣传扶贫政策，加强贫困人口监测管理，精准实施帮扶，加快产业发展，促进困难群众增收。对已脱贫村和已脱贫户，本着脱贫不脱政策的原则，认真分析脱贫以后返贫的风险，制定村庄长远发展规划，巩固提升脱贫成效。在驻村第一书记的呼吁和协调下，各派出单位坚持"第一书记当代表，选派单位作后盾"的原则，为第一书记开展工作提供保障。县财政为县派第一书记提供专项工作经费，统一为第一书记办理任职期间人身意外伤害保险和健康体检。县委选派办协调县涉农项目单位，对第一书记申报项目给予重点支持，凡是第一书记所在村申报的项目，条件具备的要尽快申报实施，条件暂不成熟的，列出申报计划。县发改、财政、扶贫等部门严格按照省委组织部等四部门印发的《关于统筹相关财政资金支持驻村第一书记开展帮扶工作的意见》，将项目资金向第一书记派驻的贫困村倾斜，为驻村第一书记勇于作为，冲锋在前，真抓实干提供支持。同时，按照县财政局等3个部门联合发文要求，督促选派单位落实第一书记驻村生活补助，按标准解决交通费用等必要的生活保障、后勤保障，让驻村第一书记安心扎实工作。

4. 树立标杆，勇争优秀尖兵

严格遵守《光山县"脱贫攻坚先进工作者"和"脱贫攻坚标兵"推荐使用办法》《光山县脱贫攻坚工作问责办法（试行）》和《光山县脱贫攻坚"创一流、走前列"量化问责办法（试行）》等文件相关规定，树立标杆，树立驻村第一书记形象。县委领导不定期检查、县脱贫攻坚指挥部7个督导组督查、县定点帮扶组日常抽查相结合的方式对驻村第一书记履职情况进行监督。采取半年群众评议和年终考核等相结合方式，对驻村第一书记工作队进行考核，依据考核结果予以奖惩。持续加大在脱贫攻坚一线识别、选拔、任用干部的力度，明确对符合干部政策和任职条件的"脱贫攻坚标兵"优先提拔重用。截至目前，共推荐"脱贫攻坚先进工作者"6 批、共 370 人次。省科技厅派驻罗陈乡周湾村原驻村第一书记陶曼晞获得全国脱贫攻坚先进个人。近年来，驻村第一书记 1 人被表彰为全省优秀共产党员，11 人受到市委表彰，4 人当选市 5 次党代会代表，3 人当选市人大代表，22 人当选县劳动模范。

（三）以高质量党建的思想理念引领绿色脱贫的经验与启示

思想决定行动，认识决定成败。光山县以党建促进脱贫工作之所以推进顺利、成效显著，关键一点就在于思想认识到位。县委、县政府从提高全县党员干部的思想入手，通过召开一系列党建扶贫工作会议传达上级精神、学习有关政策文件，通过开展一系列专题培训班对贫困村党组织成员进行素质和能力培训，通过到先进地区抓基层党建促脱贫工作经验等方式，进一步提高了全县党员干部对抓基层党建促脱贫的思想认识。并通过组织开展多元化的宣传教育活动，实现了贫困群众"要我脱贫"到"我要脱贫"的思想转变。因此，做好抓基层党建促脱贫工作，必须使广大党员干部树牢"抓脱贫必须抓党建、抓党建就是抓脱贫"的思想，主动将党建与脱贫责任扛在肩上、抓在手上、记在心上，实现党建和脱贫工作两手抓两手硬。同时，要不断创新宣传教育载体，用群众喜闻乐见、易于接受的方式，宣传党的扶贫政策，使广大群众自觉把思想统一到抓基层党建促脱贫工作的决策部署上来，形成干部群众心往一处想、劲往一处使的工作格局，把抓基层党建促脱贫工作推向深入。

"逆水行舟用力撑，一篙松劲退千寻。"决战脱贫攻坚已经到了紧要关头，责任重大、任务艰巨、不容后退。必须坚持党建引领，不断适应新形势、采取新思路、运用新机制、激发新动力，积极搭建抓党建促脱贫攻坚的有效载体，更好地把党建工作与绿色脱贫紧密结合起来，为全面建成小康社会提供坚强保障。巩固脱贫攻坚成果是工作的重中之重，基层党组织和党员干部作为联系服务群众的"最后一公里"，要有时代紧迫感，更要有长远战略谋划，牢固树立绿水青山就是金山银山的理念，实施生态保护和高质量发展，以红色党建引领绿色脱贫，久久为功、利在长远。

二、光山县以高质量党建的组织架构引领绿色脱贫

（一）以高质量党建的组织架构引领绿色脱贫的价值意义

农村基层党组织是农村各项工作得以组织开展的领导核心，基层党组织建设是贫困地区脱贫攻坚的关键。有了坚强过硬的基层党组织，才能把党的正确脱贫路线、方针、政策落实到位，才能不断发展壮大农村经济，发展农村生产力，确保贫困群众收入的快速增长，为实现脱贫创造条件、提供保障。以党建促脱贫即是"把夯实农村基层党组织同脱贫攻坚有机结合起来，选好一把手、配强领导班子，发挥好村党组织在脱贫攻坚中的战斗堡垒作用"。

习近平总书记多次强调，做好扶贫开发工作，基层是基础，要加强基层基础工作。基层党组织处在脱贫攻坚第一线，支部强则"攻坚"强。要想使党组织的带动引领作用在精准扶贫一线得到充分发挥，就要扶思想、扶志气、扶智力，变"输血"为"造血"，推动党组织"火车头"引领农民致富增收，充分发挥党的政治优势和组织优势，为打赢脱贫攻坚战提供有力保证。打赢脱贫攻坚战，党的领导是关键，也是根本保障。各级党委要把脱贫攻坚的政治责

任牢牢抓在手上、扛在肩上，着力强化领导体制和工作机制，坚持大扶贫格局，贯彻精准脱贫方略，动员全党全国全社会力量，勠力同心全面打赢脱贫攻坚战。要把全面从严治党要求贯穿脱贫攻坚全过程，抓班子、强队伍，树导向、增活力，响鼓重锤建强党的基层组织，把基层党组织的政治优势和组织优势转化为脱贫攻坚力量，把基层党的组织力凝聚成为脱贫攻坚的强大力量，全面推动脱贫任务落实地见实效。

因此，基层党组织建设是根本。光山县在以抓党建促脱贫上坚持"大抓基层"的鲜明导向，抓乡强村强组织，结合每个村实际分别制定整顿工作方案，通过一系列举措夯实基层党组织建设。

（二）以高质量党建的组织架构引领绿色脱贫的措施及成效

1. 严乡强村强组织

习近平总书记强调，要把扶贫开发同基层组织建设有机结合起来，真正把基层党组织建设成带领群众脱贫致富的坚强战斗堡垒。

光山县坚持"大抓基层"的鲜明导向，深入实施信阳市委"严乡强村育新"计划，抓乡强村，筑牢推进脱贫攻坚、巩固脱贫成效的战斗堡垒，为全县打赢打好脱贫攻坚，实施乡村振兴战略提供了组织保障，为全县人民和全国人民一道步入小康社会，为实现"两个一百年"奋斗目标奠定坚实基础。

（1）健全四个机制

第一，领导机制。光山县委扛起抓党建促脱贫攻坚主体责任，成立由县委书记任组长、有关常委会组成人员为副组长的实施"严乡强村育新"计划领导小组，明确任务，全面推动。县委常委会定期研究基层党建工作，先后出台《贯彻落实市委"严乡强村育新"计划打赢脱贫攻坚战的意见》《抓党建促脱贫攻坚十项行动计划》等一系列文件，指导提升抓党建促脱贫攻坚工作。2019年5月9日，河南省新闻发布会宣布光山等33个贫困县脱贫摘帽后，在严格落实"四个不摘"要求的基础上，光山县委适时提出了政策不变、帮扶不变、责任不变、发展不变"四个不变"的工作标准。出台《开展争当"担当作为好干部"争创"干事创业好团队"活动的实施方案》《关于开展"春苗行动"加强村级后备干部队伍建设的实施意见》等文件，进一步巩固脱贫成效。

第二，引领机制。县委常委会组成人员以上率下，定期深入包联乡镇、村调研指导，现场办公，解决基层组织建设难题，扛实了抓党建促脱贫攻坚具体指导责任，有效提升了全县基层党建质量。

第三，推进机制。以定期观摩交流为主要抓手，形成常态化推进机制，营造"比、学、赶、帮、超"抓党建促脱贫攻坚的良好氛围。县委每季度组织1次"严乡强村育新"计划观摩交流会，聚焦班子建设、制度建设、村集体经济发展、新型农业经营主体党组织建设等基层党建重点任务、重点项目的落实情况，现场看、现场比、现场评，并及时公布排名，传导推进和提升压力，切实推动抓党建责任上肩，落在日常，提高工作实效。

第四，考核机制。光山县委坚持目标导向、问题导向，出台"严乡强村育新"计划考核办法，把考核内容细化为8大项26小项，对乡镇党委、村党组织、新型农业经营主体党支部提出明确考核指标，重点突出软弱涣散和后进村整顿、村级集体经济发展等内容，采取"一听二看三查四评五交流"的方式，开展"逐村观摩、整乡推进"活动，全面评估基层党组织规范化建设，对检查存在的问题建立整改台账，逐项整改。县委组织部成立4个督导组全程督导观摩，严格考核结果的运用，对乡镇党委抓党建情况进行量化考核，并将考核结果作为评先评优、干部提拔使用的重要依据，以此督促乡镇党委把抓党建责任扛在肩上，抓在手上。

（2）严乡强村建好班子

严乡。光山县明确乡镇党委主体责任、乡镇党委书记"第一责任人"责任和乡镇组织委员的直接责任，实行乡镇党委书记抓基层党建工作纪实管理，建立专项实绩档案，以纪实考察、痕迹管理为突破点，为每名乡镇党委书记配备《基层党建工作纪实手册》，把乡镇党建工作细化量化条目化为 18 项任务清单，乡镇党委书记把平时履行抓党建工作职责情况进行写实性记录，逐一对账销号。采取建立政绩卡、抽查工作日志等举措，落实乡镇班子成员相关责任。在 22 个乡镇（街区）设立党建工作办公室，配备 1 名乡镇（街区）党（工）委专职副书记主抓党建，选配优秀年轻党员干部为组织干事，明确乡镇（街区）包村班子成员兼任村党建指导员，同时兼任专业合作社、家庭农场党建工作指导员，基层党建工作力量得到有效加强。

强村。光山县有 360 个村级党组织，其中，行政村 319 个，街道居委会（社区）41 个。对村级党组织建设按照强、较强、较弱进行分类指导，重点对较弱的村级党组织进行调配。配强村"两委"班子，把脱贫攻坚工作与村"两委"换届选举工作相结合，注重在脱贫攻坚一线识别、选拔村干部，挑选一批政治素质好、"双带"能力强、懂农业、爱农民的党员能人当选村党组织书记。全县共调整 39 名村支部书记，新当选支部委员 177 名（含新调整支部书记）。全县有 108 个行政村党支部书记、村委会主任"一肩挑"，占全县行政村三分之一以上。同时，加强非贫困村党建工作，发挥改任非领导职务的科级干部讲政治、农村工作经验丰富、责任心强的优势，派驻到非贫困村担任党建指导员，组建 93 个党建扶贫工作组，每周到村指导，帮助提升派驻村党组织组织力，努力把村级党组织建设成为坚强战斗堡垒。经过组织调整和新鲜血液涌入，全县村"两委"班子的结构得到了优化，55 岁以下的村党组织书记达到 61.3%，村"两委"班子中 50 岁以下、高中以上文化程度干部的配备率为 100%，班子整体结构大幅度优化。

软弱涣散村整顿。光山县委组织部持续抓好全县 31 个软弱涣散村整顿工作，结合每个村实际分别制定整顿工作方案，选派分别由乡镇党委书记或乡镇长、副书记、纪委书记、组织委员任队长的整顿工作队，并从县直单位选派优秀干部驻村任第一书记，加强驻村工作力量，着力解决班子不团结、软弱无力、工作不在状态等问题。健全完善村级组织各项规章制度，严格落实"两会一课"、民主评议、村务公开等制度。推动村级基础设施和公共服务设施建设。对软弱涣散村党支部书记进行集中培训，使其进一步熟悉基层党建业务知识，提高抓班子带队伍、规范运用党建制度的能力。同时，动员鼓励身体健康、相对年轻的退休干部回本村兼职或担任顾问，凝聚多方智慧，配强配齐村级党组织，全县村"两委"班子的结构整体得到优化。

（3）强化基层干部培训与交流

第一，基层干部培训。光山县把提高一线扶贫干部能力作为基层党建重要工作来抓，围绕精准扶贫、产业发展、美丽乡村建设，对全县村（社区）党组织书记进行全员轮训。举办了新任村（社区）党组织书记学习党的十九大精神培训班、新任村党组织成员专题培训班、全县新型农业经营主体党支部书记培训班。持续推进农村党组织带头人队伍优化行动，提升素质和能力，先后选派贫困村党组织书记到中组部、省委组织部、市委组织部和清华大学、中国人民大学、浙江大学和大别山干部学院培训。以"万名党员进党校"为载体，对后进村"两委"成员等进行专题培训。加强源头优化，深入实施"春苗行动"和农村党员"先锋工程"，结合把产业发展带头人、"脱贫之星"等培养成党员，把党员培养成产业发展带头人，把党员产业发展带头人培养为村干部"三个培养"，加强返乡人才联络和专题培训，不断提高村级干部队伍整体素质。

第二，加强干部交流。实行机关干部与乡镇干部、村干部与县直单位干部双向交流，促进下情上机关、政策下基层。从县委、人大、政府、政协挑选政治站位高，组织能力强，勇于创新的优秀干部充实到乡镇领导班子，配强乡镇领导班子。从乡镇抽调有丰富基层工作经验的干部进机关，把乡村干部和群众呼声带进机关，使机关与乡村、干部与群众有机融为一体。选派 21 名优秀村党组织书记（村主任）到县直涉农部门上挂锻炼 3 个月，开阔眼界和视野，不断拓宽发展思维和思路，培育出一大批"三有三带型"村党组织书记。

（4）加强四个保障

第一，经费保障。2018 年，光山县按每个贫困村 1.5 万元、非贫困村 1 万元标准，全县共拨付村党建工作经费 413 万元，作为村级党的建设工作经费，为基层党建提供资金保障。2020 年，光山县按照每个村不低于 12 万元的标准拨付村级运转经费，为基层党建提供资金保障。

第二，工资保障。落实村干部工作报酬正常增长机制，连续 5 年按 20%比例增加村干部工作报酬，2020 年，村党组织书记、村委会主任和其他村干部年工作报酬分别增长到 28272 元、22617.6 元、16963.2 元。定期组织村（社区）党组织书记健康体检，落实离任村党组织书记补贴。做好村干部养老保险工作，全年对村党组织书记、村委会主任和一般村干部分别按个人缴费的 60%、50%、40%给予补贴，进一步稳定了村级干部队伍。

第三，阵地保障。投入整合资金 4000 多万元，改造提升村党群服务中心 197 个，所有村均按标准建设便民服务中心，106 个贫困村新建文化广场，结合竖国旗旗杆、党员活动室挂党旗，强化政治功能，村党组织决策议事、便民服务保障能力有了明显提升。同时，对软弱涣散村的村室进行新建、改建或扩建，结合实施党员电教信息化工程，拨出 15 万余元，为 31 个软弱涣散村购买电脑、打印机等党员电教设备，为 11 个乡镇 18 个村配备办公桌椅，改善办公条件。

第四，激励保障。鲜明"干与不干不一样、干好干坏不一样"正向效应，激发农村党组织书记在脱贫攻坚主战场、农村发展最前沿担当作为的动力，每年评选表彰优秀农村党组织书记"突出贡献奖"

"明显进步奖""任劳任怨奖"。近年来，累计评选表彰优秀村党组织书记 171 人次，128 名村"两委"干部推荐为县"脱贫攻坚先进工作者"，25 名优秀村党组织书记或村"两委"干部被招聘为乡镇事业单位人员，37 个扶贫工作成效突出村被县委授予"精准脱贫星级示范村"，激发了他们的脱贫攻坚内生动力。

（5）加快村级集体经济发展

习近平总书记在《摆脱贫困》一书中明确指出，发展集体经济是实现共同富裕的重要保证，是振兴贫困地区农业的必由之路。光山县把发展村级集体经济作为增强"造血"功能，增添攻坚动能有效抓手，持续抓实抓好。一方面，发挥农村党组织作用，依托农村集体产权制度改革，积极盘活现有资产资源，挖掘创收增收潜力，实现资源变资产、资金变股金、农民变股东。另一方面，投入整合财政涉农资金 2.082 亿元，分别按贫困村每村 100 万—150 万元、有贫困人口非贫困村按每村 40 万元的标准，扶持 340 个村发展壮大村级集体经济，通过发展资源经济、物业经济、发展基金等形式，贫困村年均收益达到 8 万元以上，非贫困村年均收益达到 3 万元以上，提升村级党组织服务群众能力。截至 2019 年，全县新增 11 个省级发展村级集体经济试点村，村级集体经济发展质量进一步提升。2020 年度，共整合涉农资金 4.9 亿元，93 个扶贫项目顺利竣工，全县村集体经济得到充分发展。

2. 党员干部齐上阵

2014 年 3 月 7 日，习近平在参加十二届全国人大二次会议贵州代表团审议时的讲话强调，各级领导干部一定要多到农村去，多到贫困地区去，了解真实情况，带着深厚感情做好扶贫开发工作，把扶贫开发工作抓紧抓紧再抓紧、做实做实再做实，真正使贫困地区群众不断得到真实惠。先锋作用发挥好，一名党员一面旗。

2017 年 4 月，光山县委制定了《关于建立贫困村脱贫责任组制度的意见》，全县组建了以贫困村所在乡镇（街区）副科级以上干部、村党组织书记、村委会主任、第一书记、驻村工作队员等为架构的村级脱贫责任组 340 个。从帮扶单位抽调优秀干部任第一书记助理 284 名，组建扶贫工作队 137 个。按照精准选人、因村派人的原则，分别派驻到 106 个贫困村、31 个软弱涣散村和部分基础相对较差的非贫困村，实现所有贫困村、软弱涣散村全覆盖。全县攻坚"哨声"响起，帮扶单位、行业部门及时到村"报到"，全体党员干部齐上阵，奋战在扶贫一线，在宣讲扶贫政策、整合扶贫资源、分配扶贫资金、推动扶贫项目落实等方面发挥了重大作用。全县派出县、乡、村各级党员干部 7160 名担任贫困户帮扶责任人，按照"县直单位帮扶人每人帮扶贫困户不得少于 3 户，村干部每人帮扶贫困户原则上不得超过 5 户"的要求，实现了全县贫困户结对帮扶全覆盖。2019—2020 年，在全县扶贫干部共同努力下，帮扶单位党组织为村级协调帮扶资金 2704.12 万元，引进致富项目 75 个，发展支柱产业 69 个，培养专业合作社 57 个，集体经济实现增收 1520.196 万元。全县广大党员干部冲锋在前，激发了广大贫困群众脱贫致富奔小康的内生动力。《河南日报》分别以《驻村扶贫路峥嵘，光山有群"拼命三郎"》《党群同心干　方洼展新颜》为题，展现了光山扶贫干部在高质量脱贫攻坚战场上的时代风采。

（1）网格管理齐参与

实行网格化管理，制定了《光山县脱贫攻坚帮扶责任人网格化管理实施意见》，全县共划分一级网格 20 个、二级网格 340 个、三级网格 2443 个。全体党员干部全部被纳入网格化管理，推动帮扶精准化，同时把网格内非贫困户纳入监管，确保脱贫攻坚不留死角、不留盲区。实行入户走访周安排，围绕全县脱贫攻坚阶段性重点工作，县定点帮扶组每周下发全县帮扶干部走访安排通知，由县直单位、乡镇（街区）主要领导带队，督促帮扶责任人在网格内开展大走访、大宣传、大帮扶。目前，累计发布 80 周培训走访通知，其中 2019 年下发

20 期，较好地起到了宣传发动作用。测试督导，为增强帮扶责任人对扶贫政策的准确把握，通过不定期参加会议、随机抽查等方式，重点对一线扶贫干部进行了测试。强化帮扶成效考核，根据县脱贫攻坚指挥部指挥长会议安排，县定点帮扶组下发通知，通过个人总结、村级初审、乡镇审核的方式，综合考核帮扶责任人"当好四大员，工作四到户，成效四对照"工作成效，并确定考核等次，由县定点帮扶组反馈给派出单位党组织，并将考核结果作为帮扶责任人评优评先的重要参考。

（2）履职尽责齐帮扶

光山县在全市率先组织开展了"千名党员干部帮千户"活动，全县党员干部进村入户，宣传政策、帮助贫困户干农活、填写档卡等，一对一帮扶。在 2017—2020 年，全县开展脱贫攻坚"创一流走前列"活动中，全体党员干部、帮扶人入户走访 APP 签到 126236 人次，平均每天走访 3000 人次以上。脱贫摘帽后，为持续做好脱贫攻坚工作，印发《关于学习习近平总书记在重庆考察并主持召开解决"两不愁三保障"突出问题座谈会重要讲话精神的通知》，进一步提升政治站位，保持旺盛的精神状态，持续坚持"四个不摘"。

自 2020 年 2 月以来，光山县组织 4 个联合督查组，对产业扶贫、就业扶贫、人居环境等工作开展专项督查，强化纪律保障，扎实有效推动工作。一是严明纪律作风。3 月 17 日，光山县召开县纪委全会暨廉洁扶贫会议，这也是光山县连续四年将纪委全会与廉洁扶贫大会合并召开，就深化扶贫领域作风建设提出明确要求。同时坚持用好正向激励和反向鞭策机制，延续并严格执行"三个一批"机制，对推诿扯皮、应付了事、不作为、慢作为的单位和责任人依纪依规严肃处理。二是强化责任落实。县处级干部履行包保责任情况，有关下沉到所包乡镇督导工作，协调解决困难和问题。各乡镇党政主职在抓好疫情防控的同时，全面推动脱贫攻坚工作。相关行业主管部门立足自身职能，牵头统筹做好与本行业相关扶贫工作，落实行业支持和政策保障。脱贫责任组、驻村第一书记等包组到人，及时帮助贫困群众解决产业发展中存在的困难。三是夯实基层基础。新冠肺炎疫情发生后，中办挂职干部和省派挂职干部都提前结束春节假期，深入一线指导疫情防控和脱贫攻坚工作，省、市选派第一书记提前返岗，积极奋战在抗击疫情和脱贫攻坚第一线，为全县广大党员干部树立了榜样。全县各乡镇（街区）延续脱贫攻坚横向到边、纵向到底的网格化模式，在扎实开展疫情防控工作的同时，广大基层党员干部采取多种形式，引导广大贫困群众积极参与疫情防控和脱贫攻坚工作，一大批贫困户主动担当，报名当志愿者，610余支志愿者队伍，毅然投入抗击疫情的战斗，筑起一道道全民防线。

为严格落实脱贫摘帽后"四个不摘""四个不变"的要求，县脱贫攻坚指挥部印发了《关于开展全县固定扶贫日活动的通知》《光山县脱贫攻坚"八条纪律"》《关于进一步明确脱贫摘帽后各级干部责任的通知》等文件，明确每周四作为全县固定扶贫日。全县各乡镇（街区）、县直单位积极组织帮扶责任人在固定扶贫日开展走访帮扶活动。县处级领导率先垂范。县委、县人大、县政府、县政协县四大班子成员、全体县处级领导干部以及中办挂职扶贫干部，带头深入乡镇村开展巩固提升脱贫成效调研指导。

（三）以高质量党建的组织架构引领绿色脱贫的经验与启示

基层党组织是党在基层的神经末梢，是贯彻落实党的扶贫开发工作部署的战斗堡垒。只有把基层党组织建设好，才能为打赢脱贫攻坚战提供力量保障。光山县在推进抓基层党建促脱贫工作中，把选优配强贫困乡（镇）、村级班子作为抓党建促脱贫的重要抓手，通过健全基层党组织的"领导机制、引领机制、推进机制、考核机制"全面提升了基层党组织在精准扶贫工作中的组织力。实践证明，凡是农村基层党组织强的地方，则村强民富、和谐稳定；反之，则村弱民穷，凝聚力不强，社会矛盾较多。因此，做好抓基层党建促脱贫工作，必须在加强基层党组织建设上下功夫，选好配强基层党组织负责人，强化党员带头引领，解决好基层党组织活动阵地、待遇、经费保障等问题，真正发挥好组织、引领、服务功能，确保基层党组织担起教育、管理和监督党员的职责，挑好组织、宣传、凝聚、服务贫困户和其他群众的担子，真正成为脱贫攻坚的领头羊、顶梁柱和主心骨。

三、光山县以高质量党建的人才建设引领绿色脱贫

（一）以高质量党建的人才建设引领绿色脱贫的价值意义

习近平总书记在《全面打好脱贫攻坚战》一文中指出：打好脱贫攻坚战，关键在人。农村党组织需要选任优秀党员干部、引进和培育技术人才，发挥人才队伍作用支撑党建扶贫工作，强化脱贫攻坚效能。第一，积极选任优秀党员干部。党支部书记是农村党组织的领头羊，党员干部是全村群众的表率、党建扶贫的助推者与先行者。针对留守村内党员年龄大、文化程度低等问题，农村党组织要扩大选人用人的视野，大力培育青年骨干作为后备力量。第二，加大培育现任党员干部力度。从理论学习、业务技术、思想觉悟等方面对其进行教育熏陶，解决党建扶贫过程中党员干部存在的突出问题。坚持分类培训

的原则，因地制宜、因人而异进行培育，切实提高农村党员干部的工作能力，为更好地推进党建扶贫，提供更加可靠的中坚力量。第三，大力引进技术人才。要根据具体情况制定并实施党建扶贫人才培养计划，成立党建扶贫技术人才志愿服务队，在充分发挥村内现有人才的基础上，加强村村之间、城乡之间的技术交流，加强企业与农户间的接洽，切实展开科技推广、技术服务的推送，为精准脱贫提供人才支撑，在党组织的带领下全面实现各村镇共同脱贫致富。

做任何事情，人是关键因素，而在脱贫攻坚过程中，关键因素就是基层党组织干部。在脱贫攻坚进程中，会不断出现新的挑战和任务，所以基层党组织应当谨慎选择干部参与扶贫开发，将基层党组织领导干部队伍精英化，为当地脱贫工作起到带头作用，带动贫困地区脱贫致富。《中共中央国务院关于打赢脱贫攻坚战的决定》强调，加强贫困乡镇领导班子建设，有针对性地选配政治素质高、工作能力强、熟悉"三农"工作的干部担任贫困乡镇党政主要领导。为了发扬党员先锋模范作用，基层党组织应该加强村级领导班子建设，对于村党组织领导队伍重点建设。基于此，光山县组建了以贫困村所在乡镇（街区）副科级以上干部、村党组织书记、村委会主任、第一书记、驻村工作队员等为架构的村级脱贫责任组奋战在扶贫一线，在脱贫攻坚各项任务的顺利实施中发挥了重大的作用，同时，通过脱贫攻坚中的各种挑战和任务，锻炼了一大批"信念坚定、为民服务、勤政务实、敢于担当、清正廉洁"的党员干部。

（二）以高质量党建的人才建设引领绿色脱贫的举措及成效

1. 高素质干部队伍

坚持打造忠诚、干净、担当的干部队伍，在高质量脱贫攻坚中当先锋、打头阵。要选优配强深度贫困地区脱贫攻坚的"领航人"，作为地区脱贫攻坚的第一责任人，引领群众脱贫致富，重点从扶贫攻坚工作一线、熟悉农业农村工作的干部中选拔；要选优配强乡镇脱贫攻坚的"先驱者"，将年轻得力、学历层次高的年轻干部重点选派到贫困地区任职，发挥其专业本领和实干精神，一方面在急难险重中历练了干部，另一方面也给脱贫攻坚事业带去了新思路、注入了新活力。要加强脱贫攻坚智力支撑，对基层党组织负责人、村委会主任、"第一书记"、驻村帮扶工作组组长、专项扶贫干部要形成全覆盖培训。同时，采取"请进来教、走出去学"，积极邀请农业专家开展畜牧养殖、棚舍建设、病虫害防治等理论知识培训和现场技术指导。通过教育培训，丰富贫困农户种养殖技术知识，使贫困农户"换脑、增智"，进一步夯实脱贫致富基础。

（1）加强新时代干部教育培训，增强决胜脱贫攻坚本领

面对新时代新形势新任务特别是精准扶贫对干部的新要求，坚持以"培训"破题，大规模、多维度培训干部，多岗位实践提升干部本领。一是补好钙，坚定信念。把学习宣传贯彻习近平新时代中国特色社会主义思想和党的十九大精神作为首要政治任务，作为武装干部头脑、坚定理想信念、强化"四个意识"的根本举措，先后举办乡科级干部专题轮训班16期、培训干部2000多人，举办村党组织书记培训班、新任村党组织成员培训班、新型农业经营主体党组织书记培训班，共培训人员530人次。为提高培训质量和水平，邀请了中央党校党建部教授、省十九大精神宣讲团成员等为干部作党的十九大精神精准解读，13名县委常委先后走上讲台，为学员作专题辅导报告。在办好专题培训的同时，还分别举办党的十九大精神研讨班、学术交流会、座谈会，深入基层开展巡回报告、文艺宣讲、专题辅导等120多场，累计受教育干部3.4万人次。二是充足电，提高本领。聚焦高素质专业化干部队伍建设目标，认真落实《光山县乡科级领导干部能力素质提升培训"富脑强能计划"实施方案》，大力提升干部的专

业素质。突出中心工作搞培训，围绕供给侧结构性改革、脱贫攻坚、乡村振兴等主题，举办县、乡、村千人以上干部培训班 5 期。结合本职工作搞培训，先后面向扶贫干部、驻村第一书记等举办能力素质提升培训班 8 期，干部扶贫专业化能力得到明显加强。着眼提高创新能力搞培训，通过走出去、请进来的方式，选派扶贫一线干部分别到清华大学、浙江大学、复旦大学等高校和大别山干部学院学习，组织323 名一线扶贫干部到外地扶贫工作先进县区观摩学习，开阔了干部的专业视野，增强了工作创新意识。三是壮筋骨，实训强能。按照习近平总书记提出的"善于学习、勇于实践"的要求，把脱贫攻坚主战场和基层一线作为干部实践历练、提升干部能力的"大课堂"，引导干部到脱贫攻坚一线建功立业。组建 340 个村级脱贫责任组、选派 494 名驻村第一书记及助理、7160 名党员干部到扶贫一线锻炼，抽调 72 名干部到脱贫攻坚指挥部等工作一线历练，提升了干部应对复杂局面、解决矛盾和难题的能力，打造了一支复合型、过得硬的干部队伍。

（2）加强年轻干部队伍建设，培强脱贫攻坚新动力

把脱贫攻坚作为年轻干部队伍建设的"大平台"，坚持政治标准，构建选、育、管、用"四位一体"的年轻干部队伍建设链条，建设适应新使命新任务新要求、经得起风浪考验，数量充足、充满活力的高素质专业化年轻干部队伍，为决胜脱贫攻坚培育了强大的新动力。一是拓宽渠道"选"。前期招录公务员 217 人，招聘事业单位人员 688 人，并从大学生村官、村干部中选录农村工作经验丰富的年轻干部 68 人，壮大了年轻干部队伍，优化了年轻干部队伍结构和质量。二是沉到基层"育"。将决胜脱贫攻坚、加快乡村振兴和推进实施"六大战略"需要和年轻干部成长需要紧密结合起来，采用选派和挂职的方式，推动年轻干部沉到基层一线，经受实践磨砺，加快成长。选派县直单位年轻干部担任驻村第一书记、第一书记助理、驻村工作队员和驻村第一团支部书记，到脱贫攻坚、重点项目、信访稳定、环

境污染攻坚等任务重、困难大、矛盾多的岗位"墩苗""淬火"，压担子、加任务。三是健全机制"管"。坚持严格管理，先后出台驻村第一书记、驻村工作队、乡科级后备干部等相关管理办法。采取干部考核、工作调研、专项督查、走访座谈、谈心谈话等方式，准确掌握年轻干部在脱贫攻坚中的实际表现，同时，对任务落实不力、思想波动大的年轻干部进行谈话提醒，传导压力，压实责任，确保了年轻干部在实践锻炼中得到快速成长。四是坚持择优"用"。坚持源源不断选拔经过脱贫攻坚锻炼的优秀年轻干部，先后有 7 名 40 岁以下的年轻干部走上了乡镇党委书记（乡镇长）岗位，全县 17 个乡镇均配备有 30 岁以下科级干部。补充完善科级后备干部库，对全县 45 周岁以下年轻干部进行了全面摸底，科学设置后备干部资格条件，经过民主推荐、组织考察等程序，将 350 名年轻干部纳入乡科级后备干部库，作为重点培养和使用的对象。

（3）坚持"双向激励"，推动干部担当作为

坚持鲜明导向选拔使用干部。把脱贫攻坚作为检验干部的"试金石"、考察干部的"放大镜"，坚持重基层、重实干、重实绩、重公认的鲜明导向，面向脱贫攻坚一线大力选拔使用干部，激励广大干部在脱贫攻坚主战场担当作为、争先创优。脱贫攻坚战打响以来，先后在扶贫一线提拔重用干部 133 人，占干部提拔重用总数的 70% 以上，其中，县派第一书记的 51% 得到了提拔重用。出台了《光山县"脱贫攻坚先进工作者"和"脱贫攻坚标兵"推荐使用办法》，持续加大在脱贫攻坚一线识别、选拔、任用干部的力度，明确对符合干部政策和任职条件的"脱贫攻坚标兵"优先提拔重用。截至 2019 年 1 月，共推荐"脱贫攻坚先进工作者"6 批、370 人次。运用《光山县脱贫攻坚工作问责办法（试行）》和《光山县脱贫攻坚"创一流走前列"量化问责办法（试行）》，加大对责任落实不力、工作作风漂浮的干部"亮"力度，决不姑息，先后组织处分 25 人，免职 9 人，诫勉谈话 35 人，约谈 55 人，深刻书面检查 6 人。正负激励并施，有力

推动了全县干部工作作风的转变，履职尽责、担当作为的使命感明显增强。

（4）加强党内政治文化建设，涵养过硬政治品格

高质量打赢打好脱贫攻坚战，需要过硬的政治品格作保证。全面落实市委《关于加强党内政治文化建设的意见》，大力实施"固本清源计划"，推动党员干部涵养过硬的政治品格，营造人人能担当、个个讲作为，崇尚实干、事业为上的良好政治生态，推动脱贫攻坚。注重载体建设，组织编印了《光山县加强党内政治文化建设读本》，向全县领导干部、驻村第一书记、驻村工作队员、村"两委"成员赠阅《习近平讲故事》《习近平的七年知青岁月》《摆脱贫困》《固本清源——信阳市党内政治文化建设"四融一带"探索》等书籍，建立了邓颖超祖居、王大湾会议旧址等4个党内政治文化教育基地，打造了集官渡河区域综合治理指挥部、司马光油茶园等为一体的党内政治文化现场体验路线。做好主题教育，推进"两学一做"学习教育常态化制度化，深入开展"不忘初心、牢记使命"主题教育实践活动，在党的十九大闭幕之后，迅速在全县开展"学习十九大、向党说句话"主题教育活动，录制专题视频8期，60多名党员干部畅谈了学习体会，组织主题征文、演讲比赛、知识竞赛等活动，掀起了学习党的十九大精神、补"钙"壮"骨"的新高潮。2018年"七一"，全县围绕"不忘初心、牢记使命，推进脱贫攻坚"主题开展"三会一课"、主题党日、现场体验教育等380多场次。注重先进典型引领，在全县深入开展学习焦裕禄、廖俊波、黄大年等时代楷模教育活动120多场次，在脱贫攻坚等工作中选树先进典型320多人次，用身边先进的党员干部教育影响身边的人，激发了党员干部见贤思齐、崇尚先进，在扶贫一线干事作为的正能量。严格组织生活。认真落实《中共信阳市委关于进一步严格和规范党的组织生活的实施意见》，烧旺党组织生活"大熔炉"，用规范化的支部建设、高质量的组织生活，强化党员干部"四个意识"，培育了严守政治纪律和政治规矩、

担当作为的政治品格，干部队伍焕发出新的活力。在脱贫攻坚主战场，党员干部冲锋在前，不避矛盾，直面困难，担当奉献，全县脱贫攻坚取得了明显成效。

2. 人才创新与振兴

2014 年 6 月 9 日，习近平在中国科学院第十七次院士大会、中国工程院第十二次院士大会上的讲话中强调，千秋基业，人才为先。实现中华民族伟大复兴，人才越多越好，本事越大越好。我国是一个人力资源大国，也是一个智力资源大国，我国 14 亿多人大脑中蕴藏的智慧资源是最可宝贵的。知识就是力量，人才就是未来。

光山县注重聚才育才用才相结合，强化支撑作用，把各类优秀人才聚集到脱贫攻坚一线，发挥各类优秀人才的专业优势，为实现高质量脱贫和人才振兴奠定基础。

（1）引进创新型人才带动脱贫

贯彻落实《信阳市人才发展体制机制改革实施意见》和《关于实施"信阳英才计划"引进培育创新创业人才（团队）的意见》，大力引进创新型人才及团队，为光山高质量脱贫提供坚强发展支撑。围绕产业带脱贫引进国家"万人计划"领军人物万向元及其团队，在光山县建立高效生态特优农业示范基地，在弦山、寨河等流转土地 2000 多亩发展高效农业，带动 110 户贫困户实现增收。同时，通过完善人才工作机制，制定引才留才相关政策，设立企业管理人才素质提升资金补助管理办法等举措，引进技术人才和团队 8 个，提升企业的创新力和竞争力，有效实现产业优势向带贫优势转化。

（2）激活人才资源信息库（智库）服务脱贫

依托光山人才资源信息库（智库）42751 名各类人才，大力实施"双百"人才扶贫行动计划，开展"拔尖人才服务脱贫攻坚"行动，组织 100 名科技特派员帮助新型农业经营主体创办示范基地 30 多个，扶持发展 42 个特色产业，免费培育实用技术人才 2400 多人。组织

100 名市县拔尖人才每人结对帮扶不少于 3 户贫困户，在教育、医疗卫生、畜牧、水产、电商、茶叶、花木等方面提供技术保障和智力支持，人才智库"蓄水池"作用得到充分体现。

（3）搭建载体促进脱贫

以定期举行"优秀人才助力产业扶贫现场观摩评比会"为载体，聚焦优秀人才帮扶成效，推动产业发展。全县培育"多彩田园"产业扶贫示范点 200 多个，打造油茶、中草药等特色产业带，发展村淘宝服务点 324 个、网店 5000 多家。开展"人才志愿服务"，引导 260 多名专业技术人才深入基层开展集中技术服务活动 40 余场次，科技小分队深入贫困村开展现场技术指导 270 多场次，为发展"多彩田园"特色扶贫产业提供有力的技术保障，不断扩大贫困群众收益面。

（4）育强乡土人才助力脱贫

实施"贫困村人才行动计划"和"贫困村致富能人培养计划"，统筹和整合各级培训资源，发挥专业技术人才优势，免费培训贫困村实用人才 1043 名、党员脱贫人才 584 名、贫困村电商人才 680 名，通过贫困村人才的示范引领，激发了贫困群众自主脱贫动力。北向店乡脑瘫患者孙雅莉、孙铁铺镇郑堂村贫困人口邹金津、寨河镇段寨村贫困户李永同等依靠实用技术，在自主脱贫的同时，积极带动身边群众共同增收。

（5）农村干部储备

村级后备干部选培是建强农村基层组织、优化村级干部队伍、助推农村持续稳定和谐发展的重要保障，选培思想素质好、品德修养高、发展办法多、为民服务实的优秀人才作为村级后备干部，对于提升村级班子战斗力、增加经济社会发展新活力具有重要意义。光山县出台《农村干部管理暂行办法》，规范村级干部管理。出台《村级后备干部暂行管理办法》，加强村级后备干部管理、培养工作，解决村干部不好选、不好留、不好退的难题。近年来，先后从产业工人、青年农民、新型农业经营主体负责人等先进群体中发展党员 617 人，培育党员产业带头人 312 人，培养村级后备干部 757 人，举办"春苗行动"培训班 3 期，培训后备干部 412 人次，并选派 11 人到华西干部学院参加提能培训，为打造过硬村级党组织带头人队伍蓄积"活水"。

"潮平两岸阔，风正一帆悬。"光山县委将继续认真履职抓主业、夯基础、建机制、强保障，提升全县基层党组织的政治引领功能和服务功能，增强党员为民务实行动自觉，以"六大战略"为抓手，以高质量党建保障高质量脱贫，保障高质量乡村振兴，为实现全面建成小康社会，实现中华民族伟大复兴中国梦贡献光山智慧和力量。

（三）以高质量党建的人才建设引领绿色脱贫的经验与启示

打赢脱贫攻坚战，关键在党、关键在人，关键要有一支素质过硬、技术过硬的人才队伍。光山县积极聚集各类人才到脱贫攻坚一线，形成脱贫攻坚的智力集聚高地。广泛开展结对帮扶、技术推广、培训指导、惠民服务等活动，为打赢脱贫攻坚提供了强有力的人才支撑和智力服务。因此，做好抓党建促脱贫工作，必须以精准脱贫需求为导向，大力实施人才对口支援服务项目，切实解决专业人才紧缺的问题。通过完善人才工作机制，制定引才留才相关政策，实施农村实用人才培养开发项目，切实运用理论学习、实践参观、互动交流相结合的方式，对农村实用人才开展农业实用技术和劳务技能培训，并坚持从科技培训、转移就业培训、创业培训三个层次上推进农民培训和农村人才资源开发，不断提高农民群众的增收致富能力。要以产业开发和项目扶持为手段，采取"人才+项目""人才+基地"等方式，引进产业开发和项目实施人才团队，为产业发展和群众脱贫致富提供智力支持。

四、光山县以高质量党建的模式创新引领绿色脱贫

（一）以高质量党建的模式创新引领绿色脱贫的价值意义

贫困地区要实现经济的发展，贫困群众要实现全面脱贫，是我国脱贫攻坚阶段需要重点解决的问题。发展产业是实现经济发展、实现贫困群众脱贫的根本途径，通过产业扶贫增强贫困地区的"造血"能力，使贫困地区的贫困群众能够依靠自身的资源和能力逐步拔掉"穷根"，实现真正的脱贫。党建与产业发展相结合的脱贫模式是将党建凝聚思想力和产业凝聚发展力的两种优势力量进行有效的整合，增强了贫困地区的造血功能，从而实现脱贫攻坚中"1+1>2"的效果。光山县为充分发挥党组织在产业发展上的引领作用，创新探索把支部建在产业链上，加强培育新型农业经营主体党组织，以"党建+产业链"为模式，实现新型农业经营主体与脱贫攻坚精准对接、有机融合，带领群众找到脱贫致富之路。

（二）以高质量党建的模式创新引领绿色脱贫的做法及成效

2013 年 11 月 3 日至 5 日，习近平总书记在湖南考察时的讲话强调，发展是甩掉贫困帽子的总办法，贫困地区要从实际出发，因地制宜，把种什么、养什么、从哪里增收想明白，帮助乡亲们寻找脱贫致富的好路子。

光山县为充分发挥党组织在产业发展上的引领作用，创新探索把支部建在产业链上，加强培育新型农业经营主体党组织，以"党建+产业链"为模式，实现新型农业经营主体与脱贫攻坚精准对接、有机融合，带领群众找到脱贫致富之路。近年来，光山县按照同类产业联合、临近产业联合、上下游产业联合等方式，通过联建、单建、挂靠建等方式，实现规模以上新型农业经营主体党组织建设全覆盖，全县共成立油茶、中药材等特色主导产业联合党总支4个，专业合作社、家庭农场党支部46个。发挥党组织引领作用，有效整合土地、项目和资金，抱团发展"跨村同乡"特色主导产业，壮大产业规模，拉长产业链条，孵化出"联兴""司马光""全家福""金合欢"等一批本土品牌特色产品，在提升市场竞争力的同时，脱贫带动力、富民引领力和发展推动力不断释放，成为推进脱贫攻坚、实施乡村振兴战略的"红色引擎"。罗陈乡青龙河农业机械专业合作社党支部书记刘正礼、文殊乡东岳村四方景家庭农场党支部书记杨长太等先后被市委表彰为全市"十佳"新型农业经营主体党组织书记。2020年10月，光山县荣获国家脱贫攻坚奖组织创新奖。

1. 建组织，实现党组织扩面提质增效

（1）把党组织建立在产业链上。采取"党组织+新型农业经营主体+贫困户"模式，依托油茶、茶叶、中草药等种植业及麻鸭、黑山羊等养殖业，建立各类产业党支部79个，产业联合党总支4个，产业党小组60余个，引领全县提升改造茶园6000亩，新增油菜播种面积15万亩、瓜果种植面积2万亩，新增麻鸭38万只、猪牛羊4.5万头，解决2400名贫困群众就业问题，带动8258户贫困户增收。

（2）把党组织建立在重大项目上。在重大项目、重点民生工程等工作现场建立党组织，围绕项目工程进度，建立"党员议事日"

制度，凝聚合力、协同攻关。立足官渡河区域综合治理，建立官渡河区域综合治理指挥部党支部，在官渡河区域 11 个重点项目工地建立临时党支部。为 2017 年 5 月汛期来临前完成 1#橡胶坝建设任务，党支部带领 11 名党员挺在一线，大干 100 天，工程进展飞速，如期完成整体工程项目建设。

（3）把党组织建立在非公企业和社会组织中。选派党建工作指导员，帮助指导非公企业、社会组织分别建立党组织 36 家、23 家，发挥好党组织和党员带领贫困户脱贫作用。诚信实业开发有限责任公司党支部，组织开展"帮扶贫困户我先行"主题实践活动，带动 16 户贫困户、52 人脱贫。

（4）把党组织建立在外出党员集中区中。光山县委在北京、上海、广东、西安等外出党员集中地，共建立 44 个驻外党组织（其中 1 个党委、2 个党总支、41 个党支部），引领凝聚外出创业成功党员，纷纷回家乡修路造塘、安装路灯、实施天网工程、慰问贫困户等，服务家乡脱贫攻坚及经济发展 2000 余万元。

2. 树旗帜，发挥示范引领作用

（1）在村（社区）党员活动室挂党旗。光山县委组织部为全县 360 个村（社区）统一制作了"党旗、入党誓词"标识牌。乡镇（街区）、县直单位等基层党组织在会议室、党员活动室挂党旗，组织党员面对党旗，开展经常性"诵誓词、强党性"仪式教育，督促党员自觉履行权利和义务，增强党性意识、服务意识、担当意识。

（2）在村级组织活动场所竖国旗旗杆。结合村级组织活动场所改造提升，在村级组织活动场所竖立国旗旗杆，并在国庆、元旦等重大节日举行升国旗仪式，增强党员群众爱国意识、公民意识，增强民族自豪感和责任感。将升国旗与开展"三会一课""党员活动日"等结合起来，每次升国旗后组织党员，围绕脱贫攻坚等村级重点工作开展活动，群策群力，推动精准扶贫。

（3）在重大项目和产业发展攻关等关键岗位扬队旗。大力弘扬"五种精神"，发挥"一名党员就是一面旗帜"示范引领作用，组建共产党员脱贫攻坚先锋队，把队旗插在工地建设、产业发展以及急、难、险、重等重点工作现场上，发挥共产党员敢啃硬骨头、敢打翻身仗的模范带头作用。目前，通过全县484名共产党员脱贫攻坚先锋队示范带动，7200余户贫困户参与新型农业经营主体组织的农业产业化经营、7300多人经营电子商务、1209名特困对象落实低保等保障。在12个乡镇实施易地搬迁选址建设集中安置点20处，安置贫困人口1034户、3908人。

3. 亮身份，激发党建工作活力

（1）设立乡镇（街区）党建工作办公室。光山县委组织部统一定制"党建工作办公室"门牌，全县22个乡镇（街区）都设立了党建工作办公室，配备专职党务干部，明确乡镇（街区）包村班子成员兼任村党建工作指导员，指导村级党组织建设，提升服务群众质量。为推进"两学一做"学习教育常态化制度化，县委组织部统一定制了金底红字的"共产党员之家"门牌，为农村党员户挂"共产党员之家"门牌，增强农村党员荣誉感、归属感。

（2）建立共产党员志愿者服务站。光山县委组织部在各乡镇、行政服务窗口、重点项目工地、新型农业经营主体等公共场所，建立"共产党员志愿者服务站"，设立共产党员服务岗，党员佩戴党徽开展志愿服务。全县共建立26个"共产党员志愿者服务站"，通过开展"党课进村""科技下乡""结对帮扶"等活动，为贫困村培训种植、养殖、加工、服务业技能人才1646人次，成为助推脱贫攻坚的"加油站"。

（三）以高质量党建的模式创新引领绿色脱贫的经验及启示

党建是推动各项事业持续健康发展的牵引力和推动力，贫困地区在开展党建扶贫过程中应立足当地实际，在坚持以人为本的基础上积极创新服务方式，以市场为导向，结合自身资源优势，因地制宜发展其优势发展特色产业，通过"党建+"的扶贫模式，调动贫困群众参与经济生产的积极性，实现农村劳动力充分就业，从而切实帮助贫困群众增加收入，实现脱贫致富。光山县在脱贫攻坚中坚持把"产业扶贫"作为抓基层党建促脱贫的重要内容，把产业扶贫作为摘掉"贫困帽"的根本之策，充分发挥各级党组织的统筹引领作用，不断扩展党组织工作的覆盖面，把支部建在产业链上，加强培育新型农业经营主体党组织，以"党建+产业链"为模式，将党组织活动内容和形式直接延伸到党员和群众最关心的扶贫产业链上，实现新型农业经营主体与可持续脱贫的精准对接、有机融合。实践证明，找准发展农村经济与脱贫攻坚的结合点，是实现贫困地区从"输血"向"造血"功能转变，增强贫困群众自我发展能力，助力脱贫攻坚的一剂"良方"。因此，做好抓基层党建促脱贫工作，必须把发展产业作为重要支撑，要立足于当地实际，探索创新党建扶贫发展模式，实现党建工作与产业发展"双提升"。

打赢脱贫攻坚战，实现全面小康，核心在党，关键在干部。光山县在推进抓基层党建促脱贫工作中，着眼打造一支强有力的脱贫攻坚尖兵队，把选派第一书记作为夯实基层基础和全面推进脱贫攻坚的重要抓手，在干部选派上严把"两好四强"标准，激励驻村第一书记发挥尖兵作用，为推动贫困村实现脱贫致富注入了强劲动能。因此，做好党建促脱贫工作，必须精准选派驻村第一书记，把那些政治坚定、勤政务实、敢于担当的党员干部选派过去，使其在脱贫攻坚一线砥砺品质、锤炼作风、积累经验、增长才干，在基层摸爬滚打中"强筋健骨"。要坚决摒弃形式主义，实施最严格的考核制度，对走读式、表演式、挂名式、滥竽充数式的驻村第一书记，要严肃问责。同时，要教育引导驻村第一书记眼睛往下看、身子往下沉、劲头往下使，在脱贫攻坚中发挥好"尖兵"作用，在产业培育、项目建设、融资服务等方面，实施"滴灌式"精准服务，着力破解扶贫发展难题，助力贫困群众早日脱贫致富奔小康。

第四章

产业扶贫：绿色产业发展
筑牢脱贫根基

　　2016年7月，习近平总书记在宁夏固原考察脱贫攻坚工作时指出，"发展产业是实现脱贫的根本之策。要因地制宜，把培育产业作为推动脱贫攻坚的根本出路"。产业扶贫作为扶贫工作的重要内容和方式，承担着贫困地区脱贫、贫困群众稳定增收的重要期盼，承担着巩固脱贫成效、提高脱贫质量、防止返贫和产生新的贫困人口的重要责任，承担着有效衔接脱贫攻坚与乡村振兴的重要使命。"贫困地区尽管自然条件差、基础设施落后、发展水平较低，但也有各自的有利条件和优势。只要立足有利条件和优势，用好国家扶贫开发资金，吸引社会资金参与扶贫开发，充分调动广大干部群众的积极性，树立脱贫致富、加快发展的坚定信心，发扬自力更生、艰苦奋斗精神，坚持苦干实干，就一定能改变面貌。"[1]

　　脱贫攻坚战打响以来，光山县深入学习贯彻习近平总书记关于扶贫工作的重要论述，紧紧抓住产业扶贫这个关键，结合县域实际，瞄准市场需求，充分挖掘自身资源优势，选准和培育县域特色优势产业，大力开展"多彩田园"产业扶贫示范工程，采取多种措施做大做强具有特色和优势的绿色茶叶油茶、金色水稻、红色龙虾、特色农副产品、多色苗木花卉、特色羽绒、电商等产业。同时，建立有效带贫机制，推动产业发展与贫困群众增收精准对接，实现了县域产业长足发展和贫困群众脱贫致富双"出彩"，形成了绿色特色立产、融合创新兴产、脱贫攻坚联产的产业扶贫路径，为光山县高质量脱贫摘帽

---

[1]　习近平：《做焦裕禄式的县委书记》，中央文献出版社2015年版，第17页。

和经济社会综合发展起到了至关重要的推动作用。2019 年 9 月 17 日，习近平总书记在河南考察调研时，赴光山县深入了解了光山扶贫工作成效，并评价和鼓励说"路子找对了，就要大胆去做"。《人民日报》、中央电视台、《河南日报》等主流媒体也纷纷报道了光山产业扶贫的成效和做法。在全国脱贫攻坚战进入到决战决胜的关键阶段，对光山县产业扶贫的做法进行总结、分析和经验分享，对于推动脱贫攻坚工作、促进乡村振兴和县域经济发展具有重要意义和价值。

一、光山绿色扶贫产业选择的基本思路

"推进扶贫开发、推动经济社会发展，首先要有一个好思路、好路子。要坚持从实际出发，因地制宜，理清思路、完善规划、找准突破口。"① 习近平总书记关于贫困地区产业发展方向的经典论述和观点，对光山产业发展方向选择起到了很好的指导和启示作用。第一，绿水青山就是金山银山。该论述既强调保持生态环境的重要性，环境就是民生，青山就是美丽，蓝天也是幸福。要像保护眼睛一样保护生态环境，像对待生命一样对待生态环境。对破坏生态环境的行为，不能手软，不能下不为例。② 要坚决守住生态红线，不断涵养生态资源，尽可能减少对自然环境的损害，绝不干毁祖传家业、断子孙后路的蠢事。③ 也强调生态建设与经济发展的有机结合，"要通过改革创新，让贫困地区的土地、劳动力、资产、自然风光等要素活起来，让资源变资产、资金变股金、农民变股东，让绿水青山变金山银山，带

---

① 习近平：《做焦裕禄式的县委书记》，中央文献出版社 2015 年版，第 17 页。
② 参见 2015 年 3 月，十二届全国人大三次会议召开期间，习近平总书记在参加江西代表团审议时的讲话。
③ 参见 2015 年 3 月，习近平总书记在陕甘宁革命老区脱贫致富座谈会上的讲话。

动贫困人口增收"①。第二，因地制宜做好特色文章。2013年11月，习近平总书记在山东考察工作时指出，"欠发达地区抓发展，更要立足资源禀赋和产业基础，做好特色文章，实现差异竞争、错位发展"。2016年4月，习近平总书记在安徽金寨考察时再次提出，"产业要适应发展需要，因地制宜、创新完善。俗话讲，十里不同风，百里不同俗。我们要按照农业供给侧结构性改革的要求，立足贫困地区资源禀赋和国内外市场需求，培育差异化比较优势，生产适销对路的农产品，避免一哄而上、同质竞争"。光山县深刻学习和贯彻习近平总书记的重要论述，在产业选择和产业发展上牢固树立绿色发展理念，强调保护和发挥好光山的生态优势，打好生态绿色牌，做足山水田园文章。形成了绿色产业发展促脱贫致富的基本思路，并出台具体的政策文件《光山县"多彩田园"产业扶贫示范工程实施意见》，重点发展特色农业、特色羽绒产业及相关电商产业。

（一）大力发展地域优势突出的特色农业

光山县从地理和气候上属于南北过渡地区，良好的气候和地形条件，造就其物产丰富且独特。光山县耕地面积121.86万亩，宜林面积92.5万亩，林地面积66万亩，宜渔面积10万亩，是全国知名的茶叶之乡、粮油基地、青虾和麻鸭原产地。绿色特色农业资源是光山的比较优势，也是县域产业发展和贫困群众脱贫致富的底气所在。因此，光山提出大力发展茶叶、油茶、小杂果、食用菌、中药材、花卉苗木和油菜等特色种植业，着力培育优质肉牛、肉羊、豫南黑猪、麻鸭四大特色畜禽产业。通过支持建设一批生态效益好、经济效益高、产品质量优、品牌优势强的特色农产品生产基地，促进特色农业实现规模化、产业化发展。

---

① 《习近平关于社会主义生态文明建设论述摘编》，中央文献出版社2017年版，第30页。

大力发展茶叶产业就是这一产业发展方针的重要体现。历史上，光山就是淮南著名产茶县，茶圣陆羽的《茶经》上有"淮南（茶），以光州上"的评价。在当代，光山是国家划定的长江中下游名优绿茶重点区域和中国茶叶学会命名的"中国名茶之乡"，是信阳毛尖的主要产区之一，是信阳市第二大产茶大县。茶产业是光山县的特色产业和支柱产业之一，脱贫攻坚战打响前的 2015 年，光山茶园面积已有 24 万亩，茶产业从业人员达 15 万人，而且茶叶种植面积和产量近年呈稳步增长的态势，并且发展空间仍然很大，是帮助群众脱贫致富的优势产业。光山茶产业具有喜人一面的同时，也在发展上面临瓶颈。首先，产品单一，产品延伸力度不足。光山茶产品大多为条形散绿茶，加工水平和产品质量参差不齐，市场竞争力较弱、价格也比较低，而且在茶食品、茶饮料、茶保健品等相关产品的研发上力度不够，产业链条较短。其次，品牌打造力度不够，龙头企业实力有待增强。光山县具有较大规模和品牌影响力的茶叶龙头企业数量不多，辐射带动能力有限；茶叶主要以传统家庭作坊式生产和经营为主，大部分企业生产规模小、资金短缺、相关人才储备不足。在此情况下，光山大力实施茶叶发展战略，力促茶产业转型升级，努力实现茶叶产业规模、效益双提升。《光山县"十三五"脱贫攻坚规划》中关于茶产业形成了如下发展规划：在 15 个茶区乡镇（区）51 个行政村（其中贫困村 38 个，非贫困村 13 个），发展新茶园 2 万亩，改造低产衰老茶园 2 万亩，新建茶树良种繁育基地 1000 亩。以茶产业龙头企业、专业示范社为引领，实施茶叶加工清洁化技改和农村一、二、三产业融合发展，实现涉茶贫困村到户增收全覆盖，努力惠及贫困人口 8010 人。

（二）做大做强比较优势突出的特色羽绒产业

羽绒产业是光山的传统优势产业，光山羽绒产业发展与麻鸭养殖的传统高度关联，二者均有着悠久的发展历史及传承。光山麻鸭是当地传统特色农产品，自古就有"浮光（光山）多美鸭"之说，2003年12月光山麻鸭顺利通过国家质检总局的原产地标记注册认定。光山羽绒产业的萌芽发端于20世纪上半叶，据光山县志记载，"1935年，光山县余润卿等5人在武昌和汉口开设字号为'源太衡''久大昌''福星衡'的商铺3处，收购豫南商贩运去的羽毛，转售给日、美等国商人开设在汉口的洋行，然后由日、美商人运回本国或其他口岸出售，从中谋取高额利润"。

光山羽绒产业的真正形成与发展则是在改革开放之后，总体来说，光山羽绒产业的发展经历了三个阶段：第一阶段是从20世纪70年代末到90年代初。这一时期，光山家禽养殖业得到长足发展，凭借丰富的羽绒资源，光山县委、县政府科学研判、果断决策，及时做出了发展羽绒产业的决定，1981年3月，召开光山县羽绒产业第一次会议，自此揭开了光山羽绒产业发展大幕，其规模逐渐发展壮大。1986年光山本地羽绒品牌"金鸳鸯"获得了"河南省优秀产品奖"，1994年该品牌又被评为"中国羽绒名牌"，河南省金鸳鸯服装集团有限公司被评为"中国行业百强企业"，该公司生产高峰时拥有员工3900多人，年生产各类羽绒制品500多万件，年产值2亿多元。金鸳鸯服装集团公司不仅产品远销至日本、美国及欧洲各国，而且还在罗马尼亚、乌克兰、前南斯拉夫等国设立分公司。第二阶段是从20世纪90年代中期到2012年。由于经营不善、国企改制等原因，当地大型羽绒企业金鸳鸯集团等在这一时期相继宣告破产。大量羽绒行业技术骨干、下岗工人利用自身技术优势和对市场的充分了解，赴全国大中城市和重点乡镇从事羽绒服"翻旧复新"和"现场充绒"业务，由于从业人数和店面数量众多、经营门店遍及全国大中城市和城乡集镇，被业界誉为"光山羽绒现象"。第三阶段是从2013年至今。电商的兴起为传统产业插上了信息化翅膀，光山闯出了一条"羽绒产业+电子商务"发展的新路子，实现了羽绒产业由传统经营到电商营销的历史性转变。历经四十年的发展，光山的羽绒服装产业已经形成了坚实的产业基础、完整的产业链条和完备的产业配套。

基于光山羽绒产业雄厚的历史基础、较强的带贫潜力和较高的经济效益，光山县大力实施羽绒服装产业发展项目，力争通过3—5年的努力，形成经济总量达到100亿元的产业集群，以羽绒产业的发展来助力脱贫攻坚目标的实现。这比从无到有、费时费力地培育新兴产业，或绞尽脑汁、用尽优惠政策吸引外来投资，要便捷、务实、可靠。可以说，选择具有产业基础的羽绒服装产业进行现代化、产业化改造，是产业兴旺光山的务实之举。

（三）借势发展渐具优势的电商产业

借助于光山羽绒产业由线下向线上转型的东风和2014年光山县获批国家"电子商务进农村综合示范县"的契机，光山县把电子商务发展作为县域经济转型升级和促群众脱贫致富的重要抓手，大力发展电子商务产业。光山县大力发展电子商务产业的具体思路如下。

第一，对内加强融合，探索特色优势产业与电商产业紧密衔接。光山县探索将一、二、三产业中的特色优势产业与电子商务产业相融合，把这些产业中的优势特色产品作为电商营销的重点，即羽绒服装、特色农副产品、旅游工艺品。为此，光山县根据实际情况，形成了产品研发领域的"四类四步走"战略。第一步，率先开发羽绒服装类产品。光山县财政每年安排100万资金，用于羽绒服装新款研发，免费提供给电商企业使用；同时带动社会力量参与服装新款研发，每年达到1000款以上，较好解决了电商企业的新品研发问题。第二步，拓展开发农副产品。根据历史传承、产量规模、品质竞争力、持续扩展力等指标，甄选特色农副产品，塑造"光山十宝"等农产品公共品牌，为电商发展提供更多的品牌支撑。第三步，开发旅游产品。光山县将全县的旅游资源进行深度整合，在线上推广运营。第四步，开发手工艺品。光山县把民间传承的具有浓郁地方特色的手工艺术品，搬到网上进行销售。光山县力求通过"四类四步走"战略，丰富电商网货品类，促进电商产业与特色优势产业深度融合。

第二，对外加强合作，借力借智发展电商产业。首先，加强与互联网平台企业的合作，积极与阿里、京东、苏宁易购、中国网库、拼多多等联系和合作，根据这些运营企业和平台的需求，适时调整产品品类、生产计划、服务模式等；利用这些平台的优势，多渠道销售光山本土产品。其次，加强与互联网媒体的互动合作，与腾讯、百度、新浪等公司开展合作，加大光山电商产业和产品的宣传力度。最后，加强与外地产品供应商的合作。电商产业是一个开放的产业，光山的电商产业不仅要销售本土的特色优势产品，更要"买全国，卖全国；买全球，卖全球"，使电商产业发展有更多的货源支撑，因此加强与外地生产商、供应商的合作互动是一个重要方面。同时，加强与培训机构的合作。虽然光山县的电商从业者数量较多，但队伍的整体素质不高，缺乏高精尖的专业人才。光山县加强与阿里、京东、甲骨文科技公司、河南省网销协会、上海稀思公司、江南电商培训学院等网络企业的培训合作；加强与浙江大学、中国社科院、中国电商研究院、中国国际电商培训学院、郑州大学、河南财经政法大学等高校和研究机构的合作；建立电商培训基地和实训基地，聘请全国各地的电商运营专家和研究人员授课，开设初级班、中级班、高级班、特色班、定制班、魔鬼训练营等，培养各类人员"触网"创业。

第三，用电商的手段助推脱贫攻坚。以"电商+扶贫"为切入口和突破点，帮助贫困群众脱贫致富奔小康。首先，抓贫困人员电商技能培训，举办建档立卡贫困户电商专题培训班，培养农民"触网"创业。其次，吸纳贫困人口到电商企业就业。同时，组织贫困户兴办小微加工企业为电商供货。

二、光山发展绿色扶贫产业的主要举措

"贫困之冰，非一日之寒；破冰之功，非一春之暖。做好扶贫开发工作，尤其要拿出踏石留印、抓铁有痕的劲头，发扬钉钉子精神，锲而不舍、驰而不息抓下去。"[1] 光山县委县政府深刻领会习近平总书记的讲话精神，内化于心、外化于行，沿着制定好的绿色扶贫产业发展思路，持续发力、培育和壮大绿色扶贫产业。

（一）"农工电一体"发展油茶产业

油茶是我国传统的木本食用油料树种，适宜生长在亚热带的山区、丘陵、缓坡地带，具有很强的生态保护功能。同时，油茶树是山区传统经济作物，油茶籽油不饱和脂肪酸含量高达90%以上，同时还含有丰富的铁、钙、锌等微量元素及特定的生理活性物质山茶甙，储藏期长，营养价值高，是公认的优质食用油和保健油，具有显著的经济价值。"一亩油茶百斤油，又娶媳妇又盖楼"，老百姓的这首打油诗充分反映出油茶的经济价值。并且，油茶种植和挂果年限达几十年，收益稳定持久，具有可持续增收的牢固根基，可以说油茶"既能治穷脱贫，又能长远固本"。光山县地处大别山北麓，淮河以南，属南北气候过渡带，四季分明、降水充沛，在气候上适宜种植油茶，属油茶栽培的北缘地区，并且光山县域内浅山丘陵地貌较多，不仅适合油茶产业化经营，而且不与粮争地，发展的空间非常大。因此，光山县委、县政府成立了油茶产业开发领导小组，出台了《关于大力发展油茶产业

---

① 习近平：《做焦裕禄式的县委书记》，中央文献出版社2015年版，第30页。

的决定》和《光山县全民油茶计划实施方案》，把油茶产业确定为调整产业结构的首选产业、实施精准扶贫的朝阳产业，提出了打造全国油茶北缘强县和全省油茶良种繁育基地县的目标。在油茶产业的具体发展方式上，光山县委县政府深刻领会习近平总书记讲话精神，"要按照全产业链的理念发展壮大新产业、新业态，发挥一二三产业融合的乘数效应，拓宽贫困户增收和就业渠道"[①]，提出了按照全产业链的理念培育光山油茶产业的思路，采取的主要发展措施如下。

1. 选育良种苗木，提供科技服务

光山县历史上曾种植过油茶，早在 20 世纪 70 年代，一些乡镇采用直播造林方式种植油茶，累计造林面积约 5 万亩，其中片林 3 万亩，零星约 2 万亩。但由于技术落后，管理粗放，长期以来已有油茶林油茶产量低、效益差，导致广大农民进一步种植油茶的积极性不高，既有油茶产业自 20 世纪 70 年代后一直处于自生自灭、发展停滞的状态。这说明仅有自然条件的优势并不能自然而然地发展好油茶产业，产业的健康发展首先需要具备强大的科技支撑。因此，光山县将油茶作为林业结构调整和产业培育的主攻方向以后，首先就把强化科技支撑和种源培育放在首位。第一，加强与科研院所合作，选育适合光山水热条件的良种苗木。光山县属北亚热带地区，是油茶分布区的北端，与油茶中心产区气候条件有较大差距，一些在南方主产区种植的油茶品种在光山适应性较差，树苗成活率低、树体生长慢、植株不大、结果量少。光山县委县政府针对这个问题，先后与中国林业科学研究院亚热带林业研究所和湖南省林业科学院签订了油茶科技合作协议，聘请了国家油茶科学中心首席专家姚小华研究员及其研究团队进行系统实验，最终根据专家的实验结果和建议，选定了适合光山水热条件的"长林"系列油茶良种作为大面积栽培品种，从种源上保证了

---

① 习近平：《做焦裕禄式的县委书记》，中央文献出版社 2015 年版，第 30 页。

油茶产业发展的高起点，仅油茶的成活率和保存率就达到了95%以上。第二，常年聘请专家和技术顾问，开展油茶种植技术指导。光山县引进了10多个国家级和省级油茶科研项目落户光山，聘请了姚小华、谭晓风、陈永忠等10多位全国油茶知名专家，到现场实地指导油茶低改、早产丰产、大规格苗木培育、油茶大苗移栽等工作。第三，依托县林业科研、科技推广等部门积极开展油茶造林和育苗的技术服务工作。光山县林业局成立了科技协作组，大规模举办油茶技术骨干培训班，累计培训3000多人次，大力推广油茶芽苗砧嫁接育苗、丰产栽培、低产林改造等实用技术，有效提高了油茶生产的综合效益。

2. 奖补引领社会资本和农户，扩大油茶种植规模

光山县在油茶种植环节，坚持"财政奖补、龙头企业带动、全民广泛参与"的发展思路，通过财政奖补措施促进油茶种植规模扩大。光山县每年整合小流域治理、土地整理、交通、电力、农业综合开发和扶贫等项目资金500万元以上，用于发展油茶产业。同时，对100亩以上的成片造林，验收合格后当年每亩补助100元，对采用三年生油茶大苗造林的企业和农户，按实际栽植数量每株补助3元，连续补助三年。光明的市场前景和良好的财政奖补措施促进了广大群众和市场主体参与油茶种植。截至2020年底，光山县油茶总面积达25.5万亩，共有油茶企业和合作社56家、种植大户218户及4.8万户群众参与油茶种植。并且油茶的规模化种植程度也明显提高。表4-1是光山县主要的油茶种植基地发展规模，从中可以看出，龙头企业的油茶种植基地规模较大。

表4-1 光山县主要的油茶种植基地发展规模

基地名称	基地规模	运营企业
槐店乡司马光油茶园	27000 亩	联兴公司
文殊乡油茶基地	15310 亩	蓝天集团

基地名称	基地规模	运营企业
南向店与马畈油茶基地	6200 亩	五岳集团
晏河乡油茶基地	6700 亩	建宏中天公司

3. 引导企业开展精深加工，延伸产业链条

"油茶种出来，加工是关键"。过去由于缺乏茶油加工企业，当地仅能把茶果销往外地，受市场价格波动的影响较大，收益也大大低于出售茶油。在此情况下，光山县确立了"龙头带动、加工先行"的发展思路，坚持发展油茶精深加工。通过财政奖补政策积极引导企业延伸油茶产业链，就地开展油茶果的规模化深加工，拉长产业链条，促进油茶产品的增值。截至 2020 年，河南蓝天茶油有限公司在文殊乡敿洼村已经建成年产 3000 吨茶油精加工生产线一条，河南联兴油茶产业发展公司建成了年加工能力 3 万吨的油茶果加工厂 1 个。这有力提高了光山县油茶精深加工能力，提高了当地油茶产业的经济效益。

4. 电商联结，拓宽油茶销售渠道

茶油虽然是高端用油，但属于小品类油，不是普通百姓的刚需，替代性较强，因此茶油经常面临销售不畅的情况。光山县在此情况下，把电商发展与油茶产品的销售结合起来，通过多个电商平台多渠道销售油茶产品，有效解决了油茶产业的产销衔接问题，产生了司马光、全家福、联兴、冯大山等知名电商品牌。

通过上述措施，光山县的油茶产业已经发展成为该县精准脱贫的一项特色支柱产业。习总书记考察光山油茶产业时的一段讲话，生动诠释了光山油茶产业发展重大成效。"利用荒山推广油茶种植，既促进了群众就近就业，带动了群众脱贫致富，又改善了生态环境，一举

多得。"光山也因为大力发展绿色可持续的油茶产业，先后被国家林业和草原局（原国家林业局）授予"国家油茶标准化示范县""国家油茶科研示范基地""全国绿化先进集体"等称号。

（二）集成创造"光山十宝"系列农副产品

如前所述，光山县是一个农业大县，是全国知名的茶叶之乡、粮油基地、青虾和麻鸭原产地，农副产品种类齐全、丰富多样、特色鲜明，还有不少传承文化、承载记忆的传统食品。除了产量和知名度较大的茶叶之外，有特色的生态农副产品还有青虾、山茶油、黑猪腊肉、红薯粉条、咸鸭蛋、鲜桃、月饼、油挂面、甜米酒、糍粑等。但这些特色农产品生产和销售面临的困难和问题也不少。

第一，有产品无品牌，推广难度大。光山县的农副产品品质虽好，也有一些企业自己注册的商标，但在县域外的知名度很低，更谈不上与国内外知名品牌展开有力竞争。这往往导致两种现象，要么在县域内或周边市场自产自销；要么以低价换取外销市场，勉强维持产业发展，但整个产业发展动力和后劲不足。第二，生产规模上呈现出散、小、杂的特点。"样样都有一点，样样都形不成规模"，标准化、专业化水平不高，仅能在本地市场销售。第三，缺乏农产品加工能力。光山县的农业产业链条不完整，缺乏农畜产品分拣、深度加工、冷链储存、物流运输等配套企业，不少产业仍处于产业链的前端、价值链的低端，附加值偏低、竞争力不强，产业优势未能有效激发出来。比如光山县殷棚乡盛产板栗，但因缺少板栗深加工企业、仓储困难，只能任其自然脱落、腐烂。第四，新型经营主体市场运作乏力。光山县共有农民专业合作社1800多家、家庭农场960多家，看似可观，但运营正常的不足700家，存在农民专业合作社个人化、家庭农场碎片化现象，各自为政、单打独斗、效益低下，生存状况堪忧。在此情况下，为了将农副产品推向市场，创造高附加值，引领群众脱贫致富，该县通过打造"光山十宝"系列农副产品和产业，促进农副产品生产转型升级。

1. 甄选特色农副产品，塑造"光山十宝"公共品牌

在市场竞争激烈的当下，"好酒也怕巷子深"。为解决光山农副产品知名度不高的问题，光山县从上到下广泛调研、充分讨论、仔细酝酿发展之道。最终，光山县采取公开竞赛、专家评审、社会参与、舆论监督等方式，按照本地特色鲜明、历史传承悠久、发展潜力大、市场竞争力强等标准，甄选出富有光山特色和市场前景的十种农副产品予以重点发展，同时注册"光山十宝"农产品公共区域品牌，以提高这十种农副产品的地域认可度和品牌辨识度。甄选出的"光山十宝"见表4-2。

表4-2　入选"光山十宝"的农副产品

产品名称	产品特色
"观五玫"鲜桃	"观五玫"鲜桃是观音脸、五月鲜、玫瑰红三种仙桃的简称，果肉血红、口感极佳
光山青虾	光山是青虾的原产地，光山青虾体型粗短，体色青蓝，营养丰富
司马光茶油	山茶油营养价值高，是公认的优质食用油和保健油
豫南黑猪腊肉	豫南黑猪采用传统饲养方法养殖，腊肉采用传统工艺腌制，为无公害环保食品
光山甜米酒	甜米酒含有丰富的维生素、葡萄糖、氨基酸等营养成分，是老幼皆宜的佳品
光山油挂面	光山油挂面用精制食盐发酵，用少许芝麻油盘条，是当地的绿色健康食品
砖桥月饼	砖桥月饼历史悠久，自清代就开始享誉盛名，已被列入河南省非物质文化遗产
光山麻鸭蛋	光山麻鸭、麻鸭蛋原产地为河南省光山县，麻鸭蛋蛋黄红，色香味美

产品名称	产品特色
鸡公潭糍粑	糍粑为光山县传统名吃，风味独特，味道极佳
光山红薯粉条	红薯粉条是光山传统的名特产品，柔软爽口、筋道耐嚼

"光山十宝"农产品区域公共品牌的塑造，易于消费者辨识和媒体传播，使光山农副产品的销售有了很好的品牌依托，大大提高了光山农产品的知名度，解决了产品差异化的难题。比如，习近平总书记在光山考察时参观了"光山十宝"展品，借助总书记的领袖效应和媒体传播，"光山十宝"品牌迅速为公众熟知，并带动了相关产品的热销。光山县农副产品电子商务协会会长张忠贻兴奋地告诉记者说，随着习近平总书记在光山考察调研时的镜头，出现在新闻联播里的"光山十宝"，如今网上的访问量是以前的几十倍，平均销量是以前的 20 倍。豫南黑猪腊肉、砖桥月饼等更是全部卖光。

2. 建设"光山十宝"生产基地，促进农副产品产业化发展

为解决光山农副产品生产规模小、产品深加工能力差的问题，光山县以"光山十宝"基地建设为抓手，大力推进农副产品的产业化。表 4-3 是"光山十宝"加工基地的建设情况。

表4-3 "光山十宝"加工基地建设情况

产品名称	生产基地建设情况
"观五玫"鲜桃	建在马畈镇，基地面积 5000 余亩
光山青虾	建在龙山湖水库和陈兴寨拦河枢纽，养殖面积 9000 多亩
司马光茶油	河南蓝天茶油有限公司在文殊乡建成年产 3000 吨茶油精加工生产线一条
豫南黑猪腊肉	建在文殊乡邹棚村，占地 50 亩

续表

产品名称	生产基地建设情况
光山甜米酒	建在泼陂镇，以老夏家甜酒坊为依托，占地50亩
光山油挂面	建在文殊乡桃园村，占地6亩
砖桥月饼	建在砖桥镇魏湾村，以文之勋月饼店为依托，占地6亩
光山麻鸭蛋	建在罗陈乡杨湾村，占地15亩
鸡公潭糍粑	建在晏河乡晏河村、帅洼村，先后开发出9种新品，日产量可达1000斤
光山红薯粉条	建在殷棚乡殷棚村，年产量27万多斤

通过"光山十宝"生产基地建设，相关农产品的规模化生产程度显著提高。以"观五玫"鲜桃为例，生产基地建设前，光山县马畈镇的鲜桃生产处于家户零星种植状态，生产规模小、受市场波动大。2015年以后，光山县马畈镇在5个村建成了5000余亩的"观五玫"鲜桃种植基地，在政策、资金、技术服务上向生产基地倾斜，并协助种植大户成立了"观五玫"小杂果专业合作社、注册了"观五玫"商标，助力鲜桃产业发展。截至2020年，马畈镇鲜桃种植面积达1.2万亩，鲜桃年销售量达200万公斤，销售收入达2000余万元，从业人员1300余人，实现了"小鲜桃"向"大产业、大品牌"的跨越。这为马畈鲜桃产业扶贫奠定了很好的基础。据统计，截至2020年底，该镇鲜桃产业已带动460余户贫困户1500余贫困人口脱贫致富，有800余户贫困户从中受益，千家万户、集中连片的鲜桃已成为富民强镇、精准扶贫精准脱贫的"大产业"。

3. 电商拓宽"光山十宝"销售渠道，助力农副产品触网上行

在推进"光山十宝"生产基地建设的同时，该县积极实施"电商+光山十宝"扶贫工程，通过各大电商平台，将"光山十宝"等富有特色的农副产品推向全国市场，助力贫困群众脱贫致富。据统计，2020 年光山全县商品网上销售额达 45 亿元，其中农副产品网上销售额达 5.2 亿多元。光山县促进"光山十宝"等农副产品网上销售的主要措施如下。

第一，成立相关组织，协调农副产品触网上行。针对"光山十宝"等特色农副产品的网上销售，光山县成立农产品出村进城工作指挥部，统筹规划农产品出村进城、网上销售事宜。同时，成立了光山县农副产品电商协会，发挥了政府和企业之间的桥梁和纽带作用，截至 2020 年底，已有 150 多家农业合作社、家庭农场加入，较好地发挥了社会组织的协调作用。

第二，奖补产品研发，为"光山十宝"等农特产品上行提供了丰富的产品支撑。以鸡公潭糍粑的新产品研发为例，光山县政府邀请河南工业大学进行技术指导，签署《光山县鸡公潭糍粑品质提升工程合作协议》，在对鸡公潭糍粑的原料进行测试和防腐防霉分析研究的基础上，结合市场趋势，研发出蛋黄系列、豆系列、木本系列、抹茶系列、蔓越莓系列、花卷系列、果味系列、鲜花系列、樱花美人系列等 9 种系列新品，并进行加工生产，极大地丰富了鸡公潭糍粑的网销产品品类。同时，针对"光山十宝"，邀请专业公司统一设计出适应互联网销售的包装，打响了"光山十宝"的名气。

第三，加强食品安全监管，为"光山十宝"等农副产品上行提供质量保障。随着"光山十宝"宣传力度的加大，"光山十宝"在互联网上的销售量越来越大。

相应的，制定严格、规范的食品生产标准，保证食品安全就显得异常重要，而这些恰恰是"光山十宝"系列产品的薄弱环节所在。因此，2019 年，光山县与河南省卫生健康委食品安全标准与监测评估处合作，严格按照相关食品安全国家标准，依托当地实际，本着"依法全面、安全为本、科学合理"的工作原则，商讨制定了"光山十宝"中涉及卫生健康系统职责的糍粑、月饼、咸麻鸭蛋、黑猪腊肉、红薯粉条、甜米酒、山茶油、油挂面等 8 种产品的食品安全标准，助力了"光山十宝"的质量安全和网上销售。

第四，整合物流，提高农副产品配送时效和降低物流成本。光山县整合县乡物流资源，建设县服务中心、乡服务站、村服务点三级电子商务及配送综合服务网络，支持村服务点开展农产品网上销售、农资代售、快递代理等服务，建设贫困村电商精准扶贫服务中心 50 个，实现了农副产品的县乡共配，降低了物流成本，提高了配送时效，真正解决了农副产品运输"最后一公里"问题。

第五，加强与平台公司合作，多渠道销售光山农副产品。与阿里、京东、苏宁易购、中国网库、拼多多等合作，利用这些平台的优势，多渠道销售光山本土产品。与腾讯、百度、新浪、北大方正等公司合作，加大推广宣传力度。以光山与阿里巴巴合作推广光山茶油为例。2019 年 9 月，在光山县的大力支持下，阿里巴巴脱贫基金、乡村事业部、天猫原产地、聚划算、淘宝直播与阿里巴巴公益等多个部门聚合发力，通过线下活动等方式，全方位推广光山茶油品牌，打通销售渠道与供应链能力，建立市场+品牌的一站式县域农产品上行解决方案，惠及油茶籽油基地 17 万亩。值得一提的是，9 月 8 日光山茶油新品线上首发当天，淘宝薇娅直播推广光山茶油，3 分钟就销售 1500 单，5 分钟吸引 10 万人关注光山茶油，销售额近 30 万元，相当于卖出 3000 棵油茶树的油果，为当地 52 户贫困户人均增收 1000 元以上。

由于"光山十宝"的品牌化塑造和市场带动，光山县的特色农业形成了规模化、品牌化和区域化发展格局。首先，体现在规模化方面。光山县现有茶叶种植面积 24 万亩，油茶种植面积 22.7 万亩，小杂果种植面积 5.8 万亩，苗木花卉种植面积 9.6 万亩，中药材种植面积 3 万亩，"稻虾共作"综合种养面积 10 万多亩，优质稻 68 万亩，年出栏肉牛 3800 头、肉羊 2 万只、生猪 4 万头、麻鸭 6 万只。其次，体现在品牌化方面。光山建成了一批各具特色的乡村小微产业聚集区和产业扶贫基地，培育了"光山十宝""光山羽绒""苏山茶叶""司马光油茶"等具有地方特色的产业品牌。最后，体现在区域化生产方面。县域中北部粮油，西南部茶叶、油茶、中药材，中东部苗木、花卉，城镇近郊绿色蔬菜等特色农业产业板块已经形成。

（三）"稻虾共作"提升粮食生产效益

光山县水资源丰富，年水稻种植面积稳定在 80 万亩，是河南省传统的粮食生产大县。光山县大部分农民基本都处于空闲时外出打工、农忙时回乡种稻的兼业生产生活状态。但纯粹的水稻种植，效益偏低，广大农民种植水稻仅为了口粮需要，无产业化发展的动力，甚至会出现抛荒现象。如何在不降低粮食生产面积和产量的前提下，增加粮食产业的效益，是光山县面临的重要问题。

光山县在此情况下探索了适合县情的"稻虾共作"生产模式，即充分利用稻田资源，将水稻种植、小龙虾养殖有机结合，通过资源循环利用，减少农药用量，达到小龙虾、水稻同步增产，产品品质同步提升，从而实现"粮食不减产、效益翻一番"的双重效果。"稻虾共作"生产模式适合县情，主要体现在四个方面：（1）自然条件适宜。光山县属北亚热带向暖温带过渡气候区，四季分明、光照充足、雨水充沛，无霜期 226 天，常年平均气温 15.3℃，平均降水量 1027.6 毫米，基本可做到"一季水稻+两茬龙虾"。（2）群众易参与。光山县的现有贫困人口全部集中在偏远农村，多为留守老人、妇女、儿童，难以外出，且多无一技之长，只能就地就近参与产业发展。因此，光山县各类扶贫项目和扶贫活动都紧紧围绕贫困群众需求进行，在稻田上做文章，使其"便于学、进入快、干得了"，最大限度地促进贫困户就近就地融入产业发展。（3）"稻虾共作"经济效益高。"稻虾共作"模式下，可以实现一水两用、一田双收，通常每亩生产水稻550公斤、小龙虾50—100公斤，农户每亩增加经济效益可达1000—3000元不等，达到"粮食不减产、效益翻一番"的效果。（4）可实现绿色发展。通过发展稻虾综合种养，可以减少稻田化肥、农药使用量，有效降低农业面源污染，还可以延伸发展乡村旅游、休闲农业等。可以说，稻虾综合种养产业既能保住粮食生产的"米袋子"，又能鼓起农民的"钱袋子"，还能实现绿色发展。因此，光山县决定充分利用资源优势，努力把光山打造成为河南最大的稻渔综合种养基地。光山发展"稻虾共作"采取的主要措施如下。

1. 财政奖补引导

光山县为了促进"稻虾共作"的广泛开展，专门出台了相关政策，对发展"稻虾共作"的贫困户和新型农业经营主体实行一定的奖补，具体奖补政策见表4-4。该奖补政策的实施，有力促进了光山县广大贫困户和新型经营主体发展"稻虾共作"，为脱贫攻坚注入了强大的动力。

表4-4　光山县"稻虾共作"奖补政策

规模发展奖补	基础设施建设奖补	品牌发展奖补	带贫与脱贫奖补
贫困户自主发展"稻虾共作"生产的，新发展面积3—10亩，按每亩400元进行奖补。新型农业经营主体发展面积30亩（含30亩）以上的，按每亩200元奖补。	对建设围沟、生产路、防逃网等田间工程基础设施建设进行扶持，贫困户自主发展面积3—10亩，每亩奖励400元。新型农业经营主体新发展规模30亩（含30亩）以上的，每亩奖励200元。	新型农业经营主体每培育出1个具有地方特色的"稻虾米""虾田米"等大米品牌奖励10万元，每培育出1个有机大米品牌奖励20万元。	每年评出20户效益好、脱贫明显、有一定规模的贫困户，每户奖励1万—3万元。每年评出5家"稻虾共作"生产规模大、示范效果好、带贫比较明显的新型农业经营主体，每家奖励10万—20万元。

2. 培育新型农业经营主体

为了推进光山县"稻虾共作"的规模化、产业化发展，光山县重点扶持一批实力强、成长性好、竞争优势明显、示范带动能力突出的"稻虾共作"专业合作社和农业产业化龙头企业，通过"政府扶龙头、龙头建基地、基地带农户"的方式，做大做强稻虾产业。截至2020年底，光山县共有合作社、农场和种田大户等600余家新型农业经营主体参与"稻虾共作"。例如，光山县青龙河农业合作社围绕"稻虾共作"，精心打造了3000亩的"稻虾共作"生产基地，其中1000亩是核心示范区、2000亩是集中连片推广区。生产基地实行统一种苗供应、统一订单生产、统一技术服务、统一生产管理、统一品牌创建、统一销售渠道，打造"正礼"虾田米、"青龙禾虾"品牌。生产基地亩均"稻虾共作"纯收入3000元左右，是一茬稻的4倍，相当于一亩稻田五亩收成。青龙河农业合作社年粮食总产达340万公斤，其中加工销售大米68万公斤，年总经营收入1560多万元，社员年均纯收入3万多元。"正礼"商标2015年被河南省工商局认定为河南省著名商标。同时，该合作社通过直接帮扶、托管帮扶、合作帮扶、股份帮扶等模式带动贫困户58户176人就业增收，户年均增收4000余元。

3. 提供科技服务

虽然说"稻虾共作"有好的前景、好的政策、好的效益，但大规模养殖以后，养殖户仍需解决清塘、饲养、防病等一系列技术问题。为此，光山县投入50万元，依托农技推广部门，开展"稻虾共作"生产集成技术示范探索，加强稻田高效种养模式的研究、试验、示范、推广，探索一套"虾稻共作"综合种养高效模式。同时，加强技术培训，聘请省内外相关专家进行指导，组织开展生产、管理、保鲜、销售等关键技术环节培训、现场观摩，培养一批"稻虾共作"

专业技术人才和示范户带头人。习近平总书记在光山调研时接见的脱贫致富之星杨长太，就是这样一个通过培训和学习成长起来的"稻虾共作"示范户带头人。在当地政府的支持下，杨长太的四方景家庭农场流转350亩土地实施"稻虾共作"，以绿色生产方式种植稻米、养殖小龙虾，带动大批农户增收致富。目前，四方景家庭农场种植的稻米已先后通过了无公害和绿色认证，卖到了8元钱一斤。

上述扶持引导措施推动了光山县"稻虾共作"面积快速发展。截至2020年底，光山县"稻虾共作"面积达14.7万亩，形成了苗种繁育、成虾养殖、成品销售等一体化小龙虾产业链，亩均增收2000多元，带动了2000余户贫困户自主发展"稻虾共作"。

（四）"羽电融合"做强羽绒产业

虽然光山羽绒行业的基础较好、产业规模较大，但在互联网经济时代，光山县传统的开立羽绒服装经营门店、现场订制羽绒服装的销售模式，明显受到网络品牌运营、快速反应供应链以及全球品牌统一购等新兴模式的冲击。在电商渠道大热的背景下，因应人们生活方式和消费习惯的转变，加快羽绒产业与电商平台的融合是明智的选择。光山县充分认识到上述趋势变化，通过一系列措施精心谋划羽绒产业与电商产业的对接。

第一，成立服务组织。光山县成立了羽绒产业集聚区管委会，负责宣传贯彻县委、县政府关于羽绒产业发展的相关政策、规定，拟定全县羽绒产业发展规划，指导、引导、规范全县羽绒产业发展。羽管委下设专门的电商发展办公室，统筹协调羽绒产业及电商发展规划、招商引资、项目入驻、产业政策等，为电商企业提供保姆式、全程式、贴心式服务。同时支持、鼓励羽绒产业从业者成立羽绒电商协会、羽绒电商供货联盟协会、速递物流协会等组织，服务羽绒电商行业的发展。以羽绒电商供货联盟为例，该联盟的成立是为了克服光山羽绒加工销售企业单体规模小、单个企业产品数量少的劣势，适应羽绒产品市场竞争日益白热化、产品运营互联网化、客户需求多样化、产品开发个性化的发展趋势。羽绒电商供货联盟成立之后，共有1家羽绒服装研发中心、10家生产企业、50家羽绒电商及1家视觉制作公司共同参与羽绒服装的市场联销活动，此举既保证了货源供应，也确保了产品质量，更促进了光山羽绒电商的集群化抱团发展。

第二，搭建产业发展平台。首先，光山县规划建设了占地500亩的羽绒产业集聚区（羽绒企业创业中心）。羽绒产业集聚区建成了12万平方米的标准化厂房，能够入驻150家小型标准化生产企业，年贴牌代加工能力可达到1000万件。同时，为入驻的小微羽绒企业免费提供生产厂房。截至2020年底，该产业集聚区已入驻50家羽绒企业。其次，成立了电子商务创业孵化园，积极引导羽绒电商主体入驻。截至2020年底，已入驻羽绒电商及相关配套企业30余家，并成功引进阿里巴巴"农村淘宝"入驻，羽绒服装已发展成为光山"村淘"的主推产品。

第三，培育羽绒电商人才。光山县委、县政府把电商人才培养工作作为电商扶贫的基础工程来抓，确定每月1日为光山电商发展例会日，光山县主要领导亲自主持；每月28日举办电商论坛，讨论解决问题。建立了电商培训基地和实训基地，开设初级班、中级班、高级班、特色班、订制班、魔鬼训练营等，常年从农村招收返乡务工人员、大学生创业人员。截至2020年底，光山县共举办电商培训班134期，培训学员12000多人；其中35期为羽绒电商培训班，培训学员6000余人，为光山羽绒产业发展提供了有力的人才保障。

第四，奖励网销产品研发和销售。在发展电商行业的过程中，光山县委、县政府始终把开发网络产品、丰富网销货源作为电商行业的核心来抓，专门成立了全县网销产品开发领导组，设立了网销产品开发基金，建立了网销产品开发奖补制度。具体到羽绒网销产品研发，光山县财政每年安排100万资金，用于羽绒服装新款研发，每年研发服装新款 100 个，免费提供给电商企业使用；这带动了社会力量参与服装新款研发，社会力量研发服装款型每年达到 500 款以上。同时，光山县出台支持电商发展和电商扶贫的系列优惠政策，如《羽绒电商奖励十条》《电子商务奖励 20 条》《关于开展电商精准扶贫的实施意见》等，每年开展"五十佳"评选活动（十佳电商企业、十佳电商服务企业、十佳网货生产企业、十佳电商扶贫企业、十佳电商服务单位），对电子商务产业发展给予奖励，先后有 5 家羽绒服装企业得到了奖补。

第五，打造"光山羽绒"地理标志品牌。为改变光山羽绒产品知名度不高、产品质量参差不齐的问题，光山县借鉴"沙县小吃"的运营模式，注册了"光山羽绒"地理标志商标，这也是全国唯一的羽绒地理标志商标。光山县按照"政府主导、部门牵头、企业参与、订制户加盟"的原则，以申报的"光山羽绒"地理商标为依托，打造统一的服装订制网络平台，统一标识、统一门头、统一形象标准、统一材料供应和统一售后服务，积极引导光山籍羽绒服装现场充绒户加入统一的服装订制网络平台，推动光山羽绒服装产业的品牌化发展。

上述政策措施的实施，促使羽绒产业呈现爆炸式发展态势。截至 2020 年底，光山县共有羽绒加工厂 128 家，羽绒材料交易市场经营户 500 多家，现场充绒户 7000 多家，羽绒电商经营户 4500 多家，从业人员 12.6 万人，年生产、销售羽绒服、棉服 4700 万件以上，年产值达 70 多亿元，羽绒产业已经成为光山群众脱贫致富的支柱产业。光山县也先后荣膺"河南省服装名城名镇""全国首批电商进农村示范县""全国电商消贫十佳县"等称号。

三、光山绿色产业带贫的主要做法

习近平总书记强调，"党的十八届五中全会鲜明提出要坚持以人民为中心的发展思想，把增进人民福祉、促进人的全面发展、朝着共同富裕方向稳步前进作为经济发展的出发点和落脚点。这一点，我们任何时候都不能忘记，部署经济工作、制定经济政策、推动经济发展都要牢牢坚持这个根本立场"①。具体到扶贫工作，习近平总书记进一步指出，"在深度贫困地区促进区域发展的措施必须围绕如何减贫来进行，真正为实施精准扶贫奠定良好基础"②。"让人民过上好日子，是我们一切工作的出发点和落脚点。我们将坚持在发展中保障和改善民生，不断满足人民日益增长的美好生活需要，不断促进社会公平正义，使人民获得感、幸福感、安全感更加完善、更有保障、更可持续"③。习近平总书记的这些讲话为光山县的绿色产业扶贫起到了重要的指导作用。光山县深入学习和贯彻习近平总书记的指示和讲话精神，结合光山实际，在产业扶贫领域构建了紧密的利益联结机制，打造了坚实的利益共同体，实现了产业发展和群众脱贫致富的齐头并进。以下为光山县在实践中形成的主要产业带贫方式。

（一）开展要素联结

1. 生产要素入股特色产业园区

光山县利用丰富的自然资源优势，支持各类农业经营主体开展土地、林地、水面流转，实行标准化、规模化园区建设，先后打造了槐店乡司马光油茶园、凉亭乡万亩茶园、南向店乡万亩中草药园等十几个特色产业园区。特色产业园区鼓励贫困农户利用到户增收项目、土地、现金、技术等生产要素入股，按经营收益分红实现增收，带动了2320户贫困群众增收。

① 《习近平关于社会主义经济建设论述摘编》，中央文献出版社2017年版，第31页。
② 《习近平在深度贫困地区脱贫攻坚座谈会上的讲话》，人民出版社2017年版，第15页。
③ 《抓住世界经济转型机遇 谋求亚太更大发展——在亚太经合组织工商领导人峰会上的主旨演讲》，《人民日报》2017年11月10日。

以槐店乡司马光油茶园为例，当地政府以原有的油茶林为基础，按照"集中连片"原则，按 5 万亩规模规划了一个油茶产业园。按照"基建先行"的原则，整合水利、林业、交通等涉农建设项目资金 3000 余万元，完善了油茶园内"山、水、田、林、路"的建设，完善了油茶园规划范围内晏岗、槐店、大力、陈洼四个贫困村的基础设施建设。按照"企业引领、带动发展"原则，先后引进联兴油茶公司、国伟公司、赛山油茶合作社、三茶公司、白鲨公司等入园开展生产经营。按照"群众自愿 股份联动"的原则，引导油茶园规划范围内的农户以土地使用权入股园区内的企业和合作社。鼓励油茶园规划范围内的农户参与油茶的种植、管理、采摘、加工，从而形成产业利益共同体。把包括贫困户在内的农户嵌入产业链条，使其获取"股金+薪金"收入。截至 2020 年底，司马光油茶产业园区共种植油茶面积 2.7 万亩，覆盖 6 个村，41 个村民组，并且形成了"种、养、加、旅"一体化的产业链条，整个园区年产值近亿元。通过土地入股、吸纳就业等方式精准帮扶了 609 户 1831 名贫困人口，人均增收 2800 元，为油茶园所在乡镇实现整体脱贫提供了坚强的保障。

2. 生产要素入股村集体经济合作社

光山县近年来投入整合财政涉农资金 21760 万元，分别按贫困村每村 100 万—150 万元、有贫困人口的非贫困村每村 40 万元的拨款标准，扶持全县 106 个贫困村、234 个有贫困人口的非贫困村成立村集体经济合作社，以发展村集体经济。上述财政扶持村集体经济发展资金按村民人口折股量化到村集体经济合作社，保证了包括贫困人口在内的每一个村民都拥有村集体经济合作社的股份。同时，光山县依托农村集体产权制度改革，大力推进贫困村资源变资产、资金变股金、农民变股东的"三变"改革，将集体荒山荒坡、集体水权等集体资源资产按村民人口折股量化到村集体经济合作社，进一步壮大了村集体经济合作社的资产规模。这些村集体经济合作社通过开展农业规模生产、配套服务、资源经济、物业经济等实体经营活动，或将集体资源资产承包给企业、专业合作社、家庭农场等开展委托经营活动，使村集体经济合作社产生了较高的经济效益。贫困村的集体经济合作社年均收益达到 8 万元以上，非贫困村的集体经济合作社年均收益达到 3 万元以上。包括贫困户在内的全体村民按照股份依规获得相应的经济收益，并且光山县鼓励村集体经济合作社在收益分配上向无劳动力贫困户倾斜，保证了贫困户从优从先获得相应股权收益。

3. 生产要素入股新型农业经营主体和农业产业化企业

光山近年采取财政奖补、经营技能培训等多种手段，鼓励种养大户、返乡农民工等农村能人和村两委带领农户成立农民专业合作社、家庭农场等新型农业经营主体和农业产业化企业。截至 2020 年底，光山县农民专业合作社达 1919 家、家庭农场 1185 家。农民专业合作社、家庭农场等新型农业经营主体已渐渐成为农业产业化经营的主体。与此同时，光山县鼓励贫困农户以土地（山场、水面）等资源经营权、自有设施设备、财政扶贫到户资金、扶贫小额信贷资金入股新型农业经营主体和农业产业化企业，结成联股、联利的共同体，实现股份到户、利益到户。对于吸纳贫困户入股的新型农业经营主体和农业产业化企业，通过购买收益保证保险等方式，保障贫困户现金股份按照不低于银行基准利率的标准享受保底收益，实行"保底收益+按股分红"的分配方式。例如，文殊乡方洼村"两委"通过收回和整合三个村属集体林场，经开挖、整理，发展茶园 650 亩，成立"中方"茶叶专业合作社。利用扶贫到户增收资金为 120 户贫困户在合作社入股，产生收益后贫困户参与分红。茶叶专业合作社在不断为集体带来经济收益的同时，保障了贫困户持续稳定增加收入。

（二）开展订单联结

光山县鼓励企业和新型农业经营主体与农户签订长期农产品购销合同，形成稳定的购销关系，实行保护价收购。鼓励效益好的新型农业经营主体以返利的方式让贫困户分享加工、销售环节的收益。加快建立"风险共担、利益共享"联结机制，鼓励各类生产企业、合作社与贫困户签订订单协议，实行"保底收益+二次分红"的分配方式。对带动贫困户发展产业的经营主体，光山县财政优先给予资金支持。《光山县"多彩田园"产业扶贫财政奖补实施细则》规定，凡是市场经济主体带动贫困户参与有形产业经营，促进贫困户每户年增收3500元以上（不含务工收入）的，经结对帮扶干部、乡、村干部同意，可申请产业扶贫奖补资金，按照每户奖2000元奖补给带贫的市场经济主体。良好的产业带贫奖补政策，带动了一大批企业和新型农业经营主体主动带贫、助贫。例如，河南富仁辉实业有限公司采取"订单养殖"模式，实行"羊羔认养、到户或集中饲养、统一收购、统一销售"，定向帮扶贫困户发展养殖业，带动165户贫困户实现增收。又如，马畈镇付寨村长山核桃产业园，对殷棚乡付寨村285户贫困户及565户非贫困户无偿提供种植技术和良种苗木5—10株，果子集中入库保鲜，线上线下统一调拨销售，使全村村民实现了户均增收1万元以上的目标，形成了企业发展与百姓同受益的双赢局面。

（三）开展劳务联结

光山县通过政策奖补方式引导和鼓励企业与新型农业经营主体吸纳农户特别是贫困户长期就业或季节性务工。

1. 财政奖补带动贫困人口就业的工业企业

对吸纳建档立卡贫困人口就业、签订正式劳动合同、实际使用满12个月以上的工业企业，经光山县扶贫办、工信委审核确认，根据实际使用人数给予奖补，吸纳贫困人口就业5人（含5人）以上，按每人每年2000元给予奖补；吸纳贫困人口就业5—10人（含10人），按每人每年4000元给予奖补。奖补资金从县涉农整合资金中列支。工业企业吸收贫困人口就业，在企业务工收入达到每人每年15000元，光山县财政按照每人1000元的产业扶贫资金补贴标准奖补给企业；在企业务工收入达到每人每年20000元，光山县财政按照每人2000元的产业扶持资金补贴标准奖补给企业。良好的带贫就业奖补政策，调动了县域工业企业参与就业扶贫的积极性。例如，光山羽绒服装企业尚迪服饰有限公司采取"服饰企业+扶贫车间+贫困户"的经营模式，吸纳了光山县120多名留守妇女和贫困农民不出门在家门口就业，人均年增收4.8万元。

2. 财政奖补带动贫困人口就业的农业企业和新型农业经营主体

对吸纳建档立卡贫困人口就业的农业企业和新型农业经营主体，在品种引进和改良、标准化养殖场建设等方面给予项目支持。鼓励各类产业基地或新型农业经营主体，根据经营管理需要，划出基地或生产经营部分片区、设施设备分包给农户及贫困户管理，实行"保底工资+超产分成"的分配方式。相关奖补政策调动了企业和新型农业经济带贫的积极性，促进了贫困人口就业增收。例如，河南赛山悟道科技有限公司利用产业强镇项目资金，扩大了绿色茶园和有机茶园建设规模，提升产业科技含量和产品质量，建立完善茶叶质量安全可追溯体系，提高了茶产业效益。相应的，该公司通过扩大劳务用工等方式帮助了凉亭乡杨河村、大山村等6个村共计457户贫困户实现脱贫致富。

3. 金融扶持带贫能力强、有较强发展前景和良好信誉的各类市场经济主体

光山县鼓励带贫能力强、有较强发展前景和良好信誉的各类市场经济主体签订带贫协议。各类市场经营主体按贷款额度每 5 万元带贫 1 户的方式，依据协议优先安排贫困群众就业，年劳务收入不得少于 8000 元。贫困户无人就业或市场经济主体不能提供就业岗位的，由市场经济主体按照每户每年 4000 元给予贫困户现金分红，并打入乡村指定账户，由乡村统筹分配发放，执行年限与贷款年限一致。2016—2020 年，光山县各类金融机构累计发放产业扶贫贷款 14 亿多元，这破解了各类市场经济主体的融资困难，解决了贫困群众的就业困难。

（四）开展服务联结

鼓励企业和新型农业经营主体向贫困农户提供农资供应、农机作业、品种技术、疫病防治、市场信息、产品营销、烘干加工和仓储物流等服务，以及订金预付、贷款担保等服务。支持农民合作社、家庭农场（基地）组建农业产业化联合体，明确功能定位，实现优势互补，共同发展。支持农民合作社围绕产前、产中、产后环节从事生产经营和服务，引导农户发展专业化生产。例如，晏河的电商达人周福蓉，把全村 131 户贫困户组织在一起，创办了晏河电商公社。除了将自家产品卖向全国，还帮周边的贫困户代销土鸡、土鸡蛋、野芹菜、鱼腥草、青蒿等昔日市场售价很低的农副产品，通过网上销售取得了较高的价格提升，实现了自身和贫困户的双增收。光山县有类似的电商达人 129 名，共带动身边 516 户贫困户参与电商经营，年收入达 2320 万元。

通过上述卓有成效的利益联结方式，光山县将产业发展与脱贫攻坚有机结合了起来，形成了扶贫产业利益共同体。变贫困户"单打独斗"为"嵌入产业链条"，获取"股金、薪金、租金"等收入，激发了市场经济主体参与产业扶贫的积极性和主动性。形成了产业类型多样、带贫模式多样、增收渠道多样的产业扶贫新格局。解决了"贫困户如何脱贫，脱贫后如何不返贫"等核心问题，形成了一系列稳定、可持续的产业发展与脱贫攻坚有机结合的路径和方式。

四、光山县产业扶贫的重要经验与启示

（一）产业的选择需要立足当地特色和比较优势

从致贫原因来看，大部分贫困地区贫困的主要诱因是缺乏良好的区位或者发达的二、三产业。可以说，大部分贫困地区在较短的时间内通过传统的工业化、城镇化从无到有地创造二、三产业实现产业兴旺的可能性较小。这是因为，"经济的发展是一个循序渐进的过程，经济发展阶段并非仅有'穷'与'富'这种两分的情况，而是一条从低收入的农业经济一直到高收入的后工业化经济的连续谱，经济发展的每一个水平都是这条连续谱上的一点"[1]。经济常态发展水平下，较少出现"平地起高楼"现象。但这并不意味着贫困地区无产业兴旺的可能。这是因为，大部分贫困地区虽然缺乏发达二、三产业尤其是加工制造业，但基本都拥有厚重的传统产业基础尤其是传统农业基础，部分贫困县甚至拥有一些品质独特的农产品，有着一定的生产规

---

[1] 林毅夫：《新结构经济学：反思经济发展与政策的理论框架》，北京大学出版社 2012 年版，第 12 页。

模。这是贫困地区最大的资源和比较优势。各贫困县可以充分利用当地资源，发展特色农业或者其他具有历史基础的特色产业，从而实现差异竞争、错位发展。光山县即遵循了这样的产业选择和发展原则。光山县按照绿色发展思路，以利用绿色资源禀赋、推动现有产业发展壮大、激发农村经济活力为切入点，大力发展特色农业和特色羽绒产业，充分发挥了当地的比较优势，并将比较优势进一步强化和转化为商业价值，取得了巨大的经济发展成效，同时解决了生态保护与扶贫开发协调推进的问题。纵观光山县产业发展历程可以发现，其产业选择和发展逻辑从未离开绿色特色这条主线，其核心产业始终围绕特色农业和特色羽绒业这两个比较优势产业，其上下游产业的延伸和业态的创新，均是为了保证特色优势产业生产、加工和销售的实现。这生动地诠释了何以立足资源禀赋和产业基础，何以发挥比较优势。这对其他县情类似的贫困县来说，具有重要的启示意义和参考价值。

（二）产业的发展与扶贫的有机衔接需要地方党委、政府的支持引领

产业的发展是一项复杂的系统工程，从公共配套设施建设、产业发展环境到具体的产业发展项目的规划和实施，都需要各级政府的引导和政策支持。尤其在扶贫产业发展过程中，更需要政府的积极支持和引导。这是因为，在产业扶贫工作中，农业产业的发展和扶贫增收是重头戏。农业产业带动贫困群众增收较为便捷，并且带来的社会效益、经济效益、生态效益较大。但因投资大、见效慢、收益少，很多市场主体做不了或不愿做，社会资本投资农业的热情不高。这就需要地方党委、政府积极支持引导，加大财政奖补力度，激励更多的市场主体和贫困户参与农业产业发展，发挥新型经营主体带动作用，建立紧密的利益联结机制，促进农业产业持续健康发展。光山县在发展扶贫产业的过程中，以财政奖补为抓手和引领，鼓励市场主体和贫困户

参与扶贫产业发展，有效激发了市场主体参与产业扶贫的热情，实现了产业发展与扶贫增收的有机衔接，并且保证了产业扶贫的可持续性，这一点值得借鉴和推广。光山的实践证明，只要地方党委、政府高度重视产业扶贫工作，只要拿出务实的政策措施，各级干部撸起袖子真干、苦干、实干，贫困地区的产业就能真正发展起来，贫困群众的腰包就能真正鼓起来。

（三）产业的繁荣需要广大群众的广泛深入参与

虽然政策的引导和支持能够把扶贫产业"扶上马、送一程"，但扶贫产业的长期繁荣和可持续发展，最关键最重要的是需要广大群众的广泛深入参与。光山产业发展的路子是群众在生产实践中蹚出来的，不少产业发展的措施是群众在不断探索中干出来的，不少产业带贫方法是群众在互帮互助中想出来的。光山县扶贫产业发展的一个重要经验就是，充分认识到群众是产业发展的主体力量，多从群众切身利益角度思考问题，尊重群众意愿，帮助贫困群众找到依靠自身努力增收致富的路子，找到长期持续稳定发展的产业。光山的实践证明，产业扶贫工作必须充分发挥群众的能动性、创造性，及时把群众在实践中探索的有益做法进行总结和提炼并指导扶贫产业发展。

（四）产业的发展形式需要与时俱进

任何产业发展模式都具有一定的时代性和地域性，需要根据社会发展、时代进步、地域环境变迁不断创新、完善，一成不变、墨守成规注定会失败。光山县扶贫产业发展过程中，紧紧跟随互联网经济发展的浪潮，大力实施"电商+特色优势产业"战略。利用互联网这个新兴销售平台，把一、二、三产业的优质产品卖出去，有效促进了当地特色农业的发展和羽绒服装产业的转型升级。其利用互联网改造传统产业和发展新型产业业态的经验值得广泛推广。光山的实践表明，在发展扶贫产业过程中，必须以产业链思维推进产业扶贫，前端抓好技术支撑，中端抓好生产组织，后端抓好市场营销，加快发展特色产业。同时，需重点加快贫困地区信息化建设进程，推动移动互联网、物联网、大数据等新一代信息技术的应用，积极培育智慧农业、农村电子商务、特色品牌创建与推介、网络扶贫信息服务等新产业、新业态，最终形成多产业叠加、多领域联动、多环节增效的产业扶贫新格局。

（五）产业发展与脱贫攻坚需要建立稳定的利益联结机制

带贫产业不丰富、企业带贫意愿低、贫困群众难以融入产业发展链条是当前产业扶贫存在的普遍问题。如何在产业发展的同时，促进贫困群众脱贫增收，事关产业扶贫的成败。最根本的解决路径就是让市场生产经营主体和贫困户之间发展互惠的经济关系，构建紧密的利益联结机制，打造坚实的利益共同体。在这方面，光山县通过要素联结、订单联结、劳务联结、服务联结等多种方式，实现了市场生产经营主体和贫困人口之间的合作共赢、利益共享。尤其是实施的"多彩田园产业扶贫示范工程"，让广大市场生产经营主体主动参与产业扶贫，让广大贫困群众自主、自愿参与产业发展脱贫，实现了绿色产业发展与脱贫攻坚双出彩。

第五章

聚焦民生：绿色发展的
出发点与落脚点

　　习近平总书记说过："我们党和政府做一切工作出发点、落脚点都是让人民过上好日子。"为此，"必须多谋民生之利、多解民生之忧，在发展中补齐民生短板、促进社会公平正义，在幼有所育、学有所教、劳有所得、病有所医、老有所养、住有所居、弱有所扶上不断取得新进展，深入开展脱贫攻坚，保证全体人民在共建共享发展中有更多获得感，不断促进人的全面发展、全体人民共同富裕。"[①] 习近平总书记强调必须坚持以人民为中心的发展思想，必须实现好、维护好、发展好最广大人民根本利益，做到发展为了人民、发展依靠人民、发展成果由人民共享。光山县深入学习和贯彻习近平总书记的指示和讲话精神，把民生作为绿色发展的出发点与落脚点，落实中央、省委的重大决策部署，探索建立稳定脱贫长效机制。光山县把脱贫攻坚作为发展头等大事和第一民生工程来抓，全面落实中央"五个一批"和省委"转、扶、搬、保、救"的要求，精准聚焦，立足群众最关心、需求最急迫的就业、义务教育、基本医疗、住房安全保障等实际问题，聚合力解决难题，增进人民福祉、促进人的全面发展，交出了一份满意的民生答卷。

---

① 《习近平谈治国理政》第三卷，外文出版社 2020 年版，第 18—19 页。

一、坚持民生为本，全方位推进就业扶贫

（一）光山县就业扶贫的重要意义

就业是民生之本。就业扶贫是精准扶贫、精准脱贫基本方略的重要环节，对打赢脱贫攻坚战、全面建成小康社会、实现第一个百年奋斗目标具有举足轻重的意义。习近平总书记指出：一人就业，全家脱贫，增加就业是最有效最直接的脱贫方式。长期坚持，还可以有效解决贫困代际传递问题。无数的实践证明随着脱贫攻坚工作的不断深入，就业扶贫在脱贫攻坚战中的优势作用越来越明显。当前脱贫攻坚已经进入决战决胜的关键时期，啃下脱贫攻坚的最后一块硬骨头，不仅需要激发贫困群众摆脱贫困的内生动力，同时更要夯实贫困群众脱贫致富的物质基础。

脱贫攻坚前，光山县由于工业企业实力不强、集聚不够，第三产业比例小、吸纳就业能力有限，加上贫困人口自身的原因，造成贫困人口就业难。脱贫攻坚战打响以来，光山县坚持把就业扶贫作为脱贫攻坚工作的有力抓手，将就业扶贫做实、做细，加大就业扶贫政策支持力度，帮助贫困群众转变思想观念、树立自我脱贫信心，进一步增强贫困群众脱贫致富的内生动力，切实增强贫困群众"治穷病、拔穷根"的能力，为全面打赢脱贫攻坚战提供坚实保障。光山县凝心聚力，做好引导、扶持贫困劳动力自主创业带就业，开展免费技能培训等，推出一系列就业扶贫惠民"套餐"，带领群众走向致富路。对于光山县广大贫困群众而言，就业扶贫的重要意义在于：（1）就业扶贫能改善光山县贫困群众的生活条件。就业扶贫可以引导光山县贫困群众向非农就业，从长远角度促进贫困群众收入的增加。目前光山

县农民的收入中，劳务收入占有非常大的比重。从这个角度即可证明就业扶贫在精准脱贫攻坚中的重要作用。（2）就业扶贫是光山贫困群众最好的脱贫选择。就业扶贫通过就业援助、就业培训、创业带动就业等措施，能够提升贫困劳动力就业创业能力、帮扶贫困劳动力实现稳定就业，促进贫困家庭尽快脱贫。因此就业扶贫是光山贫困群众最好的脱贫选择。（3）就业扶贫能树立光山县贫困群众自我脱贫信心。就业扶贫可以让光山贫困群众通过劳动提高生产技能、增加工资收入，在工作中体现自我价值、增强自尊，树立以辛勤劳动创造更加美好生活的信心，确保贫困群众有持续稳定的经济来源，巩固脱贫成效，实现精准、稳定、可持续脱贫。（4）就业扶贫可以提高光山县贫困群众的知识水平。贫困群众通常知识水平相对较低，当今社会是竞争的社会，专业技能和知识水平对人的发展有至关重要的作用。推行就业扶贫政策可以提高光山县贫困群众的知识水平，从而促进自身素质的不断提升。

（二）光山县就业扶贫举措

1. 加大就业技能培训

"授人以鱼不如授人以渔"，提升贫困人口的造血能力是扶贫工作的核心要素，俗话说"一技在手、吃穿不愁"，要解决扶贫工作中的标本兼治的问题，就要培养贫困人员具有一技之能，转变传统给钱、给物补血式扶贫的套路。因地制宜、因人而异地对贫困群众进行劳动技能培训，尽可能使他们拥有"学得懂、用得上、能脱贫"的一技之长，锻造安身立命的长远技能，这才是"授人以渔"的根本。

光山县非常重视对贫困户的就业培训，专门成立脱指办培训组，按照"三个一"（一个机构牵头、一个计划统筹、一批职能部门承办）的工作要求，县人社部门牵头，对全县培训资源进行整合分工。

通过全县培训学校资源的整合，充分利用培训学校的力量扩大培训效果。同时，将人社部门实施的城乡劳动力职业培训，农业部门开展的新型职业农民培育，电子商务部门的电商培训，县茶办、林业部门的茶叶、油茶种植培训，县妇联、羽管委的"巧媳妇工程"留守妇女技能培训，扶贫开发部门实施的"雨露计划"等，统筹纳入当地培训规划，整合全县培训部门各类培训项目。初步建立了县人社部门牵头、部门分工协作、乡镇积极配合、社会培训学校积极参与的综合性培训体系。2017 年以来，全县共完成劳动力培训 16277 人（贫困劳动力 5631 人），其中农村实用技术培训 2969 人，电商培训 8642 人，服装裁剪培训 1211 人，其他培训共计 3455 人，带动就业 4097 人，实现了劳动力技能培训全覆盖。

在光山县所有就业技能培训中，电商培训效果显著。光山县利用"全国电商十佳消贫县""河南省电子商务进农村示范县"的有利条件，组建了电子商务创业孵化园，举办电商专业培训助贫困户就业脱贫增收。经过培训 70% 的学员开起了网店，月收入都达 2000 元以上，有的月收入万元以上。凉亭乡贫困户陈良恩经过电商培训后，开通了"老更爷茶铺"网店，年销售干茶近万斤，纯收益 10 多万元。北向店乡何寨村贫困户孙雅莉，是一位脑瘫患者，全村有名的贫困户。通过电商贫困人口培训之后，开起了网店，月收入达到 5000 元以上，目前与本村的家庭农场合作，负责销售端的任务，做得风生水起，不仅脱了贫，而且成为远近闻名的脱贫致富能手。因替乡亲们销售槐花、艾蒿叶、野菜等增收而被送外号"槐花姑娘"的邹金津在通过专业电商培训后，于 2017 年 10 月将自己服务的网店升级为郑堂村电商精准扶贫服务中心，不仅自己收入大幅增加，还成功带动本村 19 名贫困户增收脱贫，平均每户增收达到 4000 元以上。

2. 收集岗位信息，做好需求对接

一是从帮扶就业上着手发力，充分利用结对帮扶村驻村工作队、驻村第一书记等力量，采取入户调查、建档立卡数据共享等方式，掌握农村贫困人员致贫原因、劳动力状况等信息，建立贫困家庭劳动力信息档案，针对性地提供帮扶就业方案。二是多渠道开发就业岗位，收集辖区内农业合作社、手工作坊、加工厂等企业的招聘信息，为贫困人员提供就地就近择业岗位，动态转移就业。光山县多渠道开发就业岗位，如光山县 15000 家以上的电商网店需要大量的客服人员和仓配人员，电商协会组织贫困人口招募活动 6 场，累计招募贫困人口 678 人到网店就业，月收入都达到 2000 元以上，高者可达月收入 5000 元以上。除此之外，电商 49 家物流公司和 1.2 万家小微企业也解决了大量贫困人口就业。三是深入开展用工需求调查工作，详细掌握企业招工岗位、人数、要求等信息，利用广播电视、人力资源网上超市、户内户外 LED 显示屏、报纸杂志等宣传媒体，及时发布用人单位的用工需求、贫困人员的就业需求，切实做好用工单位与贫困求职人员的需求对接。

3. 搭建就业平台，拓展就业渠道

2017 年，光山县举办大型招聘会四场，并在孙铁铺镇王楼村、文殊乡方洼村、槐店乡晏岗村和寨河镇分别举办了"送岗位进农村精准脱贫专项招聘会"，共计 30 余场招聘会，共吸引 518 家次企业参加，提供招聘岗位 9800 个，28000 余名次富余劳动力和大中专毕业生进入招聘现场求职，累计达成求职意向 5750 人（贫困村求职人员 2625 名，有 1937 名贫困人员签订劳动合同）。带动就业 2410 人，平均为每位就业者创收 3000 元/月左右。2018 年 2 月 22—23 日，光山县开展"爱光山加油干奔小康"、光山县 2018 年"春风行动"大型招聘会活动，共有 120 家招聘单位（安徽省广德、郎溪两县企业 30 家），提供服装裁剪、物业管理、物流运输、收银、机修等 6500 个岗位，共有 20000 余名求职者前来参加，现场有 4803 人（贫困人员 1400 人）初步达成就业协议，有 2910 人（贫困人员 665 人，其中涉

及贫困人口中大中专毕业生286人）现场签订劳动合同。

2017年10月17日，河南省"就业扶贫行动日"专项活动启动仪式在光山举行，此次活动以"就业扶贫送温暖"为主题，重点对人社部门政策及行业扶贫政策进行现场宣传与咨询，促进企业和人才双向对接。省、市、县各国有企业、外资企业、民营企业、民办非企业单位179家，各类技能培训学校及职介机构17家，现场提供会计、技工、服务员等60多个工种8800余个就业岗位，共发放宣传资料10000余份，吸引了光山及周边县城9000余名求职者前来应聘和进行咨询，其中建档立卡贫困人口896人，现场初步达成就业意向2250人，其中建档立卡贫困人口达成初步就业意向368人，有参加培训意愿213人。

为克服新冠肺炎疫情影响，拓展就业渠道，光山县在2020年举办了"春风行动"首届网络招聘会，组织356家企业，提供就业岗位11935个，签订合同7433人，其中贫困群众1250人。

4. 以返乡人员创业带动就业

光山县积极促进农民工返乡创业，以创业带动就业。如光山县致富带头人陈世法于2008年返乡创业，在县委县政府的引导下，创办了河南省联兴油茶产业开发有限公司。在他的努力下，联兴公司发展成为一家省级综合性农林重点龙头企业。联兴公司3万亩产业基地涉及8个乡镇15个行政村，常年带动3000余农户就近就业，带领全县油茶种植面积扩大到24万亩，将万余农民就地转化为产业工人，有效改善乡村面貌，让闲置撂荒山地变成宜居宜业的生态福地。再如光山县致富带头人沈军于2014年返乡创业，在付寨村创办长山核桃产业园。作为一个集高产示范、良种繁育、苗木培养、果实储存、加工、销售为一体的综合性、现代化、标准化产业园，长山核桃产业园让荒山变"宝"，让"宝"地生"金"，让项目带领周边贫困农民脱贫致富奔小康。以付寨村为中心，让贫困户以"劳力、土地、技术、资金"等生产要素入股，流转周边几个村连片荒山2000余亩。技术依托于木本油料首席专家姚小华团队、河南省林科院、杭州长林园艺有限公司，统一开发、统一供种、统一栽植、统一管理、统一服务、统一销售。建成高产示范园 2000 亩，良种采穗圃 100 亩，年培育大容器优质苗木 50000 株，投资 1600 万元，带动付寨村 65 户贫困户 243 人贫困人口就业，每年人均增收 5000 元以上。

为了激励农民工返乡创业活力，营造在全社会支持鼓励农民工返乡创业的社会氛围，进一步提升返乡创业助推转移就业效果，2017 年光山县先后评选出县级"创业之星"30 名、"创业示范项目"20 名，并对获奖个人和企业分别奖励 5000 元和 30000 元。2017 年 10 月，光山县被授予"河南省农民工返乡创业示范县"。光山县农民工返乡创业主要集中在羽绒服装、农副产品、电商等行业领域。截至 2019 年 3 月，光山县共有各类企业 1.5 万家，其中返乡农民工创办企业 3896 家，带动就业 15.8 万人。2019 年信阳公示 17 个农民工返乡创业示范乡（镇）、园区，光山县槐店乡、晏河乡以及光山县羽绒企业创业示范园区上榜。

5. 企业引领带动就业

光山县积极发挥粮油、茶业、羽绒、电商等企业、合作社的带动就业作用，依托"龙头企业（农民专业合作社）+ 基地 + 贫困户"的发展模式，探索出企业提供用工岗位帮扶、提供产业技能服务帮扶、农产品收购"订单"帮扶等多类型带贫模式。如四方植物油有限公司积极创造就业岗位，直接吸纳就业，同时针对邬围孜村水稻、小麦、油菜种植的丰富资源，积极引导鼓励村民发展现代农业，并为其畅通收购渠道，收购价高出市场价 10%—15%，使村民不用外出打工就能勤劳致富。再如光山县育才花卉苗木有限公司，积极引领带动贫困户就业增收。光山县育才花卉苗木有限公司在文殊乡党委、政府和陈棚村两委的支持下，流转了陈棚村王湾村民组的荒山荒地 400 余亩，用于种植元宝枫、白蜡、三角枫等经济苗木。利用"公司 + 基地+农户"的模式，以王湾组为中心，辐射带动周边贫困户参与，主动帮助他们脱贫致富，在支付村民土地流转费的同时鼓励贫困户在基地务工，日工资60—100元，每年用工达200天以上，让贫困户在家门口就能得到切实收益。共吸纳260余名贫困户劳动力在基地就业，林业产业带动就业脱贫效应十分显著。

6. 结对帮扶助推就业

光山县共动员305家民企（合作社）参与"百企帮百村"精准扶贫行动，总投资186993.2万元，流转土地187132亩，结对帮扶贫困户10823户，吸纳贫困人口就业5816人，免费提供技术培训7850人（次）。如光山县动员电商企业帮扶，挑选了1000家优秀网店，安置1618名贫困群众到电商企业就业，月收入2000—3000元。电商孵化园40家电商企业对泼陂河镇邬围孜村贫困户结对帮扶，通过解决就业、指导开设网店、网上销售贫困户农副产品、开办小微企业等，助贫困户就业脱贫增收。再如光山县充分发挥羽绒服装行业龙头企业的带动和示范作用，鼓励、引导规模羽绒服装加工企业与贫困村、贫困人口结成帮扶对子，开展形式多样的帮扶活动。对建档立卡贫困人口，愿意到县内羽绒服装"巧媳妇"网点就业的，由羽管委免费提供岗前培训，合格后介绍到就近的"巧媳妇"网点就业，确保每月收入不低于1200元。

7. 为外出务工人员解决出行难以鼓励就业

为认真贯彻落实党的十九大精神，普及国家扶贫政策，助推转移就业，在2017年春运为外出务工人员赠送外出火车票4000余张的基础上，光山县委、县政府联合武汉铁路局麻城车务段，组织光山县发改委、光山火车站、光山县邮政局、光山微生活等多家单位，再次开展"决胜2018，政府为外出务工朋友出行赠票"活动。赠送车票活动切实为外出创业务工人员解决了春节出行难的问题，激发了广大群众外出务工的就业热情，进一步助推了转移就业工作。

为全面有序复工复产，2020 年光山县开通了光山至信阳高铁站及火车站的直通车及点对点包车服务，累计组织直通车 454 台次，输送旅客 8527 人。点对点农民工复工包车 173 台次，累计输入旅客 4071 人。2020 年光山县农村劳动力转移人数 18.4 万人，其中省内转移人数 7 万人（县内转移人数 5.6 万人），省外输出人数 11.4 万人。

8. 创立扶贫车间和公益性岗位助推就业

为促进就业，光山县积极创立扶贫车间，帮助贫困户就近就业。其中具有代表性的就是"巧媳妇"工程。2017 年和 2018 年，县羽管委协同县妇联利用财政整合涉农资金 1200 万元（每年 600 万元）共同实施了"巧媳妇"服装扶贫工厂建设，共在全县 12 个贫困村建设了"巧媳妇"服装扶贫工厂，深入推进"多彩田园"产业扶贫。项目建成共带动农村留守妇女 500 人以上就业，其中贫困户 120 户，为全面高质量脱贫打牢了坚实的产业发展基础。为助推就业，光山县创新模式开发公益性岗位，每个贫困村开发一个公益性岗位专职负责转移就业服务。开发城乡交通协管、保洁、保安等岗位，安排符合岗位需要、外出就业困难的贫困家庭劳动力就业。如光山县孙铁铺镇积极设立水稻协保员、光伏带贫等公益性岗位，公益性岗位落实 142 户，切实带动了一批贫困户就业和稳定增收。2018 年，光山县共开发公益性岗位 10688 个，其中重点公益性岗位 338 个，优先聘用符合岗位要求的贫困劳动力，促进了贫困户的就业。2020 年，扶贫公益岗位人数达 11153 人。

（三）光山县就业扶贫经验启示

1. 依托信息化手段精准识别是就业脱贫的前提

就业扶贫，重在精准施策。如果不掌握贫困人员的真实情况和具体需求，就缺乏针对性，那么再好的政策和服务也是事倍功半。光山县精准识别，摸清贫困劳动力基本情况、就业意愿和就业服务需求，进而对症下药，精准服务，确保因人施策。

2. 加大技能培训力度是就业脱贫的重点

许多贫困群众之所以长期在贫困线上挣扎，最为关键的原因就是缺乏致富技能。针对这一情况，必须加大技能培训力度。光山县一方面根据贫困群众实际情况，组织贫困群众开展学习培训，让他们掌握一项致富手段；另一方面，邀请相关专家，深入贫困地区一线，"手把手"教授贫困群众致富技能，同时注重实践锤炼，保证贫困群众致富技能学得会、用得好、能致富。

3. 拓展就业渠道是就业脱贫的关键

为贫困群众找到适合自己的就业岗位，也是"造血式"扶贫的重要手段。光山县鼓励一批在外创业成功人士带回资金，在家乡创业，给予回乡创业农民工适当的优惠政策，进而吸引更多农民工回乡创业，为当地贫困群众提供更多就业岗位。光山县积极与外界联系，为当地贫困群众外出务工搭建平台，保证他们外出务工找得到活干、能赚钱致富。

4. 多渠道促进就地就近就业是就业脱贫的有效途径

针对贫困劳动力更愿意在家门口就业的实际情况，光山县因地制宜，多渠道促进贫困劳动力就地就近就业。各部门纷纷行动起来，结合自身实际，通过扶贫车间等载体吸纳贫困劳动力就业，大力支持返乡创业带动就业，开发公益性岗位托底安置贫困劳动力就业。围绕促进贫困群众就近就业，增加工资性精准扶贫，光山县引导县内工业企业把扶贫车间建到安置小区，搬到农户家里，延伸到偏远乡镇、村居，确保残疾人、留守老人、妇女等不便发展产业人员"挣钱顾家两不误"。如总投资 1.2 亿元，年销售 30 多万件高档羽绒服的寒羽尚服饰企业，采取"服饰企业+扶贫车间+贫困户"经营模式，先后对全县 700 名贫困农民、留守妇女进行了制作羽绒服装技能培训，安置了 615 名留守妇女和贫困农民，并帮助 300 多个贫困户脱贫致富。

5. 加大宣传推介是就业脱贫的重要保障

光山县加大教育力度，让广大贫困群众认识到就业扶贫的重大意义，不断激发贫困群众靠勤劳双手致富的信心。光山县通过咨询热线、现场系列讲座、发放就业扶贫政策宣传册（单）、明白卡以及报刊、网络和微信平台等方式开展全方位、多层次以"就业扶贫"为主题的政策及扶贫典型宣传活动，帮助贫困群众靠就业实现致富奔小康。

二、健康扶贫"把脉开方"，治好病根拔穷根

（一）健康扶贫的作用机理

健康是民生之要、脱贫之基，健康扶贫在脱贫攻坚中具有重要地位和作用。没有全民健康，就没有全面小康。在所有致贫因素中，因病致贫是排在第一位的，对贫困户的影响远大于其他致贫因素。可见，因病致贫、返贫是我国农村贫困人口主要的致贫原因，是精准扶贫的"拦路虎"。防止因病致贫、返贫，实施健康扶贫是打赢脱贫攻坚战、实现农村贫困人口脱贫的重大举措，也是精准扶贫、精准脱贫基本方略的重要实践。党的十九大报告明确提出，实施健康中国战略，坚决打赢脱贫攻坚战。

　　健康扶贫要解决的是因病致贫、返贫问题。当家庭成员患病时，会影响家庭的经济状况和人力资本状况，进而影响家庭抵抗疾病风险的能力，陷入短期贫困或长期贫困。健康扶贫主要通过降低贫困人口的经济脆弱性和健康脆弱性，斩断"疾病—贫困—疾病"的恶性循环，整合现有医疗保障政策、资金项目、人才技术等进行综合施策，精准救治，切实解决和化解贫困人口看不了病、看不起病从而导致因病致贫、返贫的问题①。基本医疗保险、商业保险等多重医疗保障措施可以降低直接的经济负担；先诊疗后付费、一站式结算等整合制度资源，可以降低间接的疾病经济负担；医疗资源的公平性配置，可以提高贫困人口的健康能力；环境卫生综合整治，可以改善贫困地区人居环境质量；贫困户家庭的健康管理，可以提升贫困人口健康意识。图 5-1 是关于健康扶贫的作用机理。

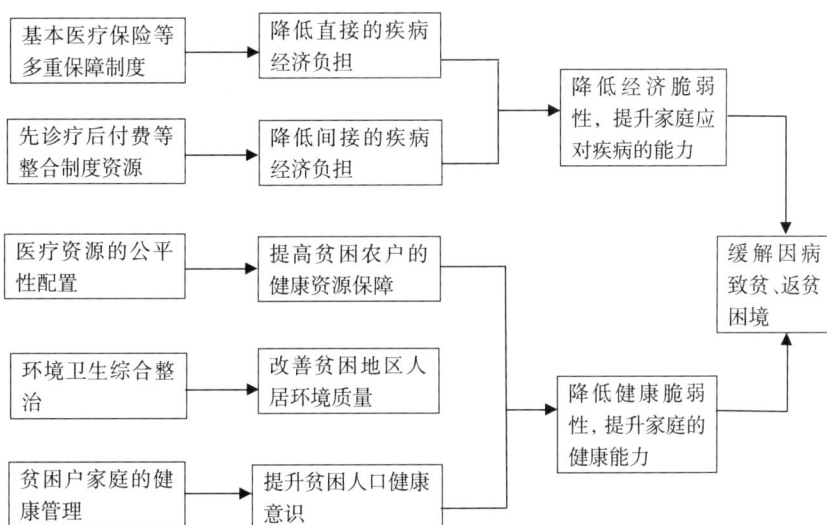

图 5-1　健康扶贫的作用机理

---

① 翟绍果、严锦航：《健康扶贫的治理逻辑、现实挑战与路径优化》，《西北大学学报》2018 年第 3 期。

（二）光山县健康扶贫的背景

截至 2018 年底，光山县共有 106 个贫困村，建档立卡贫困户 25863 户 100255 人（2020 年全部脱贫）。已脱贫 22689 户 92041 人，未脱贫 3174 户 8214 人，其中因病致贫返贫 1429 户 3848 人，因病致贫户占比 45.02%（全省平均值 52.28%），人占比 46.85%（全省平均值 50.69%）。过去，光山县健康扶贫的对象仅限于建档立卡的贫困人口，还有许多困难群众看病问题没有得到解决；救助的内容仅限于住院治疗，不包括门诊，困难群众慢性病用药负担没能解决；定点医疗机构仅限于市级和县级，向上省级及向下乡镇和村级的基层医疗卫生机构未能纳入；卫生基础设施虽然有了显著改观，但受财力所限，仍有部分乡镇缺少或急需改造卫生院，急需配备医疗器械和专业医务人员……自脱贫攻坚战全面打响以来，光山县高度重视群众健康水平提升工作，围绕让贫困人口"看得起病、看得好病、看得上病、少生病"的目标，着力推进健康扶贫工程，从减轻贫困群众医疗费用负担、全面提高贫困人口健康水平和基本医疗卫生服务能力等方面"把脉开方"，通过精准施策，靶向攻坚，使健康扶贫落实到人、精准到病，"除病根、拔穷根"，在脱贫致富的道路上筑牢群众健康之基，为因病致贫家庭撑起了一把坚实的"保护伞"。光山县围绕健康扶贫工作，立足"贫因"，抓住"贫根"，突出全程管理、精准治贫、防固结合，实践探索出了"33966"健康扶贫新模式。

（三）光山县"33966"健康扶贫模式

1. "三个一批"，让群众看得好病

一是实施大病集中救治一批。对全县 21 种大病人口建立了统一台账，实施分类管理、定点收治、跟踪销号，不漏一人。成立了大病

专项救治专家组，确定了县人民医院和县中医院为定点救治医院。全县贫困人口罹患 21 种大病需治疗的 514 名患者，全部进行了集中救治。二是全面开展慢性病签约管理一批。按照高危人群、普通慢病患者分类管理，提供公共卫生、慢病管理、健康咨询和中医干预等综合服务；对已核准的慢病患者，签约医生负责制定个性化健康管理方案，需要住院的，联系定点医院治疗；基层卫生医疗机构每年按照规范要求面对面随访，询问病情，检查健康指标等。全县签约 25863 户 100255 人，贫困人口签约率 100%。免费为贫困群众发放"健康扶贫爱心保健箱"，并为高血压、糖尿病、结核病、精神病、白内障的贫困患者"爱心保健箱"定期免费配发口服药品，对贫困群众"爱心保健箱"配发外用保健药品。三是重病兜底保障一批。实施大病医疗救助补充保险和健康扶贫救助基金池，贫困人口医疗费报销比例达 93.17% 以上。

2. "三查一普"，让群众少生病

一是每年为建档立卡贫困人口体检一次，依托公共卫生项目建立电子健康档案。筹资购置 12 台信息化较先进的云巡诊健康体检车，深入全县每一个村民组开展巡回健康体检，让贫困群众不出村就能享受到健康体检服务。建档立卡贫困人口动态管理电子健康档案覆盖率为 100%。二是结合公共卫生服务项目，每年为 65 岁以上老人筛查一次慢性病。通过体检和筛查，传染病、地方病发病率和慢性病发病率上升幅度明显下降，全县多年来无传染病暴发流行。三是加强妇幼保健工作，开展贫困妇女"两癌"筛查。截至 2020 年，20269 名妇女进行了宫颈癌和乳腺癌的筛查工作。四是开展爱国卫生运动，普及健康知识。利用电视广播、媒体、中小学校、短信、宣传页等形式，广泛开展健康促进和健康教育工作，提高群众对健康知识的知晓率。

3. 九项优惠政策，方便群众看病

一是实施村卫生室标准化建设。县财政整合涉农资金 312 万元，

对 106 个贫困村卫生室全部进行修缮并配置了设备。实现了 106 所贫困村标准化村卫生室全部达标，提升了村卫生室服务能力，为推进形成全县有序就医的分级诊疗格局创造了条件。二是实行先诊疗后付费和一站式结算服务。全面实施贫困人口先诊疗后付费免交住院押金和"一站式"结算，研发"六道保障线"一站式服务结算软件平台，县内就诊出院结算"六道保障线"10 分钟完成。三是全县 25 所医疗机构均建立了贫困患者就医绿色通道。为困难群众就诊开辟三个通道：医疗绿色通道、"双向转诊"通道、慢性病零障碍办理通道。设置贫困人口就医导诊台，设立固定导诊员，在挂号、交费、检查、取药等方面给予优先服务。在各医疗机构开设了贫困人员爱心病房并免交住院费，免费为建档立卡贫困人口提供日常住院用品。四是提高建档立卡贫困人口患者住院报销比例。光山县健康救助基金池对建档立卡贫困人口未脱贫人员合规住院报销比例达不到 90% 的按 90% 比例报销，自费部分再报 50%。五是实施 21 种大病专项救治。住院医疗费用报销免起付线，报销比例为 90%。六是为五保人员全免基本医疗保险参保费用，为低保和贫困人员免大病医疗救助补充保险参保费 35 元。七是实施重症精神病人监护人以奖代补政策。县财政对重症精神病人监护人每月给予 200 元的奖补政策。八是提高门诊治疗报销和慢性病补偿标准。门诊统筹由每年的 70 元提高到 120 元，办理慢病卡由每年办一次改为每季度办一次，建档立卡贫困人员执慢病卡在乡镇卫生院就医实行"零花费"，基本医保报销 85% 后，剩余 15% 部分由政府资助。九是县政府免费为建档立卡贫困人口每人购买一份人身意外伤害保险。最高保额达 10 万元，对医疗保险不能报销的意外伤害治疗费用，建立了一道保障屏障。

4. "六个全覆盖"，让群众防得住病

一是贫困村标准化村级卫生室全覆盖。二是贫困村合格乡村医生全覆盖。三是贫困村县域协同医疗服务全覆盖。县级医疗机构分别与 19 个乡镇建立了结对帮扶，县直医疗卫生单位与 4 个乡镇卫生院建

立了医疗技术人员等额对调帮扶。四是贫困村家庭医生健康签约服务全覆盖。五是贫困村义诊巡诊活动全覆盖。省、市、县三级专家定期不定期到贫困村开展巡诊义诊服务。解放军305医院对口支援光山县中医院，共分9批次选派医疗专家52人次到光山开展帮扶工作，并捐赠资金75万元、救护车1辆；专家帮扶期间，累计接待患者诊疗12000余人次；开展学术讲座26次、全县健康大讲堂讲座1次，受益300余人，开展大型健康扶贫下乡义诊2次，受益群众500余人次，开展慰问敬老院老人送温暖义诊活动2次、受益老人300余人次。六是与贫困村建立"微医+健康扶贫项目"远程会诊点全覆盖，光山县卫健委与河南微医集团实现健康扶贫战略合作，实现县乡村远程会诊、健康体检数据互联互通。依托乌镇互联网医院的优质资源，全县21所乡镇卫生院及310个标准化村卫生室配备了远程问诊设备。全县共配备云巡诊车12台，村级卫生室家庭医生健康体检一体机149台，贫困人口健康数据互联互通。群众在家门口即可享受全国大医院知名专家优质医疗资源服务和国家基本公共卫生服务。

5. "六道保障线"，让群众看得起病

一是在城乡居民基本医疗保险、大病医疗保险、困难群众大病补充医疗保险、民政救助"四道保障"外，针对困难群众和大病医疗带来的费用压力，依托中原保险公司，在全省率先设立农村医疗补充救助保险，形成政府、个人和保险机构共同分担医疗补充保险的新机制。农村医疗补充救助保险已理赔32287人7845.3万元。二是针对困难群众在大病治疗中承担自费部分的压力，以中办帮扶资金200万元为基数，设立"光山县健康救助基金池"，为困难群众设立第六道医疗保障，对未脱贫的困难群众各项保险报销后的自费部分再报销50%。在2017年10月17日全国第四个扶贫日之际，光山县发起健康救助基金池社会募捐活动，现场接受社会各界捐款1796万元，募捐资金全部用于第六道医疗保障线贫困群众医疗费用的报销。自2017年10

月 1 日正式实施以来，各级医疗机构已有 16615 人（次）住院患者享受了此项政策，基金池报销金额 961.2 万元。如光山县南向店乡一农民因患病毒性肝炎前后三次住院共计花费人民币 88 万余元（其中合规费用为 56.79 万元），基本医疗补偿费用 15 万元，大病保险补偿费用 27 万余元，中原农险公司医疗补充救助保险（县定）赔付 14.19 万元，健康救助基金池补偿 9226.7 元，共计报销 57.11 万元，实际自付 31.8 万元（含自费肾源 25 万元）。图 5-2 是六道医疗保障线示意图。

城乡居民基本医疗保险
符合人员：普通参保农民

大病医疗保险
符合人员：普通参保农民

困难群众大病补充医疗保险（省出台）
符合人群：①建档立卡贫困人口；②特困人员救助供养对象；③城乡最低生活保障对象；④困境儿童

农村医疗补充救助保险（县出台）
符合人群：普通参保农民和建档立卡贫困人口

民政医疗救助
符合人群：①最低生活保障对象；②特困供养人员；③建档立卡贫困人口

健康救助资金池（县出台）
符合人群：①优先保障建档立卡贫困人口中未脱贫的人口；②参加城乡居民医疗保险报销后的困难群众；③参加职工医疗保险报销后的困难职工

图 5-2　光山县城乡居民六道医疗保障线示意图

（四）光山县健康扶贫的成效

光山县按照《河南省医疗卫生脱贫专项方案》要求，围绕让贫困人口以"看得起病、看得上病、看得好病、少生病"为目标，立足"贫因"，抓住"贫根"，精准治贫、防固结合，探索新模式，破解新难题，通过实施"33966"五位一体的健康扶贫模式，破解因病致贫、因病返贫难题。因病致贫因病返贫人口明显减少。完成了"三个100%和两个90%以上"的核心指标。"三个100%"即确保贫困人口100%参加城乡居民基本医疗保险；每个贫困村100%拥有一个标准化村卫生室，拥有一名合格乡村医生；家庭医生签约服务贫困人口覆盖率100%。"两个90%以上"即贫困人口医疗费用报销比例达到93.17%（全省平均值91.40%），县域内就诊率达到96.58%（全省平均值94.30%）。

2017年，全国人大常委会副委员长吉炳轩、国家卫计委副主任王培安、河南省卫计委副主任王良启先后到光山县视察健康扶贫工作，并给予了充分肯定。2017年10月23日，光山县副县长杨光辉在副省长戴柏华主持召开的全省医疗卫生脱贫攻坚座谈会上做了交流发言。2017年10月24日，县卫计委主任饶明胜参加了在睢县召开的全省医疗卫生脱贫现场会，并在会上做了经验介绍发言。《医药卫生报》等多家媒体和网站报道了光山县健康扶贫的工作经验，省内外部分兄弟县区到光山交流、指导工作。在2018年10月国家卫健委通报表扬中西部22省份45个贫困县健康扶贫工作中，光山县因健康扶贫工程成为河南省唯一受表扬的县。

（五）光山县健康扶贫经验启示

1. 组织领导到位，增强健康扶贫引力

光山县委、县政府坚持把健康扶贫工作纳入全县经济社会发展目

标考核管理，严格考核奖惩。成立了以县委书记任组长、县长任常务副组长，相关部门主要负责人为成员的健康扶贫工作领导小组，先后印发了《光山县健康扶贫工程实施方案》等系列指导文件。县卫生健康委成立了业务工作领导小组和健康扶贫办公室，抽调专职人员，实施挂图作战、动态管理。

2. 责任落实到位，凝聚健康扶贫合力

光山县政府与卫健、财政、人社、民政等相关单位签订健康扶贫目标责任书，建立了协调推进、部门联席工作会议、目标管理、督导考核、责任追究等工作制度，有力地推动了健康扶贫工作的顺利开展。

3. 资源整合到位，增强健康扶贫实力

光山县充分动员社会各界力量，鼓励企业、社会组织、公民个人积极参与健康扶贫工作，2016 年以来整合涉农扶贫资金 4808.6 万元，用于提高困难群众实际医疗费用的报销比、卫生基础设施和医疗服务能力建设。

4. 精准施策到位，提升健康扶贫效力

光山县针对建档立卡贫困人口出台系列医疗保障优惠政策，困难群众未脱贫人员住院报销比例达 90% 以上。建立大病医疗救助补充保险和健康扶贫基金池，对通过各类报销和救助后仍有困难的贫困人口实施再救助等政策，大大提升了健康扶贫效力。

5. 加大宣传力度，提高政策知晓效力

光山县积极开展健康扶贫大走访、大宣传活动。各乡镇卫生院成立了政策宣传组，入户开展宣传工作，利用义诊服务、健康教育讲座等方式进行宣传。印制了 10 万份《健康扶贫政策明白卡》《家

庭医生签约服务明白卡》等宣传材料，广为散发。为全县 25863 户贫困人口每户发放了一个爱心保健箱，并为每户发放一份医药卫生报健康扶贫特刊和精美挂历一本。在全县 311 所村卫生室、21 所乡镇卫生院及县直医疗机构设置健康扶贫长期固定宣传栏，宣传健康扶贫政策、工作开展情况、贫困户的健康扶贫医疗费用报销情况等。

三、阻断贫困代际传递，打赢教育扶贫攻坚战

习近平总书记提出，"扶贫必扶智，让贫困地区的孩子们接受良好教育，是扶贫开发的重要任务，也是阻断贫困代际传递的重要途径。"① 治贫先治愚，扶贫先扶智。要集中精力打好脱贫攻坚战，就必须抓住教育扶贫这个治本之策，多管齐下、齐心协力。扶贫除必需的"输血式"措施外，主要在于"扶智"，即培养一名贫困学生，脱贫一户贫困家庭，造福一村，教育乃是脱贫的重要手段。在2015 年公布的《中共中央国务院关于打赢脱贫攻坚战的决定》中，教育扶贫承担着"阻断贫困代际传递"的重要使命，其实现路径被描述为"让贫困家庭子女都能接受公平有质量的教育"。教育扶贫的提出，不仅是扶贫思路之转变，更是治贫理念之创新。教育扶贫的有序开展，既源自国家意志的强力推进，也源于贫困地区和贫困人口寻求发展的迫切需求。教育扶贫具有可持续发展的特点，它一改传统的救济式的扶贫模式，将为贫困地区和贫困人口"输血"转变为"造血"，着力提升贫困地区和贫困人口的人力资本积累，提

---

① 习近平：《携手消除贫困 促进共同发展——在 2015 减贫与发展高层论坛的主旨演讲》，人民出版社 2015 年版，第 7 页。

高其自我发展能力，从而帮助其摆脱自身贫困的现状和命运。教育扶贫聚焦于贫困人口素质的提升，致力于消除贫困对于个人能力发展的剥夺，培养人能够有实质性的自由，去选择他认为有价值的生活的能力。在我国当前的教育扶贫行动中，形成从中央到地方的广覆盖、全方位的政策框架体系，在国家层面，我国先后出台了《中国农村扶贫开发纲要（2011—2020 年）》《关于实施教育扶贫工程的意见》《国家贫困地区儿童发展规划（2014—2020 年）》等政策文件，完成了教育扶贫的顶层设计。2020 年是打赢脱贫攻坚战的决胜之年，教育作为阻断贫困代际传递的治本之策被赋予了重要使命。

（一）光山县教育扶贫的背景

作为司马光的故乡，光山县一直有崇文尚学、尊师重教的优良传统，非常重视教育。光山县通过"领导苦抓、教师苦教、学生苦学、家长苦供"的"四苦"教育精神，打造了光山"智慧之乡"的教育名片。虽然光山教育取得了一定的成绩，但同时光山教育存在着农村中小学条件差、师资力量不足、教师流失等现象。2015 年，教育部出台《全面改善贫困地区义务教育薄弱学校基本办学条件工作专项督导办法》，决定从 2016 年到 2019 年开展"全面改薄"专项督导工作，全面改善贫困地区义务教育薄弱学校基本办学条件。"全面改薄"成为助推光山教育良性发展的新契机和新挑战。光山县将"全面改薄"作为光山学生从"有学上"到"上好学"的历史机遇，不断创新举措、细化落实，补齐光山均衡教育的短板。县脱贫攻坚指挥部部署"全面改薄"专项督导，要求县教体局在国家"双月报"基础上，"每月一报"。光山县发布《光山县人民政府办公室关于印发光山县教育脱贫等 5 个专项方案的通知》，在教育资助、改善办学条件、学生营养餐计划、职业教育等方面精准发力，在教育扶贫领域取得了扎实的成效，取得了不错的成绩，展现出"智慧之乡、教育之乡"的风采。光山县现有学校 459 所，其中小学 290 所（含教学点137 所）、初中 44 所（含九年一贯制学校 13 所）、普通高中 6 所、职业高中（中专）1 所、特殊教育学校 1 所、幼儿园 117 所（含普惠性民办幼儿园 32 所）。在校生 154485 人，其中小学 64944 人、初中38366 人、普通高中 24826 人、职业高中（中专）3265 人、特殊教育353 人、幼儿园 22731 人。在职教职工 11543 人，其中小学 4230 人、初中 3762 人、普通高中 1701 人、职业高中（中专）186 人、特殊教育 41 人、幼儿教育 1623 人。全县农村成建制以上中小学已基本实现标准化、现代化建设，办好"家门口的好学校"目标正在实现。光山教育的不断发展为巩固脱贫成果、实施乡村振兴奠定了坚实基础。优异的教育教学成绩是贯彻执行习近平总书记关于教育扶贫工作重要论述的生动实践。

（二）光山县教育扶贫的实践与成效

1. 全面落实教育资助政策

一是强化领导责任。光山县教体局成立了主要领导任组长的教育行业扶贫领导小组，明确工作职责，确保学生资助工作事事有人做，件件有落实。二是加强政策宣传。全县各级各类学校建立了教师与贫困学生家庭包保责任制，负责对包保贫困生和家庭成员的政策宣传、资助金的落实和告知、家庭档案的校准等工作。对在县外上学，包括上大学的学生，由建档立卡贫困户帮扶责任人进行政策宣传，乡镇中心学校负责安排本乡镇学校教师同步宣传相关资助政策。三是确保精准识别。通过县扶贫办数据库与县学籍数据对接，将查核的建档立卡学生信息发给各学校，按照学生提供的建档立卡家庭材料进行核定，并对遗漏的建档立卡学生再次进行甄别。通过反复核查，最后形成全县建档立卡学生信息。光山县对建档立卡贫困生做到精准识别、应助尽助，无一学生因贫失学。2020年春季，识别建档立卡贫困生17778人，共资助35414人次、2136.064万元；2020年秋季，识别建档立卡贫困生16884人，共资助58590人次、3924.438万元。四是落实精准资助。第一，及时核准每学期享受资助的建档立卡等各类贫困生；第二，尽早争取县政府、县财政局拨付资助经费；第三，督促各学校及时、足额将资助金打入学生或监护人银行卡；第四，制作《光山县中小学（幼儿园）建档立卡贫困生受教育资助情况明白表和温馨告知书》，发放给享受资助学生的监护人签字，存放到学生家庭和村级户档、县学生资助中心档案中，便于各级检查、督查时了解学生享受资助情况。五是加强资金监管，建立公示制度。对于各项助学金的发放，均在校内进行公示。通过公示，使贫困家庭学生的资助从申请、认定、上报到审批、发放的全过程都在"阳光"下进行，切实做到公开、公平、公正。表5-1是光山县教育资助政策具体规定。

表5-1　光山县教育资助政策

阶段	资助标准
学前教育	1. 按照年生均600元的标准补助建档立卡贫困家庭3—6岁儿童学前教育保教费，并按照年生均400元的标准发放生活补助费。
义务教育	2. 对建档立卡贫困家庭义务教育阶段学生，在免除学杂费、教科书费基础上，按照年生均小学生1000元、初中生1250元的标准对寄宿生发放生活补助费；从2019年秋季起，对全省建档立卡贫困家庭义务教育阶段非寄宿生按寄宿生标准一半发放生活补助费。建档立卡贫困家庭义务教育阶段学生，按每生每年800元实施学生营养改善计划。
普通高中教育	3. 免除建档立卡贫困家庭学生普通高中学费、住宿费，并按照每生每年不低于2000元的标准发放国家助学金。
中等职业教育	4. 免除中等职业学校全日制一、二年级正式学籍建档立卡贫困家庭学生学费，并按照每生每年2000元的标准发放国家助学金，同时当地扶贫部门按照每生每年3000元的标准发放"雨露计划"扶贫助学补助。

阶段	资助标准
高等教育	5. 对在本省就读的建档立卡贫困家庭普通本科学生、硕士研究生、博士研究生，分别按照每生每年 4000 元、6000 元、13000 元的标准发放国家助学金。专科学生按照每生每年 4000 元的标准发放国家助学金，并由扶贫部门按照每生每年 3000 元的标准发放"雨露计划"扶贫助学补助金。优先发放生源地信用助学贷款或高校国家助学贷款，最高额度为：普通本专科生每生每年不超过 8000 元，研究生每生每年不超过 12000 元。对完成学业仍有经济困难的学生，各高校通过安排勤工助学岗位、发放特殊困难补贴等措施解决。学生可通过勤奋学习，争取获得国家奖学金、国家励志奖学金。

2. 认真实施学生营养改善计划

一是县委县政府大力支持。2018 年，县政府拨付营养餐配套经费 1222 万元。其中，食堂从业人员工资补助 197 万元、食堂改造资金 80 万元、配备食堂设备 645 万元、"明厨亮灶"建设 300 万元。二是建立责任监督机制。第一，建立县级、中心学校和供餐学校"三级"责任监督机制。县教体局成立营养办，配备 3 名专职人员。第二，建立领导陪餐责任制。做到餐餐有领导监督，餐餐有领导负责，保证营养餐的安全和营养。第三，建立一周带量食谱公示制度，接受广大师生和家长监督。三是加大监督检查力度。县食监局牵头相关部门，对营养餐工作进行全面大检查，发现问题，立即整改。各学校充分发挥膳食委员会监督作用，定期召开学生座谈会，开展问卷调查，监督整改。四是提高管理水平。第一，出台了一系列营养餐管理制度，做到有章可循，依规管理；第二，多次召开现场会，学习推广先进经验，鞭策后进学校；第三，召开食品安全培训会，提升管理；第四，推进"明厨亮灶"学校 172 所，营养餐学校"透明厨房"覆盖面达 72%。

3. 全面改善贫困地区办学条件

2016—2020 年，光山县共投入上级资金 36185 万元，新建校舍 145560 平方米、运动场 853000 平方米，安装班级多媒体教学设备 1478 套，建成网络录直播互动教室 27 个、电子备课室 66 个、名师工作室 29 个，配备计算机 113 台，搭建完成光山县智慧教育云平台。基本实现义务教育阶段中小学宽带网络、计算机教室、班级多媒体设备、数字教材教学资源 9 人以上学校全覆盖，并为全县中小学校配备了课桌凳、寄宿生床和体育器材，全面改善了贫困地区学校办学条件。

在改善办学条件的过程中，光山县做到了两个完善和两个健全：一是完善中小学校舍安全工作检查及危房申报制度，确保新增危房能及时得到消除；二是健全公开招投标制度，对校安工程实行"阳光操作"；三是健全校安工程管理机制，确保校安项目的工程质量；四是完善校安资金审计机制，避免违规行为，发挥校安资金的使用效益。

4. 全面实施乡村教师支持计划

一是补充乡村学校师资力量。2016—2020 年，光山县招聘特岗教师 1390 名，公开招聘乡村在编教师 1059 人，其中乡村教师 675 人，选派"两区"支教优秀教师 200 名下乡支教，完成小学教育全科教师培养计划 146 名，有效缓解了乡村学校教师师资力量薄弱问题。二是持续实施"国培计划"。2016—2020 年，县教体局先后组织了一系列乡村教师培训活动。如："国培计划"、"送教到乡"、"省培计划"、小学教师岗位培训、特岗教师岗前培训、乡村教师"提升工程"等，有效完善了乡村教师培养培训机制，全县共有 114 名教师参加教师团队置换脱产研修，962 名教师参加乡村教师访名校培训，8700 名教师参加网络研修与技术研修整合培训学习。三是提高乡村教师生活待遇。2016—2020 年，光山县发放乡村教师生活补助 44771 人次，补助经费 11196 万元；乡镇工作补贴 43556 人次，补贴经费 9577.76 万元；并及时落实"两区"支教教师补助。

5. 全面推进职业教育攻坚发展

大力发展职业教育，提升职业教育水平，不仅是推进教育现代化的题中之义，更是打赢精准脱贫攻坚战的内在需要。光山县以整合职业教育资源、补齐职业教育短板为抓手，扩大职业教育办学规模，发挥职业教育资源优势，助力打赢精准脱贫攻坚战。一是改善了职业教育办学条件。迁建县中等职业学校，2019 年 8 月已投入使用。二是扩大了职业教育办学规模。2016—2018 年，职业教育招生共计 1835 人。其中，2018 年县中等职业学校招收新生 1064 人，突破千人大关，在校生规模达 1553 人。2020 年，在校生规模达到 5200 多人。三是开展了技能人才培训。提升服务水平，助力脱贫攻坚。县中等职业学校积极探索育人模式，开展就业与创业教育，开展精准脱贫技能培训，提高教育质量，提升服务水平，助力脱贫攻坚。2016 年，县政府与中创美巢公司和河南建筑职业技术学院合作开展产业扶贫与教育扶贫培训班，投入资金 64 万元，培训学员 81 人；2018 年举办五期"精准脱贫技能培训班"，培训建档立卡贫困家庭成员 287 人，培训专业有"稻虾共作"、杂交稻高产栽培、家禽家畜养殖、茶叶采摘与制作、中式烹饪、服装制作工艺等，有 180 名学员考试合格，获得了河南省劳动厅和社会保障厅印制的技能培训结业证书，为建档立卡家庭脱贫致富提升了本领。2020 年，光山县中等职业学校举办四期"精准脱贫"技能培训班，助力贫困群众脱贫增收。同时县中等职业学校积极开展就业与创业教育。学校通过开办就业与创业论坛、邀请创业有成校友返校作励志报告、企业顶岗实习等形式，加强就业与创业教育，鼓励毕业生自主创业，提升毕业生就业质量，助力大众创业、万众创新上水平。2020

年 8 月，光山县"青创 10 万+"青年创业就业培训班在光山县中等职业学校开班。2020 年 10 月，浙江最田信息服务有限公司"网红直播客服"项目在光山县中等职业学校正式建成，光山县中等职业学校电子商务、计算机专业的学生正式在该客服部"上班"，实现了校内工学交替。2020 年 12 月，蔡崇信公益基金会"英才计划"光山站电商培训班在光山县中等职业学校举办。服务地方经济的光山县职业教育在一步步发展和进步。

（三）教育扶贫成效

2016—2020 年，全县共资助贫困生 194302 人次、13066.0766 万元；生源地信用助学贷款 14138 人、10334 万元；社会资助 4900 万元，受益学生 5.3 万余人次，学生资助政策全面落实，贫困家庭学生应助尽助。全县共 294 所学校实施了农村义务教育学生营养改善计划，受益学生 5.7 万人，营养餐政策覆盖率 100%。营养改善计划已成为光山县脱贫攻坚的一项亮点工作，得到广大群众的认可。光山贫困地区办学条件得到全面改善，乡村学校师资力量得到加强，职业教育办学规模扩大，职普比例失衡瓶颈被打破，职业教育得到全面推进。

2017 年，"全面改薄"中的光山教育，实现"确保一个儿童不少，问题全部清零"工作目标。全县适龄儿童、初中适龄少年入学率、升学率均为 100%，辍学率为 0。三类适龄残疾儿童少年 325 人，在校就读 102 人，送教上门 223 人，辍学率为 0，进城务工人员随迁适龄子女全部就近入学。2017 年底，光山顺利通过"全国义务教育发展基本均衡县"验收，并入选全国 20 个乡村教师队伍建设优秀工作案例。作为光山教育的另一驾马车，光山民办教育也得到长足发展。光山慧泉学校荣获"河南省教育名片"，紫水学校获"河南省优质生源基地"，5 所民办学校分获河南省、信阳市"优秀民办学校"

称号，河南省课改和信阳市民办教育现场会均在光山召开。

教育政策扶贫、社会扶贫，让光山贫困家庭学生得到应助尽助，义务教育得到有效保障。2020年光山中招成绩，位列全市各县区第一名；2020年光山高考成绩再出佳绩，一本进线1690人，二本进线3297人，本科进线5424人。北大清华录取10人，空军海军飞行员录取6人，民航飞行员录取6人。

（四）巩固教育扶贫成果

光山县教育扶贫亮点纷呈，取得了不错的成绩。但要巩固教育脱贫成果，光山县还应重点做好如下工作：

1. 持续加强控辍保学，确保义务教育阶段学生不失学、不辍学

光山县下一步需要深入分析适龄孩子失学辍学原因，分类建立健全长效工作机制，确保贫困家庭义务教育阶段适龄孩子不失学辍学。着力持久抓好控辍保学工作，让自上而下的控辍保学通道纵向畅通，同时通过社会、学校、家庭的共同努力，完善控辍保学横向管理，织密控辍保学的大网。重点关注非贫困原因失学辍学问题。通过深化学校教育、强化家庭教育、优化社会教育，分类施策、统筹协调，确保适龄孩子都能接受适合的义务教育。

2. 持续做实学生资助工作，始终做到资助政策全覆盖

在摸清底数、精准识别的基础上，将全县大学生、普通高中生、职业高中生、义务教育和学前教育贫困家庭子女全部纳入资助政策范围，建立健全学生资助体系。应继续深入落实巩固教育资助政策，把各项资助政策一以贯之地执行好、落实好。目前，对于非建档立卡贫困户学生缺乏长效、持续的资助政策，且对于缓解暂时性的困难支持

力度不大。如非建档立卡贫困户家庭如遇突发重大事故或者疾病，由于开支增大，会对其家庭中就读于大中专院校的学生造成一定的影响。随着脱贫攻坚工作的收官，学生资助政策应该从面向建档立卡贫困家庭学生，调整为面向所有出现困难的学生。可以在吸纳财政专项资金支持的基础上，广泛接受社会捐助，通过建立持续的资助体系和方式，为家庭陷入暂时困境的学生提供资助。

3. 继续推进城乡义务教育一体化发展

以优质均衡为主攻方向，统筹推进县域内城乡义务教育一体化改革发展，让适龄孩子在家门口就能上好学。通过学生提质、教师提能、管理提优，不断优化办学条件，使教育脱贫成果得以巩固。在乡镇，加强乡村小规模学校和寄宿制学校建设，提升乡村学校办学水平，确保所有义务教育学校都达到办学条件20条底线要求；在县城，扩大县城教育资源，基本消除56人以上大班额。随着城镇化进程的加快和三胎政策全面放开，人民群众对优质教育的需求与日俱增，未来县城区就读学生人数会呈逐年上升趋势。"乡村弱"的短板在一定程度上得到了有效化解，但"城镇挤"的矛盾将更加突出。应当优化农村教育资源，扩充城区教育资源，进一步改善中小学、幼儿园办学（园）条件。

4. 继续实施好农村义务教育学生营养改善计划

继续全面推进"互联网+明厨亮灶"工程，建立人防、技防一体的监管机制，确保"舌尖上的安全"，让学生吃得安全，吃得营养健康。

5. 加强乡村教师队伍建设

2020年7月，教育部等六部门印发《关于加强新时代乡村教师队伍建设的意见》，就加强乡村教师队伍建设，发展公平而有质量的乡村教育作出部署。光山县应落实教育部政策，积极做好乡村教师队伍建设。继续实施好乡村教师支持计划、"特岗计划"，落实好"258"乡村教师生活补助等惠师政策，让农村教师来得了、稳得住。力争经过3—5年努力，乡村教师质量水平明显提升，队伍结构明显优化，地位大幅提高，待遇得到有效保障，职业吸引力持续增强，乡村教师队伍建设明显加强。在具体措施上，其一是加强师德师风建设，激发教师奉献乡村教育的内生动力。其二是畅通城乡一体配置渠道，重点引导优秀人才向乡村学校流动。应深入推进县（区）域内义务教育学校教师"县管校聘"管理改革，充分考虑乡村小规模学校、寄宿制学校和城镇学校的实际需要，统筹分配各校教职工编制和岗位数量。采取定期交流、跨校竞聘、学区一体化管理、集团化办学、学校联盟、对口支援、乡镇中心学校教师走教、"管理团队+骨干教师"组团输出等多种途径和方式，重点引导城镇优秀校长和骨干教师向乡村学校流动。结合乡村教育需要，探索构建招聘和支教等多渠道并举，高端人才、骨干教师和高校毕业生、退休教师多层次人员踊跃到乡村从教、支教的格局。其三是创新教师教育模式，培育符合新时代要求的高质量乡村教师。其四是拓展职业成长通道，让乡村教师获得更广阔的发展空间。要加大从优秀乡村教师中培养选拔乡村振兴人才的力度。实施好"农村学校教育硕士师资培养计划"，扩大培养院校范围，让更多符合条件的乡村教师有学习深造的机会。其五是提高地位待遇，让乡村教师享有应有的社会声望。其六是关心青年教师工作生活，优化在乡村建功立业的制度和人文环境。

6. 创新办好职业教育

地方工业产业要发展，专业技术人员必不可少，只有大力发展职业教育才能为产业发展提供充足的专业技术人员。随着光山招商引资工作的推进，工业企业陆续入驻，专业技术工人缺乏，职业技术教育不配套的问题逐渐凸显。所以现阶段必须加快县中等职业学校建设，继续积极对接河南职业技术学院、河南工业大学，深化校校合作，积极做好教师队伍培育、特色专业建设等工作，提升学校办学水平，助力全县脱贫攻坚。光山虽然实现了高质量脱贫摘帽，但脱贫不脱钩，校地双方合作应进入常态化。在合作办学、实践教学中心建设以及联系消费扶贫等事宜上校地双方应进行深入合作。光山县应积极争取高校发挥自身优势在更深层次、更多领域给予光山支持。

7. 继续实施学前教育行动计划

应充分考虑人口政策调整和城镇化进程的需要，优化幼儿园布局。重点支持贫困地区、困难群体和薄弱环节，保障大多数适龄儿童就近接受学前教育，着力保基本、补短板、促公平。坚持公益普惠，公办民办并举，进一步提高公办幼儿园提供普惠性学前教育服务的能力，积极引导和扶持民办幼儿园提供普惠性服务。加大财政投入，提升学前教育公共服务水平。

四、易地搬迁和危房改造协同发力，
实现绿色协调发展

在推进易地扶贫搬迁和危房改造过程中，光山县紧紧围绕全面建成小康社会的目的，秉持搬迁是手段、脱贫是目的，以农村危房改造和易地扶贫搬迁行动计划的实施为抓手，把"创新、协调、绿色、开放、共享"发展理念，融入易地扶贫搬迁和危房改造的全过程，按照"产业兴旺、生态宜居、乡风文明、治理有效、生活富裕"总要求，高水平地推进美丽乡村建设，高质量地改善群众生产生活条件，实现易地搬迁、危房改造与脱贫致富良性互动，增进民生福祉。

（一）易地搬迁安置的实践与成效

2016 年易地扶贫搬迁工作启动以来，光山县把易地扶贫搬迁作为"精准扶贫、不落一人"、高质量打赢脱贫攻坚战的关键之战、头号工程，严守政策，统筹谋划，精准施策，全力推进落实。"十三五"期间全县易地扶贫搬迁建档立卡贫困人口 1122 户 4276 人，涉及 18 个乡镇 197 个行政村，项目分两年实施，其中 2016 年搬迁 1033 户 3908 人，2017 年搬迁 89 户 368 人。2016—2017 年全县建设集中安置社区 26 个，集中安置 544 户 2157 人，分散安置 578 户 2119 人。目前，全县易地扶贫搬迁建设任务已全部完成，搬迁户已全部搬迁入住，累计复垦或生态修复宅基地面积 21 万平方米。安置社区规范化建设与提质、易地搬迁美好生活"五个新"专项活动（即感恩"新时代"、住进"新房子"、展现"新气象"、实现"新作为"、营建"新家园"）及后续脱贫"五个一"专项工程（即建设一个村级光伏小电站、落实一项产业帮扶措施、建设一个扶贫车间、有一人稳定就业、有一份稳定收益）成效初显，搬迁群众收入逐步提升，精神面貌和文化素质有显著变化，生产生活方式得到转变，"搬得出、稳得住、能致富"的目标稳步实现。光山县在易地搬迁安置方面采取的主要措施如下。

1. 坚持本心，实现搬迁群众"搬得出"

光山县易地扶贫搬迁工程实施以来，县委、县政府从狠抓责任落实、推动政策落实、抓好工作落实着手，实现全县搬迁任务如期完成。一是规划立足光山实际。结合光山县处于浅山丘陵地区的自然条件和区位特色，按照"靠县城、靠集镇、靠园区、靠旅游景区"的四靠要求，统筹考虑学校、卫生室、综合性文化广场等公共服务设施距离，科学选址建设安置社区。二是精准识别搬迁对象。按照实事求是、公平公正的原则，在总量大致平衡的前提下，实行动态调整。把不符合政策的对象退出去，把符合政策的贫困户纳进来，确保精准精确。三是配齐安置社区基础设施。按照"两不愁三保障"的要求，因地制宜完善安置社区幼儿园、卫生室、活动室、公厕、综合性文化广场等公共服务设施，切实提高搬迁社区群众教育、医疗、文化等社会保障能力；在各安置社区安装治安监控设备，提升搬迁群众居住安全感。

2. 坚持初心，实现搬迁群众"稳得住"

光山县易地扶贫搬迁对象绝大部分搬离故土，难免存在"思乡"情结。为防止出现返搬，光山县从三方面入手，创建和谐安置社区。一是完善安置社区管护机制。结合光山县易地扶贫搬迁集中安置社区普遍"面积小、人员少"的特点，通过新建或依托现有安置社区附近乡、村办公场所设立安置社区服务中心（站），有效利用公益性岗位建立乡、村、安置社区三级人员组成的安置社区管理队伍，制定村规民约、居民公约，逐步探索形成了以村党组织为核心、村委会为主导、安置社区群众为主体、各类服务机构、社会组织和志愿者等多元参与、共同治理的工作格局。目前，全县各安置社区便民服务中心（站）均实现有场所、有标识、有制度、有设备、有人员，服务热线公开，工作有序开展。二是着力改善人居环境。通过开展"清洁家园行动"活动，各安置社区生活垃圾收集体系完善，保洁人员齐备，安置社区私搭乱建、乱堆、乱放现象得到有效整治，安置社区实现了"净化、绿化、美化"；搬迁户屋里院内实现了家居环境干净美、摆放有序整齐美、种花栽树绿化美。三是加强宣传培训引导。大力弘扬"幸福是奋斗出来的""自力更生"等精神，培养有理想、有道德、有纪律的新型农民，帮助搬迁群众摆脱思想贫困、树立主体意识。引导搬迁群众积极参与安置社区所在村（社区）文明创建活动，将搬迁户纳入"文明家庭""最美媳妇""最美公婆""最美孝子"等系列文明评比活动范围，进一步提升搬迁群众的文明意识，推动搬迁群众农民向居民转变，创建和谐安置社区。如文殊乡东岳村是住建部命名的首批"中国传统村落"和河南省住建厅命名的"河南省历史文化名村""河南省特色景观旅游名村"。该村易地扶贫搬迁集中安置点又称东岳村民俗文化社区，位于文殊乡东岳村村部东边，东岳村乡村旅游规划核心区域，集中安置 25 户 107 人，安置房屋样式完全按豫南民居风格设计，与周边自然环境、群众生活习惯相统一，社区日常水、电、卫生、安全、精神文明建设等管理工作全部由村"两委"负责。为加强东岳村民俗文化社区管理，东岳村还因地制宜出台了《东岳村易地搬迁安置点管理办法》，为广大搬迁群众提供贴心服务。东岳村依托自身"四色"（古色、红色、粉色、绿色）资源优势，把易地搬迁与乡村旅游产业发展、美丽乡村建设有机结合，通过在搬迁区周边布设花鼓戏楼、文化广场、巧媳妇扶贫车间、光州十八作坊、鼎乡居、东岳客栈、农特产品展销旅游服务中心、文殊寺油茶专业合作社、四方景家庭农场等，不仅让搬迁群众可以拎包入住，实现"安居"，更能就近务工或创业，实现"乐业"。

3. 坚定信心，实现搬迁群众"能致富"

搬迁只是手段，脱贫致富才是目的。光山县搬迁对象致贫原因中因残 235 户，因学 49 户，因病 395 户，缺技术 288 户，缺劳动力 78 户，因灾 29 户，缺资金 28 户，其他原因 20 户，不同的搬迁对象，必须选择不同的后续帮扶措施，同时还要推动各项扶持政策叠加聚集、精准发力，才能拓宽搬迁户收入来源，增强生活保障的可持续性，确保搬迁户生活有改善、收入有增加、发展有前景。光山县为 96 个贫困村提供 4081 个公益性岗位，每个岗位年发放工资 3000 元，对 485 户易地搬迁贫困户、1116 户兜底户，按照每户每年 1000 元的标准给予补助。同时，光山县通过打造易地扶贫搬迁后续发展公司平台，盘活搬迁农户耕地、林地、宅基地和有序推动安置社区光伏电站建设，有效整合各项政策，用活各项补助资金，优化配置资源方式，有力保障了搬迁群众收入提升。如陈远根家庭人口4人，其本人身患慢性病，家庭两个学生，原住房交通不便，缺乏产业支撑。该户易地扶贫搬迁后，村里将其配偶介绍到附近的司马光油茶园务工，经技能培训后，每年可增收6000余元。同时，通过为其办理低保、企业带贫、教育帮扶、慢性病卡和公益性岗位的帮扶，家中人均稳定纯收入超过4000余元，于2017年底实现了稳定脱贫。再如搬迁户杨泽延家庭人口9人，2014年因家庭人口较多、缺技术、无产业发展识别为贫困户，其原住房位于东岳村王湾组，出行不便，旧房为危房。该户易地扶贫搬迁后，其两个儿子经技能培训，外出务工，有了稳定收入；两个儿媳一个在附近南王岗乡文旅项目务工，一个就近经营移动烧烤摊，两人既能务工补贴家用，还能兼顾到家庭4个学生。

（二）光山县危房改造的实践与成效

围绕脱贫攻坚工作"创一流，走前列"总体要求，紧扣"两不愁三保障"中保障住房安全为重点，光山县把建档立卡贫困户、低保户、分散供养特困人员、贫困残疾人家庭等4类重点对象危房改造放在优先位置，多措并举，精心组织，全力推进，实现农村危房改造与精准扶贫精准对接，切实解决贫困群众的安全住房问题，从根本上改善了农村困难群众的居住条件。

1. 主要做法

（1）强化责任保对象精准

一是加强领导。建立由县长任组长的农村危房改造领导小组，统一组织实施全县农村危房改造工作。二是压实责任。与各乡镇签订危改目标责任书，将目标任务分解细化、落实到人，确保按时间节点完成农村危房改造工作。三是强化宣传。利用广播、电视、网络等进行危改政策宣传，使农村危改政策家喻户晓。四是精准认定危房改造对象。在县扶贫办、民政局、残联对申报 4 类重点对象进行数据信息比对的基础上，扩大到与财政、工商、税务、车管、房管等 11 个职能部门进行联合比对联合审批，建立了信息共享制度。五是危房等级精准鉴定。县住建部门组织局监理公司对改造前危房等级进行认定，出具危房等级认定报告，符合 C、D 级纳入危房改造范围。六是加强督查。实行周通报月评比制度，定期召开推进会，强力推进农村危房改造建设进度。

（2）加强监管保危改质量

一是认真自查。由各乡镇履行危改主体责任，组织管理和技术人员对本辖区内所有危改房屋进行质量安全自查。二是组织巡查。县危改办成立一个专门督查巡查组，采用明察、暗访相结合的方式，对危改对象、建设标准、关键环节质量安全等方面不间断巡查。三是集中检查。县住建局组织开展农村危房改造质量安全大检查，每年至少 2 次，每次抽查 30% 以上。四是培训提升。组织农村建筑工匠培训，提高农村工匠建筑技术水平，形成相对稳定的施工队伍，确保农村危改施工和质量安全。五是编制示范图集。编制了《农房设计图集》免费发给各乡镇（街区）人民政府并要求指导农户选择使用。

（3）严格程序保阳光公正

一是严格程序。严格执行户申请、村评议、乡镇审核、县级审批的危改审批程序。二是广泛监督。在乡、村两级公示的基础上，县危改办将危改对象名单、补助资金等在县政府网站、县电视台等媒体进行公示，公开监督举报电话，接受群众监督。三是阳光透明。为加强村级"小微权力"运行监督，将农村危改名单及补助资金全部录入纪委"阳光村务平台"，便于群众查询。

（4）认真验收保房屋安全

一是完善档案。危房改造后，由村级进行初步验收，合格后报乡镇人民政府进行核实验收，验收合格及时完善危改档案。二是强化措施。县危改办组织人员对乡镇验收情况进行抽查，确保农村危改验收的工作实效。三是严格鉴定。政府采购有资质的第三方鉴定机构的服务，对竣工验收合格的危改房屋开展房屋安全性鉴定，出具正式报告存档备查，并告知危改农户住房是安全的。四是挂牌标识。危房改造后将危改信息（如贫困户类型、人口、危房等级、补助资金、验收单位、鉴定结果等）做成危改标识牌，挂在农户门前。

（5）清零普查防漏识

一是责任到人。县住建局全体班子成员均保障乡镇农村危房改造的责任落实、工作落实及政策落实。二是普查全覆盖。从系统抽调46名精干力量组织21个危房清零核查小组和1个信息小组，采取了全覆盖、地毯式的方式，普查了全县20个乡镇（街区）中的345个行政村、5318个村民组的所有农房，通过普查发现疑似问题房屋23422户。三是问题清零。根据"改造到位、拆除到位、修缮到位、搬迁到位、安置到位、标识到位"即六个到位的要求，将这些疑似问题梳理归纳为9类，建立问题台账，由清零核查小组逐一核实整改销号，实现问题清零。

2. 取得的成绩

一是受益群众数量大幅度增加。2017—2019年光山县累计实施危房改造11265户，危改资金12721.21万元。其中争取4类重点对象农村危房改造任务7744户，危改资金10388.81万元；县级投入资金实施危改2750户，危改资金3884.4万元。2020年，光山县对建档立卡贫困户等4类重点对象28527户进行全面排查。全县四类重点对象存量列入危房改造计划87户，已全部竣工验收，危改资金177.7万元已拨付到位。按照《光山县农村住房安全保障动态监测实施方案》要求，通过排查比对，新增因疫因灾等原因形成的农村危房 17 户，目前已全部竣工验收，危改资金 22.3 万元已拨付到位。危房改造涵盖建档立卡贫困户、贫困残疾人家庭、分散供养特困人员、低保户、有唯一住房且是危房其他贫困户危房户等五类对象，按照"应改尽改、应保尽保"的原则，实现了"应改尽改、应保尽保，危房不住人、住人不危房"的目标，圆了贫困农户住有所居的"安居梦"。在 2017 年底的雪灾中，光山县危改房屋未发生倒塌及其他重大质量问题，受到社会的一致好评。二是农村房屋质量显著增强。通过实施危房改造，结合传统村落保护、美丽乡村建设编制村庄规划，在政府的规划引导下，农村房屋的建筑造型、房屋抗震、建筑节能等水平不断提高，为乡村振兴发展奠定了坚定的基础。三是农村经济社会得到迅速发展。在结合农村危房改造的同时，积极推进村内道路、绿化、安全供水、农村改厕、垃圾污水治理、空宅老院复垦等建设，极大改善了农村人居环境，提升了群众精神面貌，密切了党群干群关系，促进了社会和谐稳定。

（三）光山县易地搬迁与危房改造的经验启示

1. 易地搬迁的经验启示

（1）强化组织体系建设是抓好易地扶贫搬迁的主要核心。易地扶贫搬迁是打赢脱贫攻坚战的关键硬仗，是精准扶贫"五个一批"中任务最重、难度最大的"硬骨头"。光山县充分发挥各级党组织的战斗堡垒作用和广大党员的先锋模范作用，把群众组织起来、动员起来，宣传好党的好声音、落实好党的好政策，让贫困户"搬得出、稳得住、有事做、能致富"，团结带领贫困群众坚决如期打赢脱贫攻坚战，同步建成小康社会。

（2）强化服务体系建设是抓好易地扶贫搬迁的基本前提。群众是搬迁的主体，搬迁工作的成败在于群众能否稳得住，要让群众稳得住，就必须站在群众角度思考问题，了解群众所盼所想，为群众提供多样化"菜单式"服务。光山县通过服务带动搬迁群众主观能动性和自觉性，彻底改变原来"山不养人、水不泽民"的现状，从根本上防止群众"住新房子，过穷日子"现象的发生，确保搬迁群众搬得出、稳得住。

（3）强化治理体系建设是抓好易地扶贫搬迁的关键环节。光山县做好搬迁群众"三治"（德治、法治、自治）工作，按照"一核多元，共建共治"原则，推行社区网格化管理；将新型社区公共场所、楼群院落等纳入网格，明确职能职责。建立健全协调运转工作机制，明确规定各治理主体之间职责边界和事权划分，规范社区党组织领导、居委会执行、监委会监督、社会组织参与的职权；建立和推行居民会议、居民代表会议、"四议两公开"工作法等民主决策机制，充分发挥自治章程、居民公约在社区治理中的积极作用，促进法治、德治、自治有机结合，以此厚植群众"脱贫光荣"的坚定决心。

（4）强化产业体系建设是抓好易地扶贫搬迁的重要保障。搬出来不容易，留得住更困难，能够长远发展更是难上加难。光山县切实保护搬迁户原居住地承包土地、宅基地、山林等权益，充分整合搬迁户承包土地、县扶贫资金等生产要素，通过产业发展带动农户增收致富。将扶贫搬迁与后续产业发展、劳动就业同步规划实施，正确处理好"住得下"与"富得快"之间的关系。

（5）强化机制体系建设是抓好易地扶贫搬迁的制度保证。搬迁群众是易地扶贫搬迁的主体，既是受益者，又是建设者和发展者。光山县大力实施贫困人口转移就业行动计划，优先吸纳贫困人口到政府公益性岗位就业，支持各类企业、经营户吸纳贫困劳动力就近就业，消除贫困户"零就业"家庭，确保实现"一人就业、全家脱贫"目标，确保搬迁群众住得下、有事做、能致富，真正实现"物质富裕"和"精神富足"双重转变。

2. 危房改造的经验启示

（1）摸清危房存量是实施农危房改造的基础。光山县在前期工作中，由于受农危房鉴定标准不统一、鉴定程序不规范、政策波动大等诸多因素制约，一直无法摸清危房存量，给工作开展带来了一定阻力。只有准确摸清危房存量底数，做到底子清、情况明、对象精准，才能有效实施。

（2）充分调动群众的积极性是实施农村危房改造的根本。实施农村危房改造是一项重大而紧迫的政治任务，群众是直接受益者，更是改造的主体。"发动群众、依靠群众、让群众满意，是农危房改造工作的根本要求"。再好的政策，都离不开群众的理解与支持。光山县充分调动群众的积极性，确保农危房改造项目顺利实施。

（3）落实政策资金保障是实施农危房改造的关键。农村危房存量大且面广，涉及农村困难群体多，资金投入是关键。光山县加强政策倾斜和资金支持，为农户提供一定政策资金支持作保障，切实解决建房资金短缺的问题，提高农户实施农危房改造的积极性和主动性。

（4）与农村长远发展紧密结合是实施农村危房改造的重点。光山县在农村危房改造的实践中，立足当前，着力长远，坚持把农村危房改造与社会主义新农村建设、产业结构调整、农村精神文明建设结合起来，在大力改善人民群众居住条件的同时，美化村寨环境，建设富有地方特色的文明新村，加强农村基础设施建设，推进农业结构调整，发展特色产业，促进增产增收，使农村危房改造工程成为发展工程，实现当前农民生产生活条件改善与长远经济发展的有机统一。

第六章

志智双扶：激发脱贫内力促绿色发展

党的十九大报告强调，"坚持大扶贫格局，注重扶贫同扶志、扶智相结合"。光山人按照党中央关于脱贫攻坚的工作部署，着力激发干部群众内生动力，扶贫扶出精气神，走出了一条通过劳动创造脱贫致富的新路。光山的悠久历史孕育了勤劳朴实和智慧灵动的地域性格，革命老区的红色传统造就了艰苦奋斗和团结进取的光山精神，独特的民歌、花鼓等光山文艺激发了人民乐观热情的态度和对未来美好生活的向往。干部群众一条心，"爱光山、加油干、奔小康"的理念不仅激发出光山县脱贫攻坚的内力，也将在未来的区域发展和乡村振兴中发挥出持续而强大的力量。

一、璀璨文化：脱贫内力产生的文化背景

光山历史源远流长，光山还是革命老区，红色文化和古老的文明传统，都是光山人民宝贵的历史记忆，也造就了这片土地独特的乡俗民风。光山人民追求幸福的志气、埋头苦干的韧性、聪慧灵动的思维方式，无不来自传统，这些就是脱贫攻坚战中的内在力的根源。

（一）中原与荆楚文化交汇孕育的光山性格

光山县地处江淮之间，北部多为平原，南部多为山区，与湖北接

壤，属中原文化和荆楚文化交汇的地区。素有"江南北国，北国江南"之称，历史悠久，文化底蕴深厚，自古以来就是各种思想观念和学术流派的融汇之地，尤其是风骚浪漫的荆楚文化和雄浑豪放的中原文化，在这里碰撞交融，孕育出光山独特的地域性格。周时弦子受封，建国光山。春秋时楚国灭弦，光山遂属楚地。秦时属九江郡。汉初设立江夏郡。南北朝刘宋文帝元嘉中期，置光城县于此地，开始筑城。隋改为光山县，其城为光山县治所，相沿至今。① 光山文化有机地融合了中原文化、东夷文化、江淮文化与荆楚文化。光山文化在保留荆楚等南方文化的基础上，深受中原文化的影响，并在器物制造技术、纺织技术、雕刻与绘画技术方面达到了相当高的水平，有些甚至超过当时的中原文化水准。它既是一个文化的传播区域，又是东西、南北文化的交汇与融合区域。光山地处鄂豫皖三省交界地区，光山人智慧、包容、开放、灵动，既有中原人民的朴实厚重、吃苦耐劳，又有荆楚人民的聪慧灵动、开拓精神，二者的融合造就了璀璨的光山文化。

光山的文化传统是脱贫攻坚精神的根基。光山人民既有南方的聪慧细腻，又有北方的朴素豪爽。光山的地域特点和民俗风尚都很有代表性，可以看作中国文化的一个缩影。光山人的朴实厚重、吃苦耐劳不仅在革命战争年代铸就了坚忍顽强的"大别山精神"，在脱贫攻坚战中，也逐步变成自力更生、艰苦创业、不等不靠、劳动创造的自主奋斗"志气"。智慧、包容、开放、灵动的特征也塑造了今天光山人重视教育、勇于创新的自我发展意识。光山人民对这片土地深沉的热爱，对悠久灿烂的传统文明继承和发扬的意愿，对未来美好生活的向往，最终变成了"爱光山、加油干、奔小康"的"爱加奔"精神，在脱贫攻坚中迸发出巨大动力，奠定了光山脱贫攻坚自发产生内力的精神根基。

---

① 参见光山县史志编纂委员会编：《光山县志》，中州古籍出版社 1991 年版，第 2 页。

（二）"红色基因"凝聚光山脱贫攻坚精神

光山人民具有极其强烈的革命精神和斗争意识，具有反压迫、反剥削和进行革命斗争的悠久传统，县域保留了丰富的红色文化遗产。南北朝时，县境农民的抗暴斗争此起彼伏，至隋以后历代不衰，被统治者蔑称为"蛮民"。自北宋末年起，县境的抗金斗争持续近一个世纪。近代的"武昌起义""五四运动"等革命行动都有大量光山人的身影。光山人民敢于反抗、敢于斗争，特别是抗日战争和解放战争时期，大别山区的鄂豫边特区就在光山成立。

光山人民如此强烈的革命精神和斗争精神，与其地理环境和社会制度有密切的关系。光山县地理位置较为偏僻，交通落后，在封建社会大量良田掌握在少数地主手中，土地资源分配不均衡，贫富差距很大。地主豪绅都有自己的庄园，而广大无地或少地的贫雇农，则靠租种土地、借高利贷和乞讨艰难度日。由于封建地主阶级的残酷剥削，广大农民终年处于贫困交迫之中，或弃土离乡，或沿门乞讨。光山民歌《苦农友》唱道："穷人无家庭，穷人无子孙，只有一条路，就是投红军。"为了吃饱饭，光山人不得不参加红军积极反抗剥削统治，革命的火种很容易在这里传播和点燃。在斗争中光山人民的思想境界也不断提升，参加革命由最初的吃饱穿暖的生存需要，逐渐成长为解放贫苦阶层的理想和信念。在 20 余年的革命斗争中，光山人民经历了千百次战争的严峻考验，不怕流血不怕死，前仆后继，保住大别山革命红旗永不倒。光山人民对新中国的诞生和人民的解放作出了巨大的牺牲。据新中国成立初期不完整的统计，在县境历次战争中捐躯而留有姓名的烈士达 1200 余人，战死沙场的无名英雄更是数以万计，堪称"家家有红军，村村有烈士，山山埋忠魂，岭岭皆丰碑"。

"大别山精神"作为在光山代代传承的"红色基因"，在新时期仍然深刻地影响着光山人民。在脱贫攻坚战斗中，"坚守信念、胸怀全局、团结一心、勇当前锋"的大别山精神，造就了光山人民坚忍不拔追求发展的意志。习近平说："幸福美好生活不是从天上掉下来的，而是要靠艰苦奋斗来创造。""宁愿苦干、不愿苦熬"的脱贫志气，来自革命战争时期光山人的斗争精神，在新时期也激发出光山人追求美好生活的奋斗热情。

（三）司马光智慧为经济社会发展和脱贫攻坚提供文化支撑

光山县充分贯彻习近平总书记关于教育扶贫的思想，利用光山历史上的"司马光文化"作为智慧教育资源，让贫困地区的孩子们接受良好教育，提高光山人民的文化素质，以期从根本上阻断贫困代际传递。通过打造司马光智慧品牌，利用智慧文化熏陶人民，巩固脱贫成果和实施乡村振兴。

光山县是宋代著名史学家司马光的出生地、"司马光砸缸"故事的发生地。司马光因光山而名，光山人因司马光而荣。对光山而言，司马光文化是一笔弥足珍贵的历史人文宝藏。司马光文化是智慧的文化，不管是他砸缸的故事还是《资治通鉴》的著述，无不闪耀着智慧的光芒。光山以全面建设中国智慧之乡为目标，通过打造司马光故居、司马光小镇、司马光油茶园、司马光文化传播学院等项目，以文化旅游和司马光文化交流等活动为载体，进一步深化传承司马光历史文化，持续打造智慧品牌，弘扬优秀传统文化。

光山县提出"让智慧之光溢彩光山"，利用司马光思想与智慧推动光山经济社会发展。进行创意策划，为光山教育、文化、旅游和经济社会发展提供文化支撑。2019 年是司马光诞辰一千周年，光山县举办了司马光农耕文化节，通过文艺展演、诗歌朗诵、插秧竞赛、摸鱼比赛、农事体验、品鉴光山十宝和司马光家宴等多种活动形式，吸引近万名游客观光体验。这不仅发展了乡村旅游产业，增加了农民收入，还传播和发扬了农耕文化，以"巩固脱贫成果，实施乡村振兴"为主题，将农事活动与休闲旅游度假相结合，推动乡村振兴发展。光山筹备推出纪念司马光诞辰1000周年系列活动。一是建设司马光文化园。以官渡河区域公园为依托，建设司马光主题文化园，主要用来宣传与司马光相关的历史文化，与当前优秀传统文化、核心价值观、廉政文化相结合。二是举办司马光文化学术研讨会。邀请国内司马光研究的知名专家，举办一场高水平的司马光文化学术研讨会，提升司马光文化影响力。三是举办司马光家宴和司马光经贸交流会。邀请企业家、专家学者和全国各地光山籍商会代表等，来光山司马光宾馆参加司马光家宴，对光山进行实地考察，与本县企业开展经贸交流活动，以此招商引资，传播光山文化，达到了很好的经济和文化效益。

（四）民歌花鼓助力脱贫思想宣传

光山县与湖北、安徽接壤，数百年来就流行在豫东南、鄂东北、皖西三边地区的民间小调、山歌、歌舞，吸收融合楚剧、黄梅戏之唱腔，逐渐演变成为乡土气息浓郁的花鼓戏。它经过花会玩灯、打五件、打三件、地灯戏、花鼓班五个阶段，深受当地居民的喜爱。新中国成立后光山在党的"百花齐放，推陈出新"方针指引下，新编了一大批歌颂土地改革、抗美援朝、人民群众翻身庆解放的花鼓戏和文艺作品，充分利用民歌和花鼓戏等豫南独特的艺术遗产进行文化宣传。新中国成立后，光山县人民政府于1952年将吴天周、翁行凡的几个花鼓戏班（社）合成一个剧团，定名为"光山县大众剧团"。剧团1955年履行登记，经河南省文化局批准，成为正式民间职业剧团，并获颁发登记证。党的十一届三中全会以后，为使花鼓戏剧种不至湮灭，又在农村组建了一个半职业性的孙铁铺花鼓剧团，以继承豫南独特的艺术遗产。1985年全县还有3个民间业余地灯班，20名艺人，活跃在农村，演出 600 多场，观众达 14 万人。花鼓戏自建团以来，演出过《夫妻观灯》《打桑叶》《杨瞎子讨人》《吴三保游春》《大清官》《小清官》《假报喜》《珍珠塔》等大小花鼓、地灯剧和传统花鼓戏剧目。还移植曲剧《阎家滩》《风雪配》等剧目。其中由民歌发展成花鼓戏（地灯）的《夫妻观灯》，1953 年唱到北京怀仁堂，受到朱德等中央领导人的鼓励。在脱贫攻坚战斗中，光山也积极利用花鼓戏宣传国家政策，组织公益性巡回演出近百场。文艺活动的开展，丰富了群众精神文化生活，提升了群众思想文化素质，激发了群众脱贫致富的内生动力。

二、扶志提气："爱加奔"系列活动 激发精神动力

扶贫先扶志是习近平扶贫论述的重要内容，总书记指出："激发内生动力，调动贫困地区和贫困人口积极性。'只要有信心，黄土变成金。'贫穷不是不可改变的宿命。人穷志不能短，扶贫必先扶志。没有比人更高的山，没有比脚更长的路。要做好对贫困地区干部群众的宣传、教育、培训、组织工作，让他们的心热起来、行动起来，引导他们树立'宁愿苦干、不愿苦熬'的观念，自力更生、艰苦奋斗，靠辛勤劳动改变贫困落后面貌。"[1] 光山县牢牢把握这一指导思想，从 2017 年 3 月开始，在全县组织开展了"扶贫先扶志"专项行动。在脱贫攻坚的长期实践中，光山县干部群众总结出了三句话——"爱光山、加油干、奔小康"，群众简称为"爱加奔"，这是对新时代文明实践的总结，是"扶贫先扶志"专项行动的理论总结。光山县

---

[1] 《习近平扶贫论述摘编》，中央文献出版社 2018 年版，第 135 页。

在 2018 年深入开展了脱贫攻坚实践系列活动，统一了光山 86 万全体干部群众的意识和行动。"爱加奔"是对光山未来美好生活的积极追求，是习近平新时代中国特色社会主义思想在光山生动的实践。通过两年来的有效开展，有效扭转了"等靠要"思想，树立了"幸福都是奋斗出来的"理念，扶志取得较好成效。

（一）凝魂聚气深耕厚植"扶志"理念

导向明确，精神才能凝聚。光山县在开展扶贫扶志工作中，始终坚持用习近平新时代中国特色社会主义思想凝魂聚气，引导农村干部群众特别是贫困户，筑牢理想信念，坚定文化自信。

1. 通过环境熏陶深入开展扶志教育

光山把县内主干道——光南路打造成"扶志"主题宣传示范路，精心制作了高 5 米宽 2 米、带有中国元素、造型精美的大型扶志宣传牌，内容以扶贫先扶志和学习宣传党的十九大精神为主题，全长 20 余公里，在光山县乡道路上形成一道亮丽的"扶志"风景线，形成了良好的示范带动作用。组织帮扶单位，在村醒目位置制作"扶贫先扶志"、社会主义核心价值观、讲文明树新风等大型公益广告牌和宣传标语 9000 多块（幅）。各乡镇利用辖区主要干道和群众房前屋后，大张旗鼓地开展"扶志"宣传，累计设置大型公益宣传牌 300 多块，制作美丽乡村建设、弘扬中华传统文化、开展文化活动等为主题的村史文化墙 20000 多平方米。随处可见的标语，美丽的美德墙，让群众从视觉上得到初步教育，起到潜移默化的效果。

2. 通过典型选树内化脱贫观念

光山扶贫注重发挥榜样的力量，用身边事教育身边人。2017 年，在全县组织开展了"脱贫之星""帮扶之星"双星评先活动。从全县

100 多名脱贫先进和帮扶先进中精心挑选了 20 名，以县委、县政府的名义进行大张旗鼓的表彰。并以此为契机，广泛开展了以"脱贫之星""好媳妇""好婆婆"等为主要内容的系列评先活动，评选出各类先进人物 4200 余人。对评选出来的先进人物，组建先进事迹报告团进行巡回宣讲。同时，组织各乡镇将先进人物以光荣榜、宣传牌的形式，集中在文化广场或一条街道主干道进行展示，打造出先进示范广场（或示范街），形成示范效应。截至 2020 年已建立 70 多个先进示范广场和先进人物示范街，组建了 90 多支脱贫攻坚先进事迹报告团，开展先进事迹报告会 370 余场，共计有 5.2 万余人（次）聆听了先进事迹报告。将各乡镇 100 名先进典型人物以灯箱广告的形式在县城主干道——司马光路集中展示。通过这样的方式方法，让"脱贫光荣，贫困可耻"的观念内化于心、外化于行，激发群众内生动力，真正变"要我脱贫"为"我要脱贫"，许多已经脱贫致富的"贫困户"主动要求成为"脱贫之星"，争当"上榜"先进。

3. 通过舆论引导形成浓厚学习氛围

光山在县电视台设立扶贫频道，开辟脱贫路上光山人、光山脱贫故事等多个专栏，深度挖掘在脱贫攻坚战中"不等不靠有志气，自主脱贫有骨气"的贫困群众和担当意识强、工作作风实的帮扶干部典型，对他们的先进事迹，通过"报纸、网站、微信、电视"等县内各媒体进行立体化、全方位宣传，形成了"比、学、赶、超"的浓厚氛围。充分发挥村村通、组组通大喇叭作用，广泛开展"村里要发展，我家怎么干"大讨论活动，组织党员干部、广大群众谈发展、谈感想、谈认识、谈心得。160 多个村组织近 8000 名群众参与了讨论，真正实现了村民主动关心参与村里管理，主动融入村集体发展，体现出真正的村民自治，密切了干群关系，提高了群众满意度。在迎接建党 98 周年之际，紧扣巩固脱贫成效，在全县各级党组织广泛开展"迎七一、话脱贫、促提升"主题党日活动，加强了基层党组织建设，提升了党员干部先锋模范作用，在社会上引起强烈反响。

（二）注重体系设计夯实"扶志"基础

1. 注重队伍体系设计

光山以全县 7000 多名帮扶干部为主体，建立了一支庞大的扶志宣传员队伍。将扶贫扶志思想融入扶贫政策宣传之中，编印了 7 万多份《脱贫攻坚七字歌》，通过扶志宣传员队伍张贴到每位群众家中。每个村都建立了扶志宣传小分队，他们通过网格走访，或集中宣讲，或利用流动小喇叭给老百姓宣传党的好政策，宣传社会主义核心价值观，培育村民积极向上的精气神。

2. 注重工作体系设计

光山县委、县政府从脱贫攻坚开展之初，就确定了"扶志、扶智、扶产"的工作思路，始终把"扶贫先扶志"放在首要位置。不但在大会小会上经常强调，在开展各项工作时，也一直将扶贫扶志作为一项重要内容贯穿其中。在开展易地搬迁工作中，每逢贫困户喜迁新居之时，都会上门赠送"沐党风感党恩，党的政策惠民生"等内容的对联，与农户一起贴在大门上，鼓励他们时刻牢记党的好政策。在开展"文明庭院"建设工作中，要求帮扶人在做好卫生环境整治的同时，还要成为讲文明、讲卫生、树新风的传播者，要求帮扶人与帮扶户同劳动、共生活。通过共同生活劳动，拉近了距离，既改善了环境，也带动贫困群众养成良好的健康卫生习惯和文明礼仪。在开展电商培训工作中，优先考虑身残志不残的贫困群众，并为他们广开"绿灯"，提供各项免费食宿、免费培训等服务，只要有意愿参加技能培训，就想方设法解决他们的后顾之忧。涌现出孙雅丽、冯明洋等一批身残志坚的"电商达人""电商脱贫之星"。

3. 注重政策体系设计

县委、县政府在出台各类产业政策和扶贫政策的同时，不光是简单的给钱给物，首先考虑的是通过政策扶持，能否更好地激励困难群众积极向上的精神，形成"政策这么好，我要加油干"的理念。如在出台"多彩田园"《财政奖补细则》政策时，就充分考虑激励因素，对贫困户自主经营种植、养殖业，实现户增收3500元以上的，一次性奖补2000元；在出台金融扶贫政策时，对贫困户自主发展产业项目的，均给予每户5万元以下的小额贴息信贷支持；在出台鼓励发展"稻虾共作"产业政策时，制定了每亩奖补200—400元的政策。通过这些政策制定，以产业奖补方式，进一步激发贫困群众"宁愿苦干，不愿苦熬"的热情，让"多干多得、少干少得、不干不得"的理念不断深入人心。

（三）主题文化活动丰富"扶志"内容

扶贫扶志，抓的是精神脱贫，是一项务虚工作，很容易流于形式，必须有好的载体和活动作为支撑。为此光山着重开展了多项主题活动。

1. 深入开展移风易俗、倡树文明乡风活动

在全县开展优秀村规民约评选活动，评选出了十大优秀村规民约，被《信阳日报》整版刊发。深入持续开展了"规范红白喜事倡树文明乡风"全民承诺活动。自2018年7月以来，在全县各村组织开展了"规范红白喜事倡树文明乡风"全民承诺活动，全县22个乡镇（街区）、345个行政村全部开展了此项活动，5.2万多户群众踊跃参加签名承诺。"喜事新办、白事简办、小事不办"成为光山新风尚。头三个月内，共有1140余户按照标准操办红白喜事，费用节约

达 1800 多万元。全国文明村帅洼村与全体村民签订不燃放爆竹协议，真正实现"农村零燃放"。

2. 广泛开展群众文化主题活动

从 2017 年开始，县财政整合涉农资金 6500 万元，按照中宣部"七个一"的标准，建设村级综合文化服务中心，实现了所有行政村全覆盖，大大改善了群众文化活动场地和设备不足的问题。2017—2018 年，光山利用建成的村综合文化服务中心，组织开展"爱光山、加油干、奔小康"系列主题活动 666 场，累计收到社会捐赠 4200 多万元。开展舞台艺术送农民活动 260 场，受惠达 60000 多人。组织国家级非遗项目光山花鼓戏公益性巡回演出近百场。文艺活动的开展，丰富了群众精神文化生活，提升了群众思想文化素质，激发了群众脱贫致富内生动力，为全县 2018 年脱贫摘帽提供了精神动力和文化支撑。围绕繁荣群众文化生活主题，集中开展了"我们的节日"活动。在春节开展的"我们一起过大年"系列扶志主题活动中，共为群众书写春联、拍摄全家福 2 万多幅，开展"红色轻骑兵"文艺演出活动 200 多场。在"我们一起过端午"活动中，120 多个乡村的数千名帮扶干部与孤寡老人、困难群众一起包粽子、吃桃子、看节目，共度端午佳节，热闹了节日气氛，拉近了邻里感情，密切了干群关系。

3. 在农村中小学校开展"扶志"活动

从 2017 年 11 月开始，通过教育系统在全县农村中小学校开展了"学唱两首歌"歌咏比赛和"争当文明小标兵"征文活动。两首歌曲《共同奔小康》《我爱你，光山》饱含了广大帮扶干部与贫困群众鱼水情深和对美丽光山、智慧光山的热爱之情，深受广大群众和学生的喜爱。活动期间，各农村中小学校累计开展 500 多场歌咏比赛、征文 6000 多篇。通过学唱两首歌和征文活动，坚持从小抓起，从基础抓起，教育农村中小学生"系好人生第一粒扣子"，并通过学生影响家人及身边群众，激发大家"爱家乡、加油干、奔小康"的热情。

（四）"幸福驿站"留住文明乡风

光山县以文明实践示范站建设为重点，推动各乡镇成功建设48个"幸福驿站"，将群众日常生产生活等多项活动实行积分奖励，培育乡风文明，充分激发了群众自力更生、脱贫致富的内生动力。以"双星"创建评定促进新时代文明实践活动的扎实落地。将星级文明村、星级文明户创建活动作为脱贫攻坚的一项重要工作，作为推动新时代文明实践活动和扶贫扶志工作新的抓手和品牌工程，强力推进。2018年，县财政统筹资金700万元，对首届评选的93个"星级文明村"和515户"五星级文明户"进行表彰，激发了广大农民群众的创建热情。

1. 开展"双星"创建活动

培育乡风文明是美丽乡村建设不可或缺的内容，光山以"小手拉大手"活动为载体，广泛开展"星级文明村、星级文明户"创建活动，县财政每年拿出1000万元进行奖励。深化"文明村院"建设，建立红黑榜，引导农民群众爱护环境。通过建立村"村规民约"、红白理事会等"一约四会"，开展移风易俗承诺，破除陈规陋习，少放或不放烟花爆竹。2018年9月28日，光山县新时代文明实践中心及2个乡级实践所、22个村级新时代文明实践站同时挂牌成立，并成为全省新时代文明实践中心试点县，充分发挥文明实践教育功能，开展生态文明"进机关、进学校、进社区、进企业、进农村、进家庭"活动，倡导"生态环境就是资源、生态环境就是竞争力"的发展理念，促进形成生态文明新风尚。

2. 扶贫超市激发脱贫动力

为激发贫困户脱贫致富动力，最大限度地帮助贫困群众靠自身摆脱贫困，形成扶志、扶智、扶产的良好氛围，白雀园镇岳寨村率先开展"扶贫超市"建设，开启脱贫攻坚新模式。一是规范管理，让贫困帮扶更精准。岳寨村针对扶贫超市管理制定了超市管理制度、积分管理办法和具体实施方案，明确了"怎样建""怎么管""如何用"的问题，积极引导未脱贫户参与产业发展、扫黑除恶、人居环境整治和秸秆禁烧等活动，起到良好示范带动作用。二是积分换物，让贫困户脱贫更有干劲。扶贫超市一改过去向贫困户直接发放钱、物的方式，将未脱贫户的表现转化为可量化积分，将发展产业、参与村级活动、投身公益事业等途径获得的积分换成真实可见的物品，让积分效果看得见、脱贫动力出得来、群众满意度上得去。三是账目公开，让爱心捐赠更放心。2018 年岳寨村已建立物品捐赠管理制度，完善爱心捐赠进出相关细则，实行超市物品兑换月公开模式，使每一笔物品的捐赠和发放均有迹可循、有据可考，增强爱心人士捐赠信心，提升捐赠实效。

3. 建设新时代文明实践活动阵地

整合利用宣传文化资金，进一步深化扶贫扶志阵地建设、队伍建设、活动建设，打造乡村扶贫扶志示范点。2018 年，高标准建成光山县新时代文明实践中心和 2 个乡级文明实践所、22 个村级新时代文明实践站，建立了各级文明实践宣讲队 69 支，特聘讲师 200 余名，组建志愿者服务队 160 余支。截至 2020 年县委宣讲团深入全县 22 个乡镇街区开展宣讲活动，深入基层开展面对面理论宣讲报告 370 余场，共计有 5.2 万余人（次）群众聆听了宣讲报告，弘扬了正能量，激发了广大农民群众不等不靠不要、孝善敬老的良好风尚。利用农忙时节、双休日或节庆假日，广泛开展义务劳动、孝老爱亲、道德讲堂、改善人居环境等形式多样的文明实践志愿服务活动，形成全民参与、共同努力助力脱贫攻坚的生动局面。光山文艺工作者自发创作和演唱的《我爱你，光山》《共同奔小康》两首歌曲，在全县广泛传唱，引导、激励广大贫困群众"站起来、富起来、强起来"，涌现出身残志不残的电商达人孙雅莉、老当益壮实干脱贫的周家喜、从贫困户到致富带头人的杨长太等一大批自力更生、艰苦奋斗脱贫的典型。

三、扶智治愚：教育培训提升群众脱贫能力

习近平指出："摆脱贫困首要并不是摆脱物质的贫困，而是摆脱意识和思路的贫困。扶贫必扶智，治贫先治愚。贫穷并不可怕，怕的是智力不足、头脑空空，怕的是知识匮乏、精神委顿。脱贫致富不仅要注意'富口袋'，更要注意'富脑袋'。"① 光山利用传统的司马光文化统一"智慧光山"理念，积极开展职业技能培训，开拓群众脱贫思路，利用电商培训提升群众脱贫能力，取得了突出的成效。

（一）调动社会力量捐资助学，永久阻断贫困代际传递

捐资助学是一项功在当代、利在千秋的事业，是中华民族扶危济困传统美德在新形势下的发扬光大。2016 年 7 月 20 日，习近平在东西部扶贫协作座谈会上的讲话指出："帮扶措施一定要实，因地制

① 《习近平扶贫论述摘编》，中央文献出版社 2018 年版，第 137 页。

宜、因人因户施策，找准症结把准脉，开对药方拔'穷根'"①。光山县全面落实"发展教育脱贫一批"战略要求，充分发挥教育在脱贫攻坚工作中的基础性、保障性作用，通过贫困家庭教育全覆盖、助学贷款绿色通道、调动政府和社会力量开展捐资助学等方法，已取得阶段性成果。表6-1为光山在教育扶贫中的具体措施。

表6-1　光山教育扶贫的主要举措

扶贫举措	内容与效果
贫困家庭教育全覆盖	建立建档立卡贫困家庭学生接受教育保障和资助制度，实施全面覆盖建档立卡贫困家庭学生保障和资助政策，确保不让一个建档立卡贫困家庭学生因贫失学。
助学贷款电子化	积极开展生源地信用助学贷款全国档案管理电子化试点工作，为贫困学子助学贷款开辟"绿色通道"等。
设立教育移民班	民建河南省委及中华思源工程扶贫基金会在光山3所学校先后开办"思源佑华教育移民班"，将全县250名偏远乡村贫困学生集中到县城学校上学，连续3年给予每生每年2000元生活资助。
政府与企业联合帮扶	2017年争取河南省慈善总会、光山县慈善总会、老区建设促进会、信阳西亚和美商业股份有限公司等对光山162名贫困大学生进行资助。
民营企业商会帮扶	十里镇开展"扶智慧·助学圆梦"活动，以十里民营企业商会公益基金为依托，设立助学基金，开展助学圆梦活动。
组织与协会帮扶	红十字会、团委、妇联等单位开展贫困学生资助政策，争取助学资金，帮助贫困学子渡过求学困难时期，激励困难学生早日成才。

光山县自脱贫攻坚开展以来，得到了家长和学生们的广泛赞誉，并引导带动了全镇各界进一步形成捐资助学、扶危济困的良好风尚，为打赢脱贫攻坚战提供了有力支持。在积极落实政策的基础上，光山县的教育扶贫效果非常显著，贫困群众"因学致贫"的问题得到全

---

① 《习近平扶贫论述摘编》，中央文献出版社2018年版，第73页。

面解决，全县的教育基础设施和教学师资队伍建设也取得了长足的进步。

（二）提高发展意识，培养脱贫技能

光山县充分贯彻习近平总书记关于"扶智"的思想，调动贫困群众积极主动地改变生活状况。抓住外界帮扶的机遇，引导群众的思想从"要我脱贫"变为"我要脱贫"，培育贫困群众依靠自力更生实现脱贫致富意识，培养贫困群众发展生产和务工经商技能，组织、引导、支持贫困群众用自己辛勤劳动实现脱贫致富，用人民群众的内生动力支撑脱贫攻坚。

1. 通过"农民夜校"让农民脑袋富起来

为深入开展脱贫攻坚工作，提高农民群众生产生活技能，进一步增强产业就业扶贫成效，"农民夜校"在脱贫攻坚实践中产生突出成效。白雀园镇土门村率先开办起农民夜校，来自该村的30余名群众参加了首期培训学习，为贫困户送来养殖技术的同时帮助他们重拾发展信心。培训班围绕人居环境整治、特色产业发展、动植物冬季养护、病虫防害等多方面内容，以集中授课、现场指导、讲练结合等多种方式，丰富群众生活，拓宽群众视野，提高群众技能，营造了良好的学习氛围。培训活动开展期间，县直帮扶单位高级畜牧师、第一书记、村干部、业务能手精心准备，结合农村真实生产生活环境，深入浅出地向农民群众讲解技能、传授知识，认真听取群众在发展农业产业、提高就业能力等方面的问题反馈，在沟通中实现与群众的双向学习交流。赛山村帮扶单位县商务局累计投入6.5万元帮助改造村级办公环境。骆寨村驻村工作队邀请县稻虾共养专家为贫困户培训稻虾共作养殖新技术。"农民夜校"培训班的开办，是从知识层面实现脱贫攻坚、谋划乡村振兴的重要举措。

2. 大力发展职业教育，提升职业教育水平

光山县以整合职业教育资源、补齐职业教育短板为抓手，打破职普比例失衡"瓶颈"，扩大职业教育办学规模，发挥职业教育资源优势，助力打赢精准脱贫攻坚战。光山县的职业教育有历史传统。1982年10月，联合国教科文组织来河南考察工农教育发展情况时，省教育厅提交的《河南成人教育专集》上就刊登有光山县农技校7幅照片。脱贫攻坚战打响以来，光山调整职业学校布局，推进学校办学条件改善、办学规模扩大、办学效益提升。合并县第二职业高级中学、县中等职业学校，选址新建标准化、现代化、信息化、特色化的县中等职业学校。积极探索育人模式，开展就业与创业教育，开展精准脱贫技能培训，提高教育质量，提升服务水平，助力脱贫攻坚。一是深化校校合作。积极对接河南职业技术学院、河南工业大学，深化校校合作，积极做好教师队伍培育、特色专业建设等工作，提升学校办学水平。二是大力开展职业技能培训。学校积极落实省教育厅及县委、县政府脱贫攻坚工作部署，充分发挥学校资源优势，大力开展职业技能培训，选派专业骨干教师"送教下乡"，开办"精准脱贫技能培训班"，培训建档立卡贫困群众；创新培训模式，采取"集中授课、分散实习、进场参观、入户指导、跟踪服务"培训模式，提升贫困群众脱贫技能，助力产业扶贫，巩固脱贫成效。2018年，共开办五期"精准脱贫技能培训班"，开设稻虾共作、杂交稻高产栽培、家禽家畜养殖、茶叶采摘与制作、中式烹饪、服装制作工艺等专业。培训建档立卡贫困家庭成员287人，其中仙居乡长兴镇村、寨河镇耿寨村、南向店乡黄畈村、槐店乡陈洼村四个贫困村建档立卡贫困农民214名，县中等职业学校建档立卡贫困学生73名。三是积极开展就业与创业教育。学校通过开办就业与创业论坛、邀请创业有成校友返校作励志报告、企业顶岗实习等形式，加强就业与创业教育，鼓励毕业生自主创业，提升毕业生就业质量，助力大众创业、万众创新上水平。

3. 结合外部帮扶力量，推动贫困村实用技术人才的培养

光山县实施"贫困村人才行动计划"和"贫困村致富能人培养计划"，统筹和整合各级培训资源，发挥专业技术人才带动作用，培养农村实用技能人才，全面提升群众脱贫本领。如2018年光山联袂中创美巢互联科技股份有限公司、河南建筑职业技术学院，举办产业和教育扶贫培训班，培训水电工、镶贴工学员81人，助力精准扶贫。开展"两后生"培训，组织60名未升学初中毕业生到达尔美技工学校接受中等职业教育，开办"精准脱贫技能培训班"，培训建档立卡家庭成员112人，提升脱贫致富技能。一共免费培训贫困村实用人才1043名、党员脱贫人才584名、贫困村电商人才680名，通过贫困村人才的示范引领，激发了贫困群众自主脱贫动力。徐开福、李永同等37名乡土人才依靠技术实现自主脱贫，先后被县委授予"精准脱贫星级示范户"。人才作用有效发挥，启动了光山县高质量脱贫"快捷键"。

4. 推动贫困妇女能力建设，开展巧媳妇"智慧家政"培训服务

巧媳妇"智慧家政"是光山县妇联实施巾帼脱贫行动落实产业扶贫的重要举措，通过开办"贫困妇女能力建设"智慧家政培训班，顺应市场对家政人员的巨大需求。妇联各级组织会提供妇女创业就业平台，委托培训机构对有意愿的留守妇女及贫困妇女进行了培训，通过县妇联、各乡镇政府、河大技校、郑州爱婴家园等单位的合作，从家政服务业的需求类型，家政培训的必要性、重要性与紧迫性，家政服务的方法和技巧等多方面进行培训。参加培训的均为建档立卡缺技术的留守妇女，她们把学习培训成果转化为家政服务业发展的新动力，了解行业的最新信息，学到大量实用的家政服务方法与技巧。通过"巧媳妇+智慧家政"，将技能培训送到家门口，提升妇女能力建

设，帮助她们掌握就业技术，用自己勤劳的双手增收致富，为脱贫总攻贡献巾帼力量。截至2020年，全县共完成8期培训，200余名建档立卡贫困学员完成学业，现场领取了合格证书，完成了智慧家政培训2200人的工作目标。家政市场前景好且有巨大需求，获得高级证书的贫困妇女可以"修内功强外功"，在工作中创造自己的社会价值。截至2018年，已经推荐张选娥（贫困户）、张玉芳、陈银梅三人在郑州就业，1人在县城就业，朱义芳、宋圣琴已经开启个人创业模式。光山县通过这项工程的建设，树立"智慧家政"的良好形象，倡导认真做事、坦荡做人，以技能就业、辛勤劳动为荣的风气，努力打造光山县巧媳妇"智慧家政"品牌。

5. 通过电子商务培训提升持续发展能力

电子商务在东部发达地区起步较早，积累了丰富的经验，光山县顺应时代潮流，积极引进东部地区先进理念，举办电子商务培训发展数字经济。这是中办定点帮扶以来光山对"扶贫必扶智"的深入实践，也是落实习近平总书记"把东部地区理念、人才、技术、经验传播到西部地区"的生动实践。

光山县通过与对口帮扶企业加强合作，开拓发展视野，解决贫困人口就业问题，为光山脱贫攻坚和乡村振兴提供了保障。光山与阿里、京东、苏宁易购、中国网库、拼多多等合作，利用平台优势，多渠道销售光山本土产品。与腾讯、百度、新浪、北大方正等公司合作，加大推广宣传力度；与杭州、广州、上海、扬中、常熟等服装生产地合作，丰富网货货源；与中国社科院、浙江大学、中国电商研究院、中国国际电商培训学院、郑州大学、河南财经大学合作，引才引智发展光山电商，结成发展联盟，借势加快电商发展。光山县在电商创业孵化园培训基地创办了电商培训扶贫班，学员由所在村、乡（镇）审核推荐，全部来自建档立卡的贫困户家庭。所有参训学员毕业时已建好自己的网店，能独立运营维护。

为确保学员毕业时能独立运营网店，培训班多措并举，力争实现毕业能脱贫的目标。一是加强师资力量，由强化班资深老师授课，确保授课质量。二是加大硬件投入，学习实操相结合。培训班购置了 50 台笔记本电脑，确保一人一机，边学习边动手实操，入班即开始筹建自己的网店，毕业后网店建好能初步运营。三是提供相关资源支持，请来工商质监等职能部门、邮储银行等金融部门、电信运营商等网络支持部门讲解营业执照办理、授信贷款、宽带安装等相关程序。四是提供全产业链资源支持，方便学员有产品可卖，组织了近百家服装供货商在园区设立展示厅，展示春夏服装新品，为学员开店提供了丰富的货源选择和产品支持。组织已进驻光山县的 40 多家物流企业与学员对接，为学员开店提供优惠价格，降低物流成本。五是为学员提供生活便利，因学员都来自乡（镇）贫困家庭，距离县城较远，为方便学员学习，中午免费为全体学员提供午饭。截至 2020 年光山县累计举办电商专业培训班 134 期，免费培训创业人员 3 万多人，其中培训贫困人口 24 期 875 人次。70% 的学员开起了网店，月收入都达 2000 元以上，有的月收入万元以上。这些学员大都成为专业卖家，有 20% 已成为实业家，由单一卖产品发展为集产品研发、生产加工、销售服务于一体实体经营者，这些人已成为光山经济发展的主力军，成为光山扶贫攻坚的先锋军，更是致富奔小康的带头人。

四、文明光山：志智双扶活动取得显著成效

光山县通过长期开展志智双扶活动，取得了显著的效果，干群精神面貌焕然一新，干群关系显著改善。全县已经形成了脱贫攻坚浓厚氛围，彰显着人民群众对美好生活的向往。

（一）群众满意度显著提高

在"爱光山、加油干、奔小康"系列活动中，以迎万福、办年货、迎春运的方式加大对贫困户帮扶力度，进一步加强了干群关系，提高了群众满意度。中办机关、省直帮扶单位、市直帮扶单位以及县直各帮扶单位分别到所帮扶村、户积极走访慰问，为贫困户送去了粮、油、衣被等生活用品，有的带去了慰问金，用炽热的双手给困难群众送去了党的温暖和关怀。县书法家们踊跃参加送春联活动，以免费写春联、送春联的形式，为广大群众送上新年的美好祝福。开展"决胜2018，政府为外出务工朋友出行赠票"活动，在全县邮政员的积极参与和不懈努力下，一张张满载爱意的车票送到了群众手中。

（二）社会风气好转

光山以唱大戏、话丰年、树新风的形式，丰富广大人民群众的文化生活，进一步树立了良好的社会风气。用歌舞、光山剧种花鼓戏、玩狮、舞龙等艺术表现形式表演出了丰富多彩的文艺节目，同时把脱贫攻坚典型故事编写到节目中，深受广大群众的欢迎和喜爱。各级驻村第一书记、驻村工作队员、各帮扶责任人进村入户走访贫困户，给贫困户、五保老人、留守老人等拜年、拉家常。引导广大贫困群众树立文明新风，减少烧纸放炮，改变封建迷信、相互攀比等不良行为，倡导喜事新办、丧事从简，积极开展"文明农户""文明村""好婆婆""好媳妇"评选活动。进一步弘扬了全县人民尊老爱幼、相敬相爱、崇尚文明的传统美德，促进了家庭和睦、邻里团结，改善了农村精神面貌，树立了文明乡风。

（三）农村人居环境明显改善

光山以安路灯、美家园的活动方式加强农村环境治理，积极实施绿化、亮化，优化农村人居环境。结合光山人重视灯节的节俗，倡导"少放一点炮，多装一盏灯"的文明新风，鼓励动员各企业、外出成功人士踊跃捐款，积极参与村组路灯安装，营造一个文明、整洁、优美、健康、和谐的"双节"生活环境。对国道、省道、县道、乡道、村道两侧生活垃圾、建筑垃圾等堆放物以及贫困户家庭进行了全覆盖无死角的卫生清理，有效治理了农村和农户庭院环境。

（四）进一步拓宽了群众就业渠道

光山以找岗位为活动载体，通过亲戚、朋友、同学、战友等亲情关系带动困难群众找到新岗位，拓宽就业渠道。隆重举行了2018年"春风行动"大型招聘活动。来自县内外120家企业带来了服装剪裁、物业管理、物流运输、收银、机修等6500个工作岗位，吸引了城区及周边17000余名求职者前来咨询应聘。各乡镇（街区）积极组织各类招聘活动，新安排就业人员达2.8万人次。县人社局统筹培训资源，对找到工作的贫困人员进行岗前培训，提高农民尤其是困难群众就业创收能力，从而实现稳定增收脱贫致富。

（五）进一步激发了全县人民干事创业热情

光山以"谋脱贫"为主题，广泛动员社会各界人士通过公开手机短信、微信、电话的形式向县委、县政府、县脱贫攻坚指挥部提出意见建议，为2018年全县高质量、高水平脱贫摘帽贡献了力量。光山县第三届糍粑节期间，各乡镇（街区）紧紧围绕"爱光山、加油干、奔小康"的主题，在盛湾公园活动现场充分展示出辖区内剪纸、手工制作纸灯笼等民间艺术文化，陈列出卤元鱼、烤鸭、烧泥鳅等一道道司马光家宴和光山特有的风味小吃。在各乡镇举办的活动专场中，全县各级干部与群众一起舞龙狮、玩旱船、扭秧歌、唱小曲，使整个活动成为集游、购、娱、品、赏于一体的综合性场所。让干部在活动中体验取得的工作成效，也让老百姓感受到光山近年来发生的可喜变化，让广大干群积极融于活动中、融于光山这个大集体中，进一步激发全县干群干事创业热情。

光山人的精神面貌已经发生了巨大变化，每一个贫困村充满的都是加油干的精气神、每一户贫困户洋溢的都是奔小康的自信心、每一位帮扶人迸发的都是爱光山的责任感，贫困人口的内生发展动力和各级帮扶干部的脱贫攻坚斗志日益高涨，"创一流、走前列"的步伐越来越坚定、成效越来越明显。

五、志智双扶在光山县的实践经验及启示

党的十九大报告指出，要"注重扶贫同扶志、扶智相结合"，习近平总书记强调，"扶贫先扶志，扶贫必扶智"，"贫困地区、贫困群众首先要有'飞'的意识和'先飞'的行动。没有内在动力，仅靠外部帮扶，帮扶再多，你不愿意'飞'，也不能从根本上解决问题"[①]。在扶贫脱贫的过程中，"志"和"智"是内力、内因，只有真正激发贫困人口脱贫的这种内力、内因，才能形成脱贫致富的可持续发展能力，才能阻断贫困的代际传递。

光山县认真学习中央的精神和其他地区的做法，在脱贫攻坚中坚

---

① 《习近平扶贫论述摘编》，中央文献出版社 2018 年版，第 141 页。

持"志智双扶"。一方面充分利用光山优秀的历史传统、革命传统和民俗文化传统，深入挖掘光山红色文化、智慧文化、佛教文化、农耕文化等资源，帮助贫困群众提高认识、更新观念、自立自强，唤起贫困群众自我脱贫的斗志和决心，激发出他们持久的脱贫致富动力。另一方面从教育入手，因地制宜多措并举地开展教育扶贫活动，帮助贫困群众富脑袋、学技术、找工作、创事业，推动县域贫困户持续脱贫，打破贫困代际传递，拔除"穷根"。

（一）传承传统树立新风，增强脱贫信心决心

为全面打赢脱贫攻坚战，激发贫困群众脱贫致富的积极性、主动性和创造性，光山从弘扬中华传统美德和传承"红色基因"入手，培育和践行社会主义核心价值观，弘扬艰苦奋斗精神，使干部群众的精神面貌焕然一新，增强他们脱贫的决心和信心，从而打赢脱贫攻坚战，助力乡村振兴。

为了弘扬传统文化，助推脱贫攻坚，光山开展了"爱光山、加油干、奔小康"文明实践系列活动，实践和落实党中央关于脱贫攻坚的部署，宣传思想文化工作开辟了新阵地、迈上了新台阶。一是建立传统美德墙。以"扶贫先扶志"等图文为内容，传播勤劳致富、孝老亲老等文明新风，引领广大村民移风易俗，树立文明新风，增加脱贫致富的决心和自信心。二是通过建设新时代文明实践中心和开展"规范红白喜事倡树文明乡风"活动，持续广泛开展义务劳动、孝老爱亲、道德讲堂等各类志愿服务，改变陈规陋习，推动移风易俗，实现乡风、村风、民风明显好转。三是举行传统民俗活动，传承传统文化，助推脱贫攻坚。如舞龙祈福、表演舞狮、祥和花灯、明清灯火、文艺演出、摄影采风等，用群众喜闻乐见的民俗文化宣传脱贫攻坚事迹，从而凝聚人心，激发干群动力。四是采取各项举措传承红色基因、传播红色文化，用传承传递力量。充分发掘光山丰富的红色资

源、讲好红色故事，引领干部群众继承革命先烈遗志，不忘初心、牢记使命，继续大力弘扬英勇无畏、不屈斗争的红色精神，使其在当下变成脱贫攻坚、自力更生的艰苦奋斗精神，传递"爱光山、加油干、奔小康"的正能量，为打赢脱贫攻坚战、助力乡村振兴，全面建设中国智慧之乡作出贡献。

（二）加强宣传教育，全面激发脱贫志气

光山通过发挥"爱加奔"新时代文明实践活动的作用、聚力作用、辐射作用，以理论宣讲、教育、文化、科普、健身体育服务"五个平台"建设为抓手，通过"育志、强志、励志、扬志"的思路，针对农村群众的实际需求，深入广泛地宣传群众最想听的内容，开展群众最喜爱的活动，讲解群众最想学的知识，提供群众最需要的服务，及时解决群众最闹心的难题，全面激发了干部群众的脱贫攻坚内力。

1. 注重宣传宣讲"育志"

一是迅速营造浓厚"扶志"氛围。2018 年，各乡镇在帮扶责任单位的帮助下，在贫困村醒目位置制作了"扶贫先扶志"大型公益广告牌 80 多块，悬挂、刷写标语 700 余条（幅），制作美德墙 5000 多平方米。大多数贫困村已经制定了村规民约，成立了红白理事会。同时，县电视台用流动字幕 24 小时对"扶贫先扶志"标语口号进行宣传，县内各媒体纷纷开辟专题专栏对"扶贫先扶志"专项活动进行了集中宣传报道，迅速营造了浓厚氛围。二是扎实开展政策理论学习和宣讲，夯实党员干部"扶志"基础。县委宣传部利用"智慧光山"微信公众号开展脱贫攻坚政策学习，集中一个月时间每天推送脱贫攻坚政策知识，并在月底开展知识测试，全县共有 4900 多党员干部参加了测评。各乡镇帮扶干部、帮扶责任人在深入学习的基础

上，入户走访，并深入田间地头集中开展脱贫攻坚政策知识宣讲，确保家喻户晓、人人皆知。

2. 树立典型榜样"强志"

组织全县脱贫攻坚先进事迹巡回报告会。通过认真筛选，巡回报告团成员由在精准扶贫、脱贫攻坚工作中表现优异的各方面各层次先进典型组成，主要包括驻村第一书记代表、村党支部书记代表、致富带头人代表、优秀基层干部代表、自力更生贫困户代表、优秀扶贫专干代表六个类别共 13 名模范典型代表，在乡镇、街区和县直各单位宣讲 170 余场（次），用身边的事教育身边的人，大力弘扬"自力更生、勤劳致富、脱贫光荣"理念，使贫困群众逐步树立起自尊、自立、自强的脱贫之"志"。如 72 岁的周家喜是贫困村余集村的贫困农民，虽然家庭接连遭受不幸，但是人穷志不穷，周家喜除种好自己的责任田外，还把村民组边边角角的荒地开发出来种庄稼，且把别人家没种的田地借来种庄稼。他虽然贫困，但不伸手向政府要救济，表示把补助的名额让给他人。他这种励志脱贫的精神，是广大贫困户的榜样。光山通过媒体和组织积极宣传报道他的事迹，树立起这种自力更生、靠双手创造财富的励志典型。

3. 强化基础教育"励志"

通过组织开展"小手拉大手"等系列志愿活动，调动各界共同参与"扶志"过程。在全县组织开展了学唱"我爱你，光山""共同奔小康"两首歌、"扶贫先扶志"赠书活动、"咱们有志气"主题实践活动、"扶贫日记"征文比赛、经典诵读、志愿者服务等活动 270 余场（次），收到捐赠图书 3 万多册、爱心包裹 2000 多个，充分调动了社会各界共同参与扶贫扶志的积极性。尤其是通过"小手拉大手"系列活动，形成了教育一个孩子、影响一个家庭、带动一个村子的可喜局面。

4. 丰富群众文化生活"扬志"

一是建立健全农村公共文化服务体系。2017—2018 年光山争取到中宣部、省委宣传部文化扶贫资金 442 万元，县财政整合涉农资金 2407 万元，为全县 106 个贫困村和 10 个非贫困村建设村综合文化服务中心。二是扎实开展文艺扶贫活动。2018 年初，光山县共组织了数十场次送文艺下乡演出活动，打造了"百姓宣讲直通车"、文艺大篷车等文艺品牌，一大批接地气、群众喜闻乐见的文艺节目从城市小舞台走向农村广阔大舞台。"中原文化大舞台""梨园春风到基层"等专业文艺院团到光山开展送文艺下乡活动 10 余场次，1 万多群众观看了演出。厚重的文化底蕴、深厚的群众基础，激发了农民参与文化建设的热情，促进了农村文化成长，丰富了群众的精神文化生活，提高了农民群众的文化素质，激发了群众的脱贫信心。5 月中旬，河南省杂文学会、省文联组织文学艺术家深入基层采风，创作了 50 多篇反映光山脱贫攻坚工作的佳品力作，讴歌了一大批先进人物、先进事迹，极大提高了光山脱贫攻坚工作的影响力、感染力。

光山的"爱光山、加油干、奔小康"活动，温暖了群众的心灵，激发了干部的热情。通过"育志、强志、励志、扬志"逐渐激发干部群众精神动力，让党的十九大精神和习近平关于脱贫攻坚的指示在全县党员干部群众心中落地生根、开花结果，为高质量脱贫摘帽，全面建设中国智慧之乡作出了重大贡献。

（三）创新培训模式，按需"扶智"建立脱贫长效机制

光山不断创新培训模式，在带动贫困群众脱贫致富时，除了提供就业岗位提高村民的收入之外，更重视的是通过开放式培训"扶智"，让村民们学到更多的技术和知识，按照需求开展培训，让脱贫效果长久可持续。

1. 成立培训组织，健全工作机制

根据《光山县转移就业工作实施方案》，在转移就业战役指挥部的统一指挥下成立培训组，建立了县人社部门牵头，部门分工协作，乡镇积极配合，社会培训学校积极参与的综合性培训体系。由县人社部门牵头，对全县培训资源进行整合分工，将人社部门实施的城乡劳动力职业培训、农业部门开展的新型职业农民培育、电子商务部门开展的电商培训、县妇联开展的"巧媳妇工程"留守妇女技能培训、县扶贫开发部门实施的"雨露计划"等培训，统筹纳入贫困家庭劳动力培训规划。根据贫困劳动力培训需求，有针对性地集中开展各类培训，提高了培训成效。

2. 广泛宣传政策，传播培训信息

充分利用广播电视、大型户外 LED 显示屏、人力资源网上超市、手机客户端、各类政策宣传手册等形式，广泛宣传培训政策。一是先后印发《转移就业培训扶贫政策明白卡》5 万份，《人力资源和社会保障行业扶贫政策宣传解读》5 万份，《光山县就业和社会保障扶贫政策宣传》5 万份，由帮扶人向全县贫困人员发放。二是在人社局大楼显眼位置安装了大型 LED 显示屏，宣传人社政策、发布培训信息；在县城进出要道建有 4 个大型培训就业宣传标牌，并在全县每个贫困村建有 2 个大的培训就业政策宣传栏。三是在电视台录制人社系统政策访谈视频，由县人社局长对人社政策进行一一解读，每天黄金时段在电视台进行滚动播放宣传。

3. 坚持就业导向，按需开展培训

通过建立乡、村两级培训点，将培训服务送到老百姓家门口。截至 2020 年，全县 22 个乡镇已全部建立乡级培训点、村级培训点，共28 个。为适应用人市场和广大培训人员的需求，按照实用、管用的原则，坚持"需什么、学什么，缺什么、教什么"的"以市场为导向"的培训理念，积极与企业交流合作，以企业的需求、培训对象的需求为出发点开展就业培训，实现培训就业双向平衡。同时对接用工单位，拓展帮扶渠道。如光山主动联系新乡长垣县，通过与长垣民生服务中心对接，向长垣烹饪职业技术学院输送酒店管理专业、烹饪专业短期技能培训学员，并对贫困家庭劳动力提供政策优惠。同时落实培训补贴，提高群众参与积极性。贫困家庭劳动力参加培训机构集中培训（包括学习）的，每人每天给予 30 元的生活费补贴；市外省内参加培训的，每人给予 300 元的一次性交通、住宿费补贴，减轻贫困家庭劳动力参加职业培训的负担，调动其参加培训积极性。

4. 创新培训模式，开展技术传播"星火燎原"

光山按照"党支部+贫困户+（特色产业+务工就业+电子商务）"的模式，开放培训基地，让贫困群众普遍参与，实现"星火燎原"式的技术传播和扩散。如方洼村建立开放的香菇基地，不仅增加就业岗位，同时也把种植香菇的技术都毫不遮掩地贡献了出来，让任何在香菇基地工作的群众很快学到种植香菇的技术，之后也可以自己创业，还会得到基地的各种帮助，直到能够独立为止。通过参与项目，培养了一批香菇种植技术人员和管理人员，积累了丰富的香菇种植技术、管理、销售经验，相当于开发了大量新的高水平的人力资源。除了香菇基地，还有油茶基地、鱼藕池塘混养基地等，都是在提供就业岗位的同时，向村民传授技术、知识。授人以鱼，不如授人以渔。光山县的这种扶贫又扶智的创新模式，得到了群众的普遍欢迎。群众可以长期受益，并一传十、十传百，如星火燎原般地进行技术传播，不断扩大受益人群。

光山干部和群众还把创新致富、科技生态脱贫放在首位，在传统农业基础上，发展了大量有技术含量的现代农业，使农业产业焕然一新，通过新农村建设让昔日的贫困地区率先走上了脱贫致富奔小康之路。生态农业项目的用工能够带动贫困户增收，更重要的是在精神层面带来很多有益影响。扶贫不但扶志还能扶智，引导贫困户摒弃"等靠要"思想，通过劳动致富，用双手创造幸福生活。

第七章

定点扶贫：扛牢帮扶责任，助力绿色脱贫

党政机关开展定点扶贫是中共中央、国务院为加快扶贫开发进程、实现共同富裕而做出的一项重大战略决策。习近平总书记在对中央单位定点扶贫工作批示中指出："党政军机关、企事业单位开展定点扶贫，是中国特色扶贫开发事业的重要组成部分，也是我国政治优势和制度优势的重要体现。"

所谓定点扶贫是指各级党政机关、企事业单位、人民团体有计划地筹集资金以及派遣专职人员进驻重点贫困地区，并通过各种渠道促使该地区脱贫致富的一种扶贫模式。2015 年 12 月 8 日，习近平总书记和李克强总理就新时期如何做好定点扶贫工作作出了重要指示，强调定点扶贫在打赢"十三五"脱贫攻坚战中具有重要地位，各单位、各部门要切实增强责任感、使命感、紧迫感，创新定点扶贫工作机制和举措，将帮扶主体的优势与贫困地区的实际相结合，不断提高定点扶贫成效。同年 11 月，《中共中央国务院关于打赢脱贫攻坚战的决定》明确指出，要"坚持保护生态，实现绿色发展。牢固树立绿水青山就是金山银山的理念，把生态保护放在优先位置，扶贫开发不能以牺牲生态为代价，探索生态脱贫新路子，让贫困人口从生态建设与修复中得到更多实惠"。2021 年 2 月 25 日，习近平总书记在全国脱贫攻坚总结表彰大会上的重要讲话中指出："我们组织开展定点扶贫，中央和国家机关各部门、民主党派、人民团体、国有企业和人民军队等都积极行动，所有的国家扶贫开发工作重点县都有帮扶单位。"由此可见，定点扶贫工作事关党的第一个百年奋斗目标实现，是一项摆在各级党委政府面前重要的政治任务，"保护生态、实现绿色发展"的脱贫理念，既为国家级贫困县光山的脱贫工作指明了方向，也获得了政策支持。

在光山脱贫攻坚的历程中，中共中央办公厅作为定点扶贫单位发挥了举足轻重的作用，中办通过"政治帮扶、理念帮扶、党建帮扶、机制帮扶"全方面开展帮扶行动，与光山干部群众一起努力打赢脱贫攻坚战。与此同时，河南省政府省直单位、信阳市政府市直单位高度重视对光山的定点扶贫工作，为光山脱贫提供政策、经济、人员等方面的支持，使光山形成了从中办到省、市的三级帮扶队伍，并积极动员企事业单位及人民团体的力量参与到脱贫攻坚中来，共同为光山县的脱贫发挥重要作用。

一、定点扶贫在光山县取得成效的基础

定点扶贫是中国特色扶贫开发工作的一项创举，更是加大对贫困地区特别是革命老区、边疆地区和民族地区发展扶持力度的重要措施，现已成为扶贫开发工作不可替代的重要力量。这无疑是一种更高层次的扶贫开发，通过人和物的结合、人对物的开发利用，使定点扶贫在扶贫开发中构建和支撑了大扶贫的格局，占据了重要的地位，发挥了巨大的作用。

光山县于1985年被国务院确定为国家级贫困县，于1994年被国务院确定为"八七"扶贫攻坚计划的重点贫困县，于2002年被国务院确定为国家级扶贫开发工作重点县，于2011年被国务院扶贫开发领导小组确定为新一轮扶贫开发工作重点县。为了更好地帮助光山县打赢脱贫攻坚战，2015年，国务院扶贫工作领导小组将河南省光山县调整为中央办公厅定点帮扶县，至此，对光山县的定点扶贫形成了自中央单位到省委及省直机关单位、市委及市直机关单位的三级立体帮扶参与主体，各定点帮扶参与主体充分利用丰富的工作经验、专业知识和选派单位的强大资源，为定点扶贫对象的经济发展、党的建设提供强大的人力、资金和物质支持，与光山县开展的各专项扶贫、行业扶贫一起构建起大扶贫格局，发挥各方面积极性。

（一）定点帮扶的政策精准可行

为了确保定点扶贫工作顺利有效进行，定点扶贫的各帮扶单位与光山县充分沟通，建立了相应的实施机制，以明确帮扶单位的帮扶责任和实施方式，光山县也制定了一系列政策以保障定点扶贫工作的顺利实施。

2015 年中共中央办公厅确定为光山县的定点帮扶单位，中办高度重视定点扶贫工作，成立了中办定点扶贫工作领导小组，先后制定了《中央办公厅 2017 年定点扶贫工作要点》《中央办公厅 2018 年定点扶贫工作要点》《中央办公厅 2019 年定点扶贫工作要点》《中办党支部与光山县贫困村结对帮扶工作方案和工作规则》《关于全面推进光山县脱贫攻坚工作的若干意见》等一系列政策文件，为中办在光山开展扶贫工作指明了方向。

在中办及省市的指导下，光山县委、县政府主动扛起脱贫攻坚主体责任，把扶贫开发工作作为最大政治任务和最大民生工程，摆在更加突出的位置。先后制定《关于打响光山县脱贫攻坚总攻战的意见》《光山县"多彩田园"产业扶贫示范工程实施意见》《光山县社会扶贫总攻战专项方案》等一系列政策文件指导全县的脱贫攻坚工作。

（二）定点帮扶的队伍结构合理

强大的定点帮扶队伍为光山县的定点扶贫工作开展提供了强有力

的人员支持。2015—2020 年中共中央办公厅先后派四批共计 12 名干部到光山扶贫挂职；河南省直机关向光山派出了 3 名挂职干部、4 名驻村第一书记和 2 个驻村工作队；信阳市委及市直机关向光山派出20 名处级后备干部到乡镇挂职担任副书记，并选派了 15 名驻村第一书记和 10 个工作队。

为加强定点扶贫工作的开展，光山县成立了定点帮扶组。以全县脱贫攻坚全面总攻要求为指导，围绕县脱贫攻坚"十大攻坚战"，共派出 596 名优秀干部担任驻村第一书记及助理，组建 340 个村脱贫责任组、175 个工作队在贫困村、软弱涣散村驻村帮扶，派出 93 个党建扶贫工作组到 93 个非贫困村开展帮扶指导工作，派出 7160 名党员干部与全县 25849 户建档立卡贫困户结对帮扶，做到第一书记选派全覆盖，党员干部勇带头，县直单位齐上阵。

（三）定点帮扶的内生优势显著

1. 区位优势

光山县地处亚热带向暖温带过渡地带，兼有亚热带和暖温带的气候特点。四季分明，雨量充沛。青山、绿水、名胜相互映衬，人文景观与自然景观交相辉映，素有"江南北国、北国江南"之美誉。中心坐标：32°00′0″N，114°54′0″E，位于河南省东南部，南依大别山，北临淮河，地处豫、鄂、皖三省连接地带，县境东临潢川和商城，西连罗山，南接新县，北与潢川和息县相望。东距合肥 227 公里、南离武汉 220 公里、北至郑州 413 公里、西抵西安 696 公里（以上均按高速公路里程计算）。境内有京九铁路、宁西铁路、312 国道、106 国道、沪陕高速、大广高速过境。自 2010 年起，光山县与邻近潢川县进行一体化融城，将建成豫南鄂北皖西以轻工、商贸为主的生态宜居复合型的区域中心交通枢纽城市。

2. 文化优势

光山历史悠久。周为弦子封国；春秋属楚；秦代辖于九江郡；王莽时废国立县，境内设光城、茹由、东安三县；隋文帝开皇十八年（公元 589 年）更光城为光山，始为光山县。此后一直是豫南的军事、政治、经济和文化重地，有文字可考的历史 4000 余年。光山还是北宋政治家、文学家、史学家司马光的出生地，原全国政协主席邓颖超的故乡。

光山革命丰碑林立。曾是大别山革命根据地的重要组成部分，邓小平、刘伯承、徐向前、李先念等老一辈革命家在这里留下了光辉的战斗足迹，王大湾会议旧址、徐畈鄂豫皖首府机关旧址群、邓颖超祖居等革命遗址达 535 处，革命战争年代，10 多万光山优秀儿女用血肉之躯捍卫了红色政权，尤太忠、万海峰、钱钧等数十位光山籍将军从这里走向全国。

3. 资源优势

光山资源丰富。是全国粮油基地、茶叶之乡、青虾和麻鸭原产地，拥有粮、油、棉、林、果、茶、畜禽、水产等支柱产业，素有豫南"鱼米之乡"之美称。南部山区拥有地下矿产，已探明的有金、银、铜、铁、铅、锌、沸石、石灰石、萤石等 30 余种。宜采矿点近百处。野生动物 170 余种，各类植物 500 余种。耕地面积 121.86 万亩，宜林面积 92.5 万亩，林地面积 66 万亩，宜渔面积 10 万亩。全县水资源总量 19.2 亿立方米，总蓄水量 5.9 亿立方米。主要粮食作物有水稻、小麦、大豆、薯类等。经济作物有茶叶、棉花、麻类、油菜、花生、芝麻、烟叶、板栗、银杏等。林业树种有松、杉、椿、杨、柏、槐等近百种；南部地区还盛产油料植物、淀粉植物和药用植物以及山珍果味。

4. 产业优势

产业结构多元，农业上大力发展绿色茶叶油茶、金色水稻、黄色油菜种植和多色苗木花卉培育。实施 60 万亩优质稻和 40 万亩优质油菜标准化生产开发，是全国优质稻和"双低"油菜生产基地；初步形成了具有光山特色的茶叶、青虾、苗木花卉、麻鸭四大支柱产业，全县茶叶面积 11.8 万亩，有"赛山玉莲""蓝天玉叶""净居寺毛峰""杏山竹叶青"等信阳毛尖茶中的知名品牌，被国家林业局命名为"中国茶叶之乡"；"光山麻鸭""光山青虾"分别通过国家品牌认证。工业上充分发挥资源等优势，坚持改革与招商有机结合，成功引进了全市最大的服装加工出口企业——青岛远大鑫鸳鸯集团和河南蓝天集团 20 万吨甲醇厂；全市历史上投资最大的工业项目——五岳抽水蓄能电站已由国家发改委批准开展前期建设；全市最大的高档有机茶叶加工企业——蓝天玉叶加工厂已投产运营。全县形成了建材、化工、服装、羽绒、茶叶加工和纺织六大工业支柱产业。大力开发地下资源，对黄金、花岗石、膨润土、矿泉水等进行高科技开发。蓝天集团驿光化工厂、白鲨针布有限公司、远大鑫鸳鸯集团、强山集团等一大批优势企业舞起龙头，化工、服装、建材、茶叶等一大批民营企业迅速壮大。第三产业以蓝天度假村、龙山湖风景区、司马光故居、净居寺为代表的人文旅游，以王大湾会议旧址、徐畈革命旧址群为代表的红色旅游等基础设施建设日趋完善。蓝天度假村被评为四星级宾馆，光山紫水森林公园被评为省级森林公园，龙山湖风景区被评定为"国家级水利风景区"。

（四）全面做好定点扶贫对接工作

1. 统一思想认识

一是高度重视。光山县委将中办定点帮扶本县脱贫工作作为一项重要政治任务，召开县委常委会专题研究，做出总体安排部署。二是全面调研。县处级党员领导干部结合"两学一做"学习教育，到联系的贫困村调研走访，掌握班子状况、阵地建设、资源优势、脱贫进展等方面情况，并召开座谈会，征求乡村两级党员干部意见建议。三是明确要求。县委召开中办党支部与贫困村党支部结对帮扶工作动员大会，县委书记刘勇从讲政治、讲大局、讲方法三个方面就做好结对帮扶工作提出具体要求，进一步统一思想，凝聚共识。

2. 明确扶贫规划

根据《中共河南省委、河南省人民政府关于贯彻落实〈中国农村扶贫开发纲要（2011—2020 年）〉的实施意见》（豫发〔2011〕21号）、《中共河南省委关于制定国民经济和社会发展第十三个五年规划的建议》、《中共河南省委、河南省人民政府关于打赢脱贫攻坚战的实施意见》（豫发〔2016〕5 号）、《中共河南省委办公厅、河南省人民政府办公厅关于印发〈河南省扶贫对象精准识别及管理办法〉等 5 个办法的通知》（豫办〔2016〕28 号）、《中共河南省委办公厅、河南省人民政府办公厅关于印发〈河南省转移就业脱贫实施方案〉等 5 个方案的通知》（豫办〔2016〕27 号）、《河南省人民政府办公厅关于转发河南省教育脱贫等 5 个专项方案的通知》（豫政办〔2016〕120 号）、《中共河南省委办公厅、河南省人民政府办公厅关于创新机制扎实推进农村扶贫开发工作的实施意见》（豫办〔2014〕14 号）、《河南省大别山伏牛山太行山贫困地区群众脱贫工程规划（2014—2020 年）》（豫政办〔2014〕84 号）、《河南省扶贫办关于开展县级"十三五"脱贫攻坚规划编制工作的通知》（豫扶贫办〔2016〕76 号）等纲领性政策文件，光山县制定"十三五"脱贫规划，明确"十三五"期间全县脱贫工作的指导思想、目标任务、脱贫措施、政策保障、组织领导。制定年度规划，持续推进定点脱贫，把精准扶贫落到实处，充分引导更多的社会人士参与脱贫攻坚工作，为脱贫攻坚工作作贡献。吸引在外光山成功人士返乡创业、开展扶贫活动，争取各方资源为全县脱贫攻坚服务。进一步加大社会扶贫工作宣传力度，对各种好的典型、经验、做法及时报道推广。实施精准脱贫"兜底性考核"，奔着因地制宜、整合资源的原则，挖掘资源优势，充分做好"土地"文章，探索形成了绿色的、符合市场规律的"多彩田园"产业扶贫。多种模式带动脱贫，实施"五个一批"：特色产业+园区+贫困户带动一批，龙头企业+合作社+贫困户吸纳一批，电商产业+技能培训+贫困户联动一批，本土资源+平台支持+贫困户合作一批，村集体+合作社+贫困户兜底一批。到 2020 年，确保与全国全省人民一道全面进入小康社会。

3. 做好组织准备

一是成立机构。县委成立了光山县贫困村党支部"全面结对帮扶，促进脱贫发展"工作领导小组，县委书记任组长，县委副书记任副组长，所有县委常委和分管扶贫副县长为成员，并下设联络组、秘书组、宣传组、保障组，并充实工作力量，明确工作职责。二是制订方案。县委组织部牵头起草了"全面结对帮扶，促进脱贫发展"工作方案和工作规则，并在乡镇党委书记、组织委员、村党支部书记等不同层面召开座谈会，广泛听取意见建议，进一步细化了目标任务、主要内容和方式方法，并形成正式文件下发，指导乡镇和村做好结对帮扶工作。三是压实责任。建立起县委牵头抓总、组织部门统筹协调、乡镇党委全面负责、村党支部具体实施的工作机制，并明确各级党组织负责人为结对帮扶工作第一责任人，将结对帮扶工作成效纳入乡镇党委书记抓基层党建述职评议内容，同乡镇党委抓党建考核和精准扶贫量化考核相挂钩，层层压实工作责任。

4. 乡村党组织提前启动

结合开展"两学一做"学习教育，成立 7 个督导组，对全县基层党建工作进行全面督查，进一步加强村级党支部的凝聚力、战斗力，为结对帮扶奠定良好工作基础。一是加强党员教育管理。开展了农村党员档案集中整理、党员信息库建设和党员组织关系集中排查，对党员党费收缴工作进行了自查，摸清了农村流动党员底数，规范了党员档案，理顺了党员组织关系。二是配强村"两委"班子。以加强村支部书记队伍建设为抓手，选派了21名村干部到县直单位挂职锻炼，对村（社区）支部书记进行了轮训，将村干部工作报酬在2015年基础上提高20%，为贫困村拨付了党建扶贫专项经费，建立了村级后备干部库，开展了"十佳"村支部书记评选，设立了农村党支部书记"突出贡献奖""明显进步奖""任劳任怨奖"等，组织为村（社区）党支部书记健康体检，做好村干部养老保险缴费补贴工作，落实好离任村支部书记补贴。三是规范制度建设。推动贫困村在贫困对象识别、易地搬迁、低保兜底等工作中规范运用"四议两公开"工作法，保证了群众的知情权和监督权。结合完善基层便民服务制度建设，在乡镇（街区）和贫困村均设立了便民服务中心或服务站，在硬件上结合人社局社保服务平台建设，在软件上结合县行政服务中心规范化流程，根据群众申请服务事项的类别，进行即办或代办服务。对个别影响正常使用的村级组织活动场所进行奖补整修，提升了贫困村便民服务水平。四是发挥好第一书记作用。抓好第一书记管理服务工作，引导210名驻村第一书记、工作队长同贫困村"两委"班子成员一起，以开展"两学一做"学习教育为契机，制订了学习计划，认真落实"三会一课"等制度，积极培养入党积极分子、发展新党员。围绕做好脱贫攻坚工作，通过第一书记大走访活动和"干部进万家真情帮脱贫"活动，进一步学习政策，精准识别贫困户，完善贫困户档案，细化措施，落实帮扶责任，增强帮扶实效。

二、对光山县开展定点扶贫工作的主要举措

（一）开展深入调研，理清绿色脱贫发展任务

通过调研走访和与扶贫干部反复交流，全面摸清了光山县的贫困状况。中办扶贫挂职小组先后到 22 个乡镇（街区）106 个贫困村、70 余个非贫困村以及各类专业合作社，围绕四个方面调研：一是贫困户建档立卡识别、帮扶措施落实情况；二是查看村级公路、饮水、电力、文化、卫生等基础设施情况；三是了解贫困户收入、教育、医疗、住房保障等情况；四是了解带贫市场经济主体带贫能力和意愿。根据走访情况，与县领导和部门研讨工作思路，制订推进方案，充实《光山县精准扶贫"十三五"规划》，提出了全面提升脱贫攻坚基础工作"三比照、三完善"的思路，梳理完善脱贫档案"五核对、十查看"流程，明确帮扶人入户"五个一"要求。

2017 年度，扶贫挂职小组就光山县脱贫攻坚两个方面工作提出建议并被采纳，发挥了重要作用。一是提出专门成立脱贫专项业务组，对全县建档立卡户中未脱贫人数进行重新认定，同时完成建档立卡贫困户基础数据和行业、帮扶数据的调整和完善，核实更正数据 125 万余条。省工作推进会议对光山该项工作给予肯定。二是帮助建立完善光山县精准扶贫大数据信息平台。依托有关单位研发了光山县脱贫监管信息系统，将全县 10 万余建档立卡贫困户的基础信息全部录入，并汇聚了公安、人社、卫计、民政、教育、产业、金融等扶贫相关部门数据，对贫困户数据进行核实比对，核查消除信息及数据不准等问题。组织研发扶贫手机终端应用程序（APP），

方便帮扶人对照政策落实，入户帮扶后将日志直接通过手机上传，为科学决策、精准施策提供了参考。

（二）引进先进发展理念，创新绿色脱贫发展思路

提出发展"多彩田园"庭院经济作为光山产业扶贫有益补充的脱贫攻坚发展思路。在脱贫攻坚的开始阶段，光山县对如何打赢脱贫攻坚战存在着理念上的分歧，有些同志认为脱贫攻坚工作是县域工作的全部，而且就应该到贫困户家中去做工作，贫困户以外的工作都应该放到次要位置甚至暂时搁置不做；有些同志认为县域经济社会发展的其他工作应该与脱贫攻坚同向同行、同频共振，城乡建设、人居环境整治、路桥建设、生态建设都是脱贫攻坚工作的重要组成部分，应该与脱贫攻坚工作齐头并进、相辅相成，这样才能与乡村振兴做好衔接。虽然后一种意见占据了主导地位，但是因为班子成员始终不能统一理念、形成共识，因而缺乏脱贫攻坚发展思路。

中办在定点帮扶工作开展中深入解读了习近平总书记精准扶贫思想和党中央脱贫决策部署，促进了光山县脱贫攻坚理念的统一：脱贫攻坚不仅是要到贫困户家中做工作，更要以全方位的发展促可持续脱贫。2016 年时任中共中央政治局委员、中央书记处书记、中央办公厅主任、中直工委书记栗战书同志在光山调研指导，为光山的脱贫攻坚指明了思路。他作出"以更细致、更艰苦的工作做到精准扶贫"的指示，要求光山县因地制宜，宜种则种、宜养则养，根据光山县产业发展实际，提出"房前屋后一亩茶、一塘肥鱼一群鸭"的庭院经济发展思路。随后，经中办与光山县充分讨论，针对光山县农业产业覆盖面大，产业类型多的特点，提出了发展"多彩田园"产业扶贫工程的有关建议，并印发了《光山县"多彩田园"产业扶贫示范工程实施意见》，从而确立了发展"多彩田园"庭院经济作为光山产业扶贫有益补充的脱贫攻坚发展思路。

（三）加强党支部建设，夯实绿色脱贫发展基础

一是把政治优势转化到支部对接上，加强组织战斗力。2016—2020年，中办系统149个党支部与我县74个村（含2个非贫困村）开展了结对帮扶，提升了光山农村基层组织的凝聚力和战斗力。

1. 增强基层带头人宗旨意识。中办在京举办了"贫困村镇党务干部和脱贫带头人培训班"，光山44人参训。在京举办党支部共建座谈会，光山乡、村两级党员干部15人参加座谈会。中办组织人员赴光山为基层党组织带头人上党性教育专题辅导课，开展座谈会、专题辅导等共120多场。强化了全县党员干部的宗旨意识。

2. 提升基层组织建设规范化水平。中办领导同志多次深入乡、村开展调研，坚持问题导向，促进基层组织规范化建设迈上新台阶。中办法规局文稿处党支部、编研处党支部，中南海电信局行政处党支部先后到结对村列席村支部扩大会，指导基层组织建设。毛主席纪念堂管理局副局长、机关党委书记晋卫东到十里镇吴明村参加"党员活动日"活动并指导村召开党总支扩大会，中办有关支部指导文殊乡东岳村以办好"党员活动日"作为提升村党建工作的抓手，成立了党员义务先锋队服务群众，带动成立了青年和学生两支先锋队。

3. 改善村级活动场所条件。中办有关党支部捐赠给帮扶的行政村工作经费12万余元和空调、电脑、文件柜等一批办公设备，极大改善了村级办公条件。

二是把温暖送到群众心坎上，增强群众幸福感。中办老干部局服务处党支部为孙铁铺镇王楼村敬老院捐赠柜式空调2台，为孙铁铺镇江湾村捐赠了轮椅10台。中办老干部局面向光山专项招聘编外服务人员13名。金台饭店分别与泼陂河镇黄大塘村、李岗村签订了因残致贫贫困户在金台饭店用工合同，并积极帮助凉亭乡石盘冲村、毕店村的贫困户到金台饭店搞保洁务工增加收入。中南海电信局一次性采

购了 12.06 万元的粉条、咸鸭蛋等土特产，帮助贫困群众拓宽了创收渠道。中办机关女职工用亲手编织的 200 多件衣服帽子、亲笔书写的寄语卡送给贫困儿童。电子科技科学院 20 多个党支部向罗陈乡、马畈镇、殷棚乡的 10 个贫困村小学共捐赠 94 台电脑等教学设备。毛主席纪念堂管理局先后向弦山街道神埂村小学、十里镇刘楼村小学分别捐赠了书籍、词典、电脑、打印机等办公和学习用品。中南海电信局分别为南向店乡环山村、何畈村学校修建了塑胶跑道。中直管理局机关团委、中办机关党委群团工作部等向贫困学生实施爱心捐赠等。中办调研室党员干部向方洼村捐赠爱心款 54326 元，为该村购买 1 辆浇水车浇灌茶园。据统计，中办所属党支部累计向光山基层单位和贫困群众捐款捐物价值 210 万元。这些举措真切体现了帮扶干部对光山县贫困村群众的关心和支持，增强了党员干部和贫困户脱贫的信心。

三是把作风优势转化到精准上，提高脱贫质量。习近平总书记强调，"扶贫开发贵在精准，重在精准，成败之举在于精准"。中办挂职干部认真履行工作职责，严格审核把关，树牢脱贫攻坚第一道防线，严防贫困群众漏评、错识，真正把扶贫对象摸清摸准，弄准"扶持谁"，为精准施策、精准帮扶提供重要依据。杨光辉、顿继峰、孔凡文先后担任光山县信息监测组组长，董丽娟、戴东凯先后担任光山县产业扶贫组组长。目前，光山县漏评率严控在 1% 以下，对 16 类重点人群做到人人必查，严格按"四议两公开"评议程序，不断提高识别准确率。错退率严控在 2% 以下，严格按照"两不愁三保障"标准，坚持"五个慎重退出"。同时对于确认返贫的家庭及时纳入贫困户。全县 106 个贫困村实现脱贫出列，贫困村退出 100%。"三率一度"指标均达标，漏识率为零，错退率为 0.1%，全县贫困人口发生率为 1.02%，群众认可度为 98.7%。全县 106 个贫困村都达到了"1+7+2"脱贫退出标准，全部退出。在交通运输、电力服务、安全饮水、教育建设、医疗服务、文化建设、广播电视、通宽带等基础设施及公共服务主要领域指标方面贫困村覆盖率均达到 100%。

2015—2019 年，中办定点扶贫光山成效显著，106 个贫困村全部出列，光山县于 2019 年 5 月 9 日由河南省政府宣布摘帽。这几年所取得的成绩，是习近平总书记精准扶贫思想和党中央脱贫决策部署的生动实践，也是全国脱贫攻坚工作取得历史性成就的一个生动的缩影。

（四）协调行业部门帮扶，提升绿色脱贫发展效率

1. 健康扶贫方面。以中办 200 万元为启动资金成立的光山县健康救助基金池，截至 2018 年底，已有 16615 名住院贫困患者享受此项政策，基金池报销总金额 961.19 万元，有效防止和减少了因病致贫、因病返贫现象的发生。中办牵头的微医"互联网+健康光山"项目，让群众足不出户就可享受到全国的专家服务。在医联体建设上，依托乌镇互联网医院的优质资源，为全县 21 所乡镇卫生院及 310 个标准化村卫生室配备了远程问诊设备。光山智能分级诊疗平台为全县提供了 149 台健康一体机进行智能家庭医生签约服务，并为 21 家乡镇卫生院配备 10 辆云巡诊车。截至 2018 年底累计签约服务 5781 余人次，累计体检 5000 余人次。解放军第 305 医院对口支援帮扶光山县中医院。305 医院共分 8 批次选派医疗专家 46 人次到光山参加帮扶，并向县中医院捐赠救护车一辆用于急诊急救，捐赠帮扶资金 75 万元用于医疗设备购进及信息化建设。医疗专家在帮扶指导期间，累计开展学术讲座 26 次，开展全县健康大讲堂讲座 1 次，受益 300 余人。开展大型健康扶贫下乡义诊 2 次，免费送医送药，受益百姓 500 余人次，开展慰问敬老院老人送温暖义诊活动 2 次，受益老人 300 余人次。305 医院专家在中医院坐诊期间累计接待患者诊疗 7000 余人次。

2. 金融扶贫方面。经中办协调，河南省国开行累计向光山县承诺贷款 26.29 亿元，发放贷款 11.3 亿元，向光山捐赠钱物 188.13 万

元。华夏保险公司向光山捐赠 1000 万元的扶贫资金，依托"公益中国"平台，专门为光山开发一款扶贫公益手机 APP 软件"公益华夏"模块，免费为全县农副产品、工业产品上线推介销售。中邮保险公司自 2017 年 4 月以来，累计免费为光山 13.93 万人次贫困人口赠送保费 386.3 万元。截至 2018 年底，累计结案赔保 42 件 227 万元。邮储银行累计投放吸纳贫困户就业、带动贫困户脱贫的各类新型农业经营主体贷款 9269 万元，累计投放扶贫贷款 4554 万元，直接支持贫困户 956 户脱贫致富。

3. 电商扶贫方面。中办协调的阿里巴巴集团自 2015 年 8 月至 2020 年底，在光山县持续实施了农村淘宝项目。目前，光山县农村淘宝已累计有 87 个村级服务点开业，营业中村级服务站 53 个，拥有 82 个淘帮手，农村淘宝村民 APP 绑定达 1.28 万。光山村淘宝运营五年多以来，累计销售额近 1 亿元，包裹量达到 110 余万单，2016 年、2017 年"双十一""年货节"，光山村淘宝销售额均在河南省位居前列。2016 年 11 月，"光山羽绒""光山十宝"走进阿里展销，网上关注人数超 100 万人。截至 2020 年底，光山县共举办电商培训班 134 期，培训学员 12000 多人；其中 35 期为羽绒电商培训班，培训学员 6000 余人，为光山羽绒产业发展提供了有力的人才保障。自疫情发生以来，全县先后利用"易采光山"和抖音、快手等直播平台，共开展直播带货 550 多场，实现农产品线上销售收入 3142 万元，其中仅"光山十宝"系列产品销售收入 1427 万，有力的保护了光山种植、养殖户的生产积极性，提升了光山农副产品的知名度和影响力。

4. 教育扶贫方面。经中办协调，中国青基会按每年每人 1000 元援助标准，对光山县 2746 名贫困学生实施资助。通过赠送免费学习卡，发放慰问金，与贫困学生结对子和支持建立"阳光图书室"等方式关爱贫困学生。捐赠资金 170 多万元，先后帮助光山王大湾希望小学建设标准操场 1 个，并为白雀园镇、晏河乡各建设 1 所希望小学。

（五）协调企业项目，拓宽绿色脱贫发展路径

在定点扶贫单位的协调、支持下，光山县干成了一批打基础、利长远的大事、要事，办妥了一批多年想办而未办成的好事、实事，秉持绿色发展理念，为全县整体脱贫摘帽奠定了坚实基础，也为光山县经济社会跨越发展、早日全面建成小康社会提供了坚强支撑。协调一批重大项目在光山落地。经中办协调，光山火车站于2016年5月20日重新恢复客运业务，成为全县人民的一大喜事。总投资60亿元的袁湾水库成功纳入国家"十三五"规划，并获得立项批复，将在防洪、灌溉、发电、渔业等方面惠及光山群众。2016年，中办协调国家发改委完成光山县国家主体生态功能区批复。2017年，中办协调国家电网公司就光山县五岳抽水蓄能电站项目进行对接，目前，五岳电站已获得河南省发改委核准，正在进行技术审查。2018年，中办协调国家发改委、住建部等部门，完成光山县国家资源循环利用基地批复，总投资9.6亿元。经中办协调，资源循环利用基地公共基础设施和平台建设项目，年产4000吨高档清梳联针布及2万套弹性盖板针布项目，均已通过国家发改委项目审查，即将下达投资计划。2019年，依托腾讯公司打造"为村"项目试点，将全县人民紧紧团结在网上家园平台上，优化基层治理体系，提升基层治理能力，为国家实现治理体系和治理能力现代化提供基层实践。依托阿里巴巴公司打造全国数据标注基地和数字扶贫车间，让大学生在乡村实现大都市的工资收入，解决光山人才回流、人才振兴问题，为乡村振兴奠定坚实基础。

除了引进项目，因地制宜地发展本土项目同样是绿色脱贫的有效助力。县纪委监委帮助弦山办事处椿树岗村制定实施发展村级集体经济规划，发展"稻虾共作"项目300亩。在驻村工作队帮助协调下，引进了有成熟生产经验的青龙河农业机械化农民专业合作社，流转

51 户贫困户的 375 亩土地，并将村集体经济 100 万元投资到该合作社用于启动项目建设。同时，县纪委监察委 26 名帮扶责任人与所帮扶的贫困户共同出资 6.7 万元参与建设项目，年底由贫困户享受 500 元/亩的保底收入，其他贫困户、一般农户通过采取土地流转、带动发展、基地务工、免费技术培训等形式，全部加入"稻虾共作"项目内，扩大了产业规模和产业带贫覆盖面。

在定点扶贫单位的共同帮助下，光山县一大批项目得以落实和发展，强力推进了脱贫攻坚及可持续发展。

（六）汇聚各方合力，构建绿色脱贫发展氛围

光山县努力实现定点扶贫主体的多元化，充分调动政府组织、企业、社会团体共同参与到定点扶贫工作当中，构建全县各界共同扶贫格局。

一是充分借助中办的定点扶贫力量。2015 — 2020 年，中办共派出四批共计 12 名挂职干部帮扶光山，投入光山脱贫攻坚主战场。这四批同志探索提出适合光山发展的产业扶贫道路，提出"多彩田园"示范工程，结合光山扶贫扶志活动探索实施"幸福驿站""扶贫爱心超市"，不断激发贫困群众实干脱贫的内生动力。挂职干部以光山为家，走村入户开展工作，把中办的工作方法、工作标准、工作水平带到光山，带动了光山干部作风的转变。2016 — 2020 年，中办从办公经费中节约支出，每年捐赠 200 万元，用于光山脱贫攻坚工作。2016 年的第一批 200 万元用于支持光山麻鸭产业发展；2017 年的第二批 200 万元和 2018 年的第三批 200 万元，用于健康基金池，并整合相关部门救助及社会捐赠等资金 2490 万元，率先在全市建立了光山县健康救助基金池，用于缓解保险报销以后贫困群众的医疗负担。光山县健康救助基金池的探索，作为典型经验在河南省睢县健康扶贫现场会推介。中办还为光山县中医院投入资金 50 万元，用于购

买医疗器械，投入扶贫助学金150万元资助光山县贫困大学新生和普通高中在校生，并联系北京易明慈善基金会设立光山县志林助学金50万元，用于资助普通高中在校生和特殊教育学生。2018年，中办资助凉亭毕店小学和白雀园汪河小学学生微心愿学习和生活用品3万元。中办心系光山困难群众，在2018年提供看望慰问困难群众慰问金10万元，为19个乡镇74个村500户贫困户送去米、面、油等过节物资。

二是充分发挥省政府省直机关和市政府市直机关定点帮扶力量。自省政府省直机关和市政府市直机关对光山县开展定点扶贫以来，省政府省直机关向光山派出了3名挂职干部、4名驻村第一书记和2个驻村工作队。市委市直机关向光山派出20名处级后备干部到乡镇挂职担任副书记和15名驻村第一书记及10个工作队。省市派出驻村干部充分利用自身丰富的工作经验、专业知识和选派单位的强大资源，为所驻村的经济发展、党的建设提供强大的资金、人力和物质支持，先后协调筹措扶贫资金2600多万元，建设产业扶贫项目37个，涉农项目63个，有效改善了帮扶村群众生产生活条件，为当地发展注入强劲动力。

三是充分调动全社会资源参与到脱贫攻坚中来。光山县三高充分发挥行业优势，到仙居乡长兴镇村组织开展种植养殖、市场营销、电子商务技术培训，帮助贫困户脱贫致富。截至目前，共培训贫困户及非贫困户两批203人次，提升了农民种养殖技术，提高了贫困户发展产业和就业能力。县财政局"六一"儿童节为黄涂湾村学校101名学生每名赠送1个书包，30名学生每名赠送1套学习用具，新购置1台用于学校师生洗澡的电热水器。县邮政分公司利用2018年中邮保险计划为9.6万名贫困人口投保意外伤害保险，已协助中邮理赔售后5起，给付赔偿金38万元，赔偿款全部到达贫困户手中。县统计局投入帮扶资金5.8万元，对26户困难家庭、当年新考取的困难大学生、因灾特困、村扶贫超市等予以资助支持。县政协机关动员政协委员为双轮村贫困户捐款2.3万元，受到广大群众的一致赞誉。县公路局在春节和重要节日组织帮扶干部职工走村入户，帮扶责任人个人出资为所帮贫困户送去米、面、油等慰问品和慰问金，力所能及帮助群众办实事、解难事。

国开行河南分行携手中非基金，分别向晏河乡管围孜村捐赠10万元党建经费，用于提升阵地建设，配备党员教育设备。中原证券党组织向帮扶村罗陈乡罗陈村捐赠党建经费25万元，建成村党支部宣教中心，进一步强化村党组织组织力，提升帮扶村党建质量。

除了事业单位，光山县还想方设法积极调动企业及其他社会力量参与定点扶贫工作。制订《光山县"百企帮百村"同心扶贫行动实施方案》，通过开展"百企帮百村"活动，调动一大批民营企业、新型农村经营主体和创业成功人士主动参与到定点帮扶工作中。印发《光山县统一战线同心扶贫行动实施意见》，组织光山县人大、县政协、县纪委监察局、县工会、共青团、县妇联、县商会组织等结合各自职能和优势开展扶贫工作，全县上下形成了多点发力、各方出力的合力扶贫局面。

三、定点扶贫在光山县的实践经验

定点扶贫是中国特色扶贫开发事业的重要组成部分，也是我国政治优势和制度优势的重要体现，是习近平总书记精准扶贫思想和党中央脱贫攻坚决策部署的生动实践。做好定点扶贫必须扛起帮扶责任，履行帮扶任务，充分发挥定点帮扶的资源优势，推动被帮扶地打赢脱贫攻坚战。光山县在定点扶贫实践中探索出了适合自身发展的路径和方法，取得了显著的扶贫成效。

（一）突出政治帮扶，巩固精神高地

定点扶贫单位始终把定点帮扶工作作为重大的政治任务抓紧抓实抓好。按照习近平总书记的要求，定点扶贫单位在加强学习贯彻习近平新时代中国特色社会主义思想、树牢"四个意识"、切实做到"两个维护"、加强政治机关建设方面一直走在前列。在定点扶贫单位领导同志的指导和要求下，光山县委常委会充分发挥深入学习习近平新时代中国特色社会主义思想的龙头带动作用，引领全县上上下下通过新时代文明实践中心创建，学思想、学理论，经常学、学经常，从实现党的执政使命、巩固党的执政基础的高度，深刻认识打赢脱贫攻坚战的重大意义，自觉把脱贫攻坚工作作为检验"四个意识"强不强的重要标准，作为维护总书记核心地位、维护党中央权威和集中统一领导的具体行动，并将学习贯彻创造性地转为"三百竞赛""四对照（对照标准找差距、对照差距找措施、对照措施抓落实、对照落实强责任）""十大战役"等脱贫攻坚实践，为光山高质量脱贫摘帽奠定了坚实基础。

（二）突出理念帮扶，指明发展方向

定点扶贫由"输血式"扶贫转变为"造血式"扶贫，以先进理念引领对脱贫攻坚与可持续发展的认识，为光山的快速发展指明方向。一是统一脱贫攻坚与可持续发展思路。定点扶贫单位通过与光山县一起进一步认真学习领会习近平总书记的重要讲话精神，进一步深入学习领会习近平总书记关于脱贫攻坚的重要论述，狠抓党中央决策部署的落实落地，帮助光山县理清发展思路，坚持实事求是、分类指导，把握好重点和节奏，实实在在推进脱贫攻坚。二是提出"多彩田园"产业扶贫建议。在深入学习领会栗战书同志提出的"房前屋后一亩茶，一塘肥鱼一群鸭"指示要求基础上，结合光山县农业产业覆盖面大、产业类型多的特点，提出了发展"多彩田园"产业扶贫示范工程的有关建议，得到县里认可，以《光山县"多彩田园"产业扶贫示范工程实施意见》印发实施为基础，并成立产业扶贫办公室，制定了任务分解和奖补细则，大力推进了产业扶贫工作。

（三）突出党建帮扶，抓牢脱贫攻坚带头人的手

开展基层党组织结对帮扶工作，形成一个或几个党支部对口帮扶一个贫困村的长效机制，以高质量党建保障高质量脱贫。一是抓引领，提升村党组织组织力。把持续实施"严乡强村育新计划"作为重要抓手，在村级干部队伍建设、阵地建设、制度建设等方面着力，引领以高质量党建保障高质量脱贫攻坚。二是抓带动，服务脱贫攻坚大局。党建指导员因户因人制宜，指导党员带头发展致富产业，带动群众齐心协力加油干，自主脱贫。三是抓载体，促进乡风文明。党建指导员结合本单位实际，在群众中开展多种形式的党建活动，动员党员帮扶责任人利用周末时间带头入户，做好扶贫政策宣传解释，力所能及帮助解决群众生产生活困难。

（四）突出机制帮扶，巩固脱贫成效

打造纵向五级帮扶队伍，开发横向全面帮扶项目，形成纵横交错的帮扶机制。光山有中央、省、市、县、乡 5 级帮扶队伍奋战在脱贫攻坚第一线，即使在完成了光山的脱贫摘帽后，各定点帮扶单位依然坚持脱贫不脱关系、脱贫不脱政策的指导方针，继续开展全方位的定点扶贫工作。定点扶贫单位结合光山的现实基础及特色，积极帮助引入各类企业和项目。在中办协调下，中国邮政储蓄银行向光山投放涉农贷款 2.04 亿元；与阿里巴巴公司签约，组建了光山县电子商务孵

化园，设立了村淘服务点 238 个；装机容量 100 万 kW、工程总投资55 亿元的河南新华五岳抽水蓄能电站项目已完成了签约；停运 10 年的光山火车站恢复客运业务，同步叫响了"乘司马光号列车，游中国智慧之乡"旅游品牌；国务院同意将光山纳入国家重点生态功能区；投资 60 亿元的袁湾水库建设项目已被国家发改委、水利部纳入"十三五"规划。一批大项目和国字号规划落地光山，为光山脱贫攻坚和可持续发展增强了驱动力。

当前的扶贫工作已经是一项系统性工程。光山县定点扶贫的实践之路充分体现了中国特色的扶贫攻坚特征，中办、省市及社会各界力量在光山的脱贫攻坚中充分发挥了作用，同时自身也得到了锻炼和发展，形成了定点扶贫单位与光山县的协同发展。

四、光山县定点扶贫的启示

光山县在定点扶贫工作中，突出政治帮扶，巩固精神高地；突出理念帮扶，指明发展方向；突出党建帮扶，抓牢脱贫攻坚带头人的手；突出机制帮扶，巩固脱贫成效，有力地推动了光山县振兴发展和贫困人口脱贫致富。光山县坚持多元主体参与定点扶贫行动，通过完善政策创新定点扶贫机制，坚持绿色发展巩固定点扶贫成效，为打赢脱贫攻坚战积累了新鲜经验。

（一）多元主体参与定点扶贫行动

习近平总书记在深度贫困地区脱贫攻坚座谈会上强调，要"集中力量攻关，万众一心克难，确保深度贫困地区和贫困群众同全国人民一道进入全面小康社会"，充分展现了中国共产党的魄力与担当。定点扶贫中要建立三位一体大扶贫格局，促进行业扶贫、专项扶贫、社会扶贫有机结合，广泛调动社会团体、社会服务机构等社会各界力量积极参与，完善致贫责任体系，不仅要依靠行政手段，还要利用好市场的力量，做好宣传工作，建立完善激励机制，有效保证多元主体同频共振，形成共建共治共享的治贫新格局，促进高质量脱贫。

（二）完善政策，创新定点扶贫机制

在脱贫攻坚的冲刺时期，深入贯彻好习近平总书记关于扶贫的重要论述，必须优化扶贫政策思路，完善政策创新，为脱贫工作指明方向。在脱贫攻坚时期，首先要脱贫不脱策，依然要强化兜底保障政策落实，突出应保户、返贫户、边缘户兜底保障工作，加强扶贫政策衔接，推进基本生活补助与教育补助、健康补助、住房救助等政策的衔接协同，解决未脱贫人口的"两不愁三保障"问题。这一阶段中央和国家机关定点扶贫的主要任务是：坚持精准扶贫、精准脱贫，协助地方党委和政府拓宽工作思路，改革创新扶贫方式，抓好中央各项扶贫政策落地。政策制定要因地制宜，政策落实要精准可行，政策注重产业发展，以产业带贫、富民，是扶贫开发的治本之策。创新产业发展模式，政策注重发挥财政资金的杠杆作用，不断加大政策性贴息、担保资金和风险补偿基金的财政支持力度，在财政投入、金融支持、基础设施建设、社会资本参与和对口帮扶等方面给予足够倾斜。政策要注重突出贫困地区地方资源特色"一县一特、一乡一业、一村一品"产业布局，产业扶持到村到户，增强贫困地区自我发展能力。完善政策创新决战推进机制，建立信息管理机制，形成可随时查阅的完整可视化流程，提升扶贫工作智能化水平，创新稳定脱贫机制，做好产业扶贫项目建设，创新扶贫资产监管机制，建立适当的激励机制。

（三）坚持绿色发展，巩固定点扶贫成效

党的十八届五中全会确立"创新、协调、绿色、开放、共享"的发展理念。脱贫强根，绿色铸魂。脱贫攻坚中要深刻认识加强生态文明建设、践行绿色发展理念的重要意义，认识到脱贫攻坚工作要想建立长效机制，发挥持久效力，就要把绿色发展理念贯穿脱贫工作始终，引领贫困地区果断抓住发展机遇，结合农村实际，因地制宜，发挥农村生态优势。将生态环境帮扶转化为精准脱贫成效，以生态环境保护助力脱贫攻坚，为决胜全面建成小康社会筑牢基础。

脱贫工作中注重保护环境，"绿水青山就是金山银山"，进行经济建设的同时做到不以牺牲环境为代价，促增收保脱贫的同时兼顾环境保护，发展生态的农副产品，推进生态项目建设，大力发展生态农业，走绿色可持续发展路线，做到脱贫兼顾环境，发展生态经济产业促进精准脱贫。秉持"授人以鱼不如授人以渔"发展理念，坚持绿色发展，生态脱贫，提高贫困地区自主造血能力。

脱贫工作中要传承文明，中华文化博大精深，中华文明源远流长，广袤而厚重的农村大地，历来就是诞生与滋养多样化繁盛文明形态的慈祥母体，各个地方独具地域特色，有多样的民俗文化、节日文化、村落文化、宗族文化、家风文化，村民之间相互帮助关爱，勤俭节约、敬业奉献、孝老爱亲，脱贫工作要守住贫困地区的精神文明，保证贫困地区或贫困群体物质文明和精神文明比翼双飞，划定出相应"红线"，对应该加以保护的古道遗存非但不能随意破坏，还得抓紧抢救保护。以脱贫巩固文明，发展生态旅游业，助推乡村振兴。

第八章

衔接乡村振兴：在绿色发展中
脱贫，在绿色创新中振兴

在波澜壮阔、轰轰烈烈的脱贫攻坚战中，光山县始终高举习近平新时代中国特色社会主义思想伟大旗帜，增强"四个意识"、坚定"四个自信"、做到"两个维护"，坚持"以脱贫攻坚总揽经济社会发展全局，以绿色发展引领脱贫攻坚工作"，汇聚起全县人民改革创新、奋发有为的磅礴力量，不仅实现了高质量脱贫摘帽，而且县域经济、各项社会事业良性发展，在县域治理、产业发展等方面进行了富有成效的探索，为贫困地区的发展提供了有益借鉴。

一、光山县绿色脱贫攻坚的成效

（一）实现了高质量减贫与环境优化的同步

光山县脱贫攻坚成效可以概括为满意度高、脱贫率高、零漏识率、零差错率等，因而是高质量减贫。同时，光山县把发展"多彩田园"作为主导产业，坚持绿水青山就是金山银山的发展理念，成功创建了中国生态魅力县和国家重点生态功能区。自2015年以来，空气质量一直位居全省前列，实现了高质量减贫与环境优化的同步。

在减贫成效方面，光山顺利实现了"创一流走前列"的目标，获得了诸多荣誉。截至 2018 年底，全县共有建档立卡贫困人口 25863 户 100255 人，已脱贫 22689 户 92041 人，其中 2018 年脱贫 7414 户 22130 人，未脱贫人口 3174 户 8214 人。经河南省贫困县退出专项评估核查，光山县脱贫退出漏识率、错退率为零，全县贫困人口综合发生率为 1.07%。2019 年 5 月 9 日，河南省政府宣布光山等 33 个贫困县脱贫摘帽。光山县先后荣获"全国休闲农业和乡村旅游示范县""中国乡村振兴发展十佳县""全国健康扶贫示范县""全省电力扶贫示范县"等 20 余个省级以上荣誉称号，是全国 45 个健康扶贫通报表扬贫困县之一，全省电商扶贫、交通扶贫、搬迁扶贫以及全市金融扶贫、产业扶贫、党建扶贫、扶贫扶志、人居环境现场会先后在光山召开，扶贫先扶志、"多彩田园"产业扶贫、电商扶贫入选全国脱贫攻坚优秀案例。《人民日报》、新华网、中央电视台、《河南日报》、河南电视台等中央、省、市主流媒体多次报道了光山县脱贫攻坚工作的典型做法和成效，河南电视台《脱贫大决战》连续两年专期播出光山县脱贫攻坚工作。

光山县脱贫攻坚阶段的环境优化是通过发展绿色可持续产业和对环境的综合治理来实现的。在绿色产业发展方面，既顺利走上了"既要金山银山又要绿水青山"的绿色可持续发展之路，同时又为贫困户提供了充分的就业岗位。光山县委县政府通过大量调研和多次尝试，最终把方案确定为发展油茶、茶叶等绿色扶贫产业。光山县立足科技发展油茶、茶叶等绿色扶贫产业，以中国林科院、亚林所、省林科院为科技支撑，高标准高起点建设绿色产业基地，规模大，带贫能力强，并逐步形成了油茶、茶叶、苗木、养殖"四位一体"的现代农业产业体系。光山县脱贫攻坚期间发展起来的其他涉农产业，如稻虾共生、荷虾共生产业等都是在向绿色、生态、有机产业转型。光山县的官渡河综合治理工程、拥河百里经济长廊等项目的布局覆盖光山全域，为贫困户提供了大量就业机会，在增加贫困户收入的同时，又改善了光山县的综合环境，提升了光山人民对脱贫攻坚的满意度。

2019 年光山县正在打造的"一闸一桥三堤三园"① 模式和司马光油茶园等项目，能够为光山县提供一个良好的休闲、健身、娱乐、产业发展的平台，极大提升了光山县吸引外来人才、资金、产业的能力，提升了光山县开放发展的能力。在脱贫攻坚中，光山把许多荒山秃岭变成了油茶园，把废弃的池塘清理干净。"多彩田园"示范工程成为光山县脱贫攻坚阶段的标志性成果，在信阳市得到推广。

（二）实现了经济健康发展与社会有效治理的同步

在光山县的脱贫攻坚中，党员干部全力以赴，社会力量充分动员，贫困户致富能力得到提升，在多方合力共同作用下，不仅促进了县域经济健康快速的发展，也使县域社会有效治理能力得到明显提升。在光山县的脱贫攻坚中，不仅重视龙头企业的作用，同时重视小微企业和普通小农户的生产经营，使大企业、小微企业和普通小农户都获得应有的政策扶持，从而能够不断提升生产经营能力。2018 年，光山全社会固定资产投资增长 11.9%，规模以上工业企业增加值增长 8.5%，社会消费品零售总额增长 10.5%，一般公共预算收入增长 15.6%；农民人均可支配收入为 12866 元，增幅为 9.4%，高于全省平均水平。光山县坚持以脱贫攻坚筑牢高质量发展基础、以高质量发展带动贫困群众稳定脱贫的有机统一，认真贯彻新发展理念，持续实施了官渡河区域综合治理、五岳抽水蓄能电站等一批事关民生的大项目，办成了火车站恢复客运、县城 12 条卡脖子路贯通等一批好事、实事，全县经济社会持续健康发展、社会大局和谐稳定，公众安全感指数位居全市第一、全省前列。2019 年第一季度，全县生产总值较上年同比增长 8.3%，高于全国 1.9 个百分点，高于全省 0.4 个百分

---

① "一闸一桥三堤三园"：一闸指龙山大闸；一桥指万河大桥；三堤指龙山湖东堤、西堤和龙堤；三园分别是指白鹭园、司马光油茶园和九九生态园。

点；规模以上工业增加值同比增长 9.6%，较去年全年提高 1.1 个百分点；工业投资同比增长 42.8%，高于全市平均水平 24.0 个百分点，居全市第二位；一般公共预算收入同比增长 17.3%，高于全市平均水平 5.8 个百分点。

　　经济社会的健康发展与农村治理能力的提升互相促进。脱贫攻坚工作是一项特别注重精细化的工作，伴随着党员干部密切联系群众、深入群众的过程。脱贫攻坚不仅要发展经济，也要解决各种社会矛盾，实现各种资源的精准配置。习近平总书记指出，"精准扶贫，就是要对扶贫对象实行精细化管理，对扶贫资源实行精确化配置"①。精准减少了群众怨气，化解了矛盾，实现了村民自治民主化、透明化。砖桥镇陈岗村党支部书记陈意贵感叹说："精准让光山县找到了做群众工作的方法，光山县把脱贫攻坚中的精准举措运用到低保识别、危房认定、群众纠纷化解等工作中，不仅群众认可光山县的工作，而且还减少了工作量，是新形势下做好群众工作的好方法。"脱贫攻坚过程就是工作与管理的精准化实施过程，需要扶贫干部深入群众，精准识别，精准施策，充分发扬民主，在精准上想办法、见实效。精准扶贫使问题找得准、举措定得好，不仅通过脱贫攻坚带动了经济健康发展，同时改进了基层工作方式方法，赢得了群众的真心拥护。在光山县的脱贫攻坚中，中办在光山县的挂职干部能够起到表率作用，尽职尽责，兢兢业业；各种明察暗访和严格的监督激励机制使各级各类干部不敢懈怠；高标准的入户帮扶等措施使扶贫干部直接与普通群众形成工作共同体。这样的脱贫攻坚工作模式使扶贫干部能够准确充分地把握工作内容和工作方法，使普通群众能够充分表达诉求，从而使各种社会问题在脱贫攻坚中得到有效解决。各种专项扶贫工作通过梳理各领域中的问题及实施有效解决方案，使县域内部门工作质量得到大幅度提升，如健康扶贫的"六道保障线"使光山人能

① 《习近平扶贫论述摘编》，中央文献出版社 2018 年版，第 58 页。

够"大病不出县、小病不出乡、常见病不出村"；教育扶贫在为贫困户子女提供受教育资源的同时也整体提升了光山县的教育工作水平。文化宣传服务于脱贫攻坚的同时，使光山县的精神文化生活得到很大的发展。脱贫攻坚工作的开展伴随着十八大以来的新形势、新政策、新变化的学习和宣传，党员干部在工作中要先充分学习各种政策法规，工作方式方法要充分体现新要求、新部署，脱贫攻坚使光山县社会治理能力得到明显提升。

（三）实现了基础设施完善与公共服务提升的同步

光山县的县域财政力量弱小制约了县域内基础设施的建设和完善，基础设施滞后又阻碍了经济社会的发展。通过脱贫攻坚，光山县启动了一批打基础、利长远的大事、要事：投资 65.62 亿元的五岳抽水蓄能电站开工建设，投资 45.8 亿元的袁湾水库正在清表登记中，2019 年底前开工建设；办成了一批群众期盼多年而未能办成的好事、实事：停滞十年的司马光火车站于 2016 年 5 月 20 日恢复运营，三年来，累计发送旅客 67.2 万人。2018 年，麻城车务段实现了客运增速和效益双第一，节约出行费用 1000 多万元。脱贫攻坚带来的巨大支持使光山县能够有力量改善基础设施，同时公共服务能力同步得到了提升。在脱贫攻坚中，光山县委、县政府与各部门共同认识到，光山县火车站客运业务的开通，事关高质量脱贫攻坚，对提速光山经济、提升光山品位等都非常重要。实际上，开通火车站客营运业务是基础设施的建设内容，同时也是服务全部光山人的公共服务内容。同样的，光山县打通"卡脖子路"的工作，同时打通了民心。它既是基础设施的建设，也是在为光山人提供公共服务。

光山县在各种基础设施建设中，能够充分考虑所服务对象，以提升公共服务水平的理念去建设和完善基础设施。如在易地搬迁扶贫中，把学校、医疗卫生点、扶贫车间和文化娱乐设施等建在搬迁户居住地附近，形成便捷的生产生活环境，不仅完成了脱贫攻坚任务，而且大大提升了政府的公共服务水平。光山县通过几年的努力，全县行政村和建成投入使用的易地搬迁安置区通硬化路率达 100%。所有行政村通客车率达 100%。106 个贫困村通动力电率达 100%。自然村通动力电率、户户通电率均达 100%。通过巩固提升工程建设和水质检测，全县 106 个贫困村农村饮用水均符合安全卫生评价指标要求。98% 的行政村拥有综合性文化服务中心，其中 106 个贫困村实现全覆盖，超过全省平均水平。乡村电视接收率达到 100%，106 个贫困村、261 所农村学校光纤宽带覆盖率达到 100%，贫困村村民组光纤宽带覆盖率达 98% 以上。良好的乡村环境不只是脱贫攻坚工作的"面子工程"，更是承载着群众对于美好生活的期待。自脱贫攻坚以来，光山县按照"智慧之乡，宜居光山"的发展定位，在落实好脱贫攻坚各项决策部署的同时，同步开展了农村人居环境专项整治工程，先后获得 2016 年河南省人居环境奖、2017 年中国乡村振兴发展十佳县、2018 年中国生态魅力县等荣誉。通过脱贫攻坚，全县基础设施建设和公共服务发生了翻天覆地的变化。

（四）实现了党风政风优化与民风民俗改善的同步

光山县的贫困原因有许多，不合理的拥有和使用资源是其中的一个，如开发商对农户耕地的不合理征地开发，河流中砂石的不合理开采买卖等。这些不合理现象的背后是不良的党风政风。此外，光山县也存在一些不良的民风民俗，影响了普通农户的生产和生活水平的提升，如普遍性地过度喜欢打麻将，正月十五大放鞭炮等。据说，仅每年正月十五放鞭炮一项，就消耗光山人近 2 亿元的资金。脱贫攻坚以来，县委、县政府以"爱光山、加油干、奔小康"引领全县干部群众思想，推动形成了风清气正的政治生态。近三年来，全县党员干部违法违纪案例大幅减少，整个社会风气也发生了显著变化，广大群众主动支持县委、县政府中心工作。脱贫攻坚战打响以来，广大帮扶干部坚持把为群众办实事、办好事作为一切工作的出发点和落脚点，深入开展大走访、大宣传、大帮扶活动，受到了贫困群众的广泛赞誉。槐店乡程弄村文书兼扶贫专干程书华在脱贫评估验收的关键时期，强忍着腹部疼痛把工作干完，直至检查出肝部癌症，在医院的病床上，仍然念念不忘贫困群众和脱贫评估验收情况；泼河镇东岳寺村主任刘德润身患癌症仍然坚守工作岗位，直至病逝。光山县财政局帮扶责任人杨行章，面对独居老人瘫痪在床、生活无法自理的情况，主动帮助老人打扫卫生、洗衣服、晒被子。邻居们都感慨地说："党员干部真是不容易，对困难群众比亲人还要亲呢，就连亲生儿子都做不到这样。"在贫困户和帮扶责任人的共同努力下，很多被村里人认为不可能脱贫的贫困户也脱贫了。

脱贫攻坚对党风政风民风的优化，不仅让广大贫困群众感受到党中央决策的英明，而且增进了干群之间的鱼水之情，积聚了经济社会发展后劲，为全面建成小康社会、实施乡村振兴战略奠定了坚实基础。光山县在脱贫攻坚以前是全市的信访大县，2014 年全县赴京上访人数达 54 人、群众对社会治安满意度全省排名 155 位，2015 年赴京上访 18 人，2016 年 6 人，2017 年 0 人，2018 年底，信访工作位居全市第二、全省县区第 12 位，获得全省"信访工作成绩突出县"称号，政法机关满意度全省排名第 24 位。党风带政风促民风，如今，在广大乡村，闲时打牌赌博的少了，务工干活的多了；奢侈之风攀比的少了，崇尚节俭文明的多了；烧纸烧香、燃放烟花爆竹的少了，讲文明、守孝道、爱环境的多了。"爱光山、加油干、奔小康"已成为全县干部群众的思想共识和自觉行动。广大人民群众由衷地感谢党中央、感谢习近平总书记。贫困群众发自肺腑地说："我们有了习总书记，再也不怕穷了，日子越过越红火，享的是党的福，光山县永远感党恩，听党话，跟党走"。脱贫攻坚战既锤炼了党员干部严实的工作作风，也极大地改善了民风民俗。广大党员干部把脱贫攻坚中形成的好的作风和做群众工作方法自觉运用到推动重点项目和为民办实事中，普通群众的积极性也都被调动起来了，大家都为光山县的脱贫致富和乡村振兴而奋发图强。

（五）实现了党的执政根基巩固与干部干事能力提升的同步

中国共产党领导建立的社会主义新中国是依靠人民战争的胜利取得的，是在广大人民群众支持下取得的。新中国的成立离不开人民群众，共产党的执政根基依然是人民群众，只有让人民群众的生活水平不断提升，让人民群众过上美好的生活，才对得起为新中国奉献一切的先辈们。光山县是革命老区，光山县为革命牺牲的总人数占当年全县人口总数的1/3，党中央部署对革命老区光山县的脱贫攻坚工作，就是要让革命老区的人都过上好日子，这是共产党的初心和使命。脱贫攻坚的过程，就是不忘初心、牢记使命的过程，就是从严治党的过程，就是赢得人心的过程，就是夯实共产党执政根基的过程。2016年2月20—21日，时任中共中央政治局委员、中央书记处书记、中央办公厅主任、中直工委书记栗战书莅临光山考察调研，在肯定光山县脱贫成效的基础上，要求光山县做更细致、更艰苦的工作。2018年4月5—6日，中共中央政治局委员、中央书记处书记、中央办公厅主任丁薛祥莅临光山考察调研，用"两个生动"（是习近平总书记精准扶贫思想和党中央脱贫决策部署的生动实践，也是全国脱贫攻坚工作取得历史性成就的一个生动的缩影），充分肯定了光山脱贫攻坚工作。中办派驻四批12名优秀年轻干部常驻光山挂职帮扶，省、市派来的驻村第一书记及挂职干部们以光山为家，与全县干群并肩战斗，给光山带来了好作风、好标杆、好示范。全县党员干部以中办及省市挂职干部为榜样，"舍小家顾大家"，"五加二""白加黑"，涌现出一大批舍身忘我、无私奉献的基层干部。

许多扶贫干部尽管在这几年的工作中十分辛劳，但是都因获得了广大群众的认可和赞扬而为自己的工作感到自豪。光山县的各级各类干部在中央办公厅定点扶贫干部的帮助下，取得了许许多多值得自豪的业绩并受到多方的肯定。人民群众的满意是最大的收获，人民群众的满意也是对扶贫干部干事能力的认可。人民群众对脱贫攻坚工作的肯定，大大提升了党在群众中的威望，巩固了党的执政依据。高要求和高强度的脱贫攻坚工作历练了扶贫干部，大大提升了扶贫干部的干事能力。广大帮扶干部真情投入，拿出"绣花"功夫，做过细的工作，发挥好先锋模范作用。河南省科技厅派驻罗陈乡周湾村第一书记陶曼晞返回岗位后，接任者李明凤，妻子在高校，女儿不满1岁，岳母75岁，家庭十分困难。他舍小家、为大家，带领周湾村群众发展养蚕、油葵、艾蒿产业脱贫致富。信阳市质监局挂职仙居乡党委副书记赵冰同志，从身在机关的女干部，嬗变为扶贫工作中的女汉子，以真心、爱心、精心赢得了干部群众的点赞。光山县扶贫办主任陈猛同志，把扶贫当事业，苦心孤诣钻研业务，夜以继日忘我工作，为县委、县政府指导推动全县脱贫攻坚工作当好了参谋、助手，各项工作都做得十分出色，获得广泛赞誉。十里镇吴明村第一书记陆孝如坚持吃住在村，深入群众，精准扶贫的做法和成效在全县成为示范。在脱贫攻坚中，光山县的交通实现了四通八达，不再堵车。群众都说："光山把不可能变成了可能，把可能变成了现实，把现实变为更加美好的现实。"

（六）实现了打赢脱贫攻坚战与县域综合发展能力提升的同步

光山县在各种帮扶力量支持下，特别是在中办挂职干部的表率作用影响下，吃透脱贫攻坚精神，因地制宜制定工作思路，以"多彩田园"为绿色产业发展的主体产业，以电子商务和农村集体经济为绿色产业发展的重要载体，以羽绒产业和"光山十宝"等为光山的品牌产业，抓产业，促脱贫；聚人心，促脱贫，始终以"创一流走前列"为脱贫攻坚的目标驱动力。同时，光山县跳出脱贫抓脱贫，以脱贫攻坚统揽全局，实施六大战略，把脱贫攻坚与县域经济社会各项事业的发展密切结合，既完成了脱贫攻坚任务，又有力推动了经济社会的发展，提升了县域治理能力和综合发展能力。

一是通过脱贫攻坚优化县域产业结构。光山县是我国北方与南方的过渡地带，山地、丘陵、水塘和平原都有，农产品具有多样性，产业结构也具有多样性，"多彩田园"的概念在脱贫攻坚阶段由中办挂职干部提出有其必然性。"多彩田园"是一个综合性概念，涵盖了光山县在绿色发展理念指导下发展的多样化产业形态。光山县是以粮食为主、多种农产品及经济作物并存的农业县，为了打赢脱贫攻坚战，提高农产品的经济效益，光山县在优化县域产业结构上做文章。通过发展电子商务提升农产品的市场份额和经济效益；通过与大网络平台合作打造光山农产品的品牌效益；通过与北京新发地等农产品大运营商合作，以销促产，增加各种农产品的产量；通过扩大油茶种植面积，增加绿色经济作物的比重。经过因地制宜地优化县域产业结构，光山县绿色产业经济规模持续扩大，综合实力日益提升，区域影响力显著增强，有力地支持了脱贫攻坚任务的顺利完成。截至2018年底，全县粮食总产量11.2亿斤，财政公共预算收入完成5.9亿元，农民人均可支配收入达到12866元。同时，在脱贫攻坚中，光山县还大力推进农业供给侧结构性改革，推动农业大县向农业强县转变，推动传统农业向现代农业转变。光山县在脱贫攻坚中，通过优化工业产业结构，走出了从无到有、从高能耗到绿色发展的路子，形成了"羽绒服装、远红外电子、纺织化纤、粮油食品"四大产业，持续推进主导产业集群发展，推动企业提质增效。脱贫攻坚以来，光山县着眼于培育新产业、新业态，商务、旅游、电商等产业成为经济高质量发展的重要增长点，推动第三产业向高质量发展模式转变。光山县还注重发掘"红色文化资源"和"绿色产业"资源优势，深化农旅融合、文旅融合，初步打造了"砖桥红色小镇""凉亭茶叶小镇""白雀园明清古镇"等特色风情小镇和泼陂河钟鼓楼自然亲子乐园、南王岗乡村会客厅等乡村振兴精品旅游示范区。

二是通过脱贫攻坚构建以城带乡机制。一个县的县城是该县经济社会的中心，同时在引领经济发展中发挥着重要作用。光山县在脱贫攻坚中，抢抓河南省百城建设提质工程的机遇，按照"改造老城、完善东城、建设南城"的思路，完成县城 9 条主干道升级改造及 41 条背街小巷治理改建，新建公厕 57 座，建成县城游园广场 6 个。以官渡河区域 10 平方公里综合治理为重点，累计实施路、桥、坝、点、园为重点的项目 48 个，建成了宜居、休闲、活力的生态南城。城镇规模不断扩大。围绕潢河光山段 48 公里全流域治理，大力实施"拥河发展"战略，沿岸储备可利用土地 1.3 万亩，形成了县城、官渡河产业集聚区和火车站协同发展格局，进一步拓展了城市发展空间，致力于把"百里长廊"建设成为乡村振兴、新型城镇化、生态文明"三个示范带"，实现城乡融合发展。光山县县城的整体提升工程，不仅为全县贫困户提供了更多的就业机会，而且为光山县组织和发展县域经济创造了很好的环境，县城的品质和美誉度显著提升。随着县城环境的优化，2019 年 5 月 11 日，2019"光山禾润杯"中华垂钓大赛河南光山选拔赛在光山县禾润竞技垂钓中心举办。光山县刚刚建好的龙山湖国家湿地公园在 2019 年 10 月 21 日承办了龙山湖国际舟钓锦标赛。本届共吸引了来自亚洲、美洲、欧洲、大洋洲等 12 个国家的 70 名精英选手参赛。龙山湖国家湿地公园集防洪、灌溉、城市供水、发电、旅游开发于一体的人工湖，生态环境优美，渔业资源丰富。光山县提升县城的发展环境，同时是在打造以城带乡的重要条件。

三是通过脱贫攻坚优化县域生态环境。脱贫攻坚以来，光山县持续加大生态环境的保护与利用，成功创建大苏山国家森林公园、龙山湖国家湿地公园。2018年荣获"中国生态魅力县"称号，创建省级生态乡镇14个、生态村47个。生态保护坚强有力。大力推进"蓝天""碧水""净土"工程。全县空气质量优良天数连续几年保持全省县域前列，在全省叫响"光山蓝"。实施"河长＋警长＋检察官制"，出境河流断面水质及饮用水源地水质达标率均为100%。深入实施"森林河南"绿化提速行动，林木覆盖率达45.9%。光山县把脱贫攻坚与优化环境相结合，在各项优化生态环境的工程中以安排贫困户劳动力就业为主，同时把发挥光山特色生态资源、保护传统村落与农村环境综合整治相结合，着力打造"看得见山、望得见水、记得住乡愁"的美丽乡村，全县美丽乡村示范点400多个，申请批复传统村落21个。

四是通过脱贫攻坚改善整村人居环境。光山县把改善农村人居环境、建设美丽乡村作为助力脱贫攻坚、推进乡村振兴的重要抓手。整合全县人力、资金、项目等各方面资源，采取乡村两级统筹拿一点、社会各界全面捐一点、帮扶单位竭力出一点、群众自己出一点、县验收财政奖补一点的"五个一点"办法筹措人居环境整治资金。以农村"整洁、美丽、和谐、宜居"为目标，大力推进农村生态建设。在农村垃圾治理上，制定村规民约动员群众参与，对农村常住人口收取卫生费每人每月1元，推行"户上门分类收集、乡压缩转运、县集中处理"垃圾不落地管理。在村容村貌提升上，通过实施硬化、绿化、亮化、净化、美化工程，实现全县村容户貌整治全覆盖。在户容户貌提升上，对全县所有农户院内实施以改院、改厕、改水、改厨、改电、增加必要的生活家具为主要内容的"五改一增"活动，目前已完成户容户貌"五改一增"1992户。在农村水环境治理上，引进碧水源公司、苏州生态研究院对县城、乡镇和14个试点村及农村坑塘污水梯次开展治理，减少农村污水源头，深入开展河砂整治、清河行动，已整治完成入河排污口7个，同时加强饮用水源地保护。在农业面源污染防治上，开展测土配方施肥和畜禽粪便资源化利用，拆除白露河、潢河、竹竿河、寨河四条淮河一级支流两侧 500 米禁养区范围内养殖场 73 家，完成 6 家畜禽规模养殖场粪污处理设施建设。以住建部确定在光山县 4 个村民组作为试点深入开展"共同缔造"活动，选择以晏河帅洼村曾榜组、槐店大栗树村陈湾组和晏岗村晏岗组、泼陂河镇黄涂湾村黄涂湾组 4 个村民组，作为开展全县共同缔造工作试点，充分发挥群众主体作用，自行决定村民组人居环境建设和整治的重点事项，打造共建共治共享的社会治理示范村。农村人居环境整治不仅优化了村容村貌，也极大激发了贫困群众的奋斗创业精神。

五是通过脱贫攻坚推进民生事业发展。脱贫攻坚工作本身就是一项重要的民生工程，是针对贫困户的民生工程。光山县抓住脱贫攻坚机遇，在贫困户与非贫困户共同需要的民生事业上加大工作力度，不仅带动贫困户增收，也极大促进了全县各项社会事业的发展。光山人民生活从温饱不足到实现整体脱贫，正在迈向全面小康，人民群众的幸福感、获得感、安全感不断增强，教育、文化、医疗等事业进步很大。光山县的教育质量一直保持领先水平，被认定为全国义务教育发展基本均衡县。考取清华、北大等重点名校人数连续 11 年在 10 人以上，稳居全市第一。近年来，光山县的医疗保障能力持续增强。所有行政村（社区）均建立村级卫生室，联合微医集团，构建了县乡村一体化分级诊疗平台，"新农合"实现全覆盖。文明新风蔚然成风。光山县脱贫攻坚中的精神文明建设成绩突出，在全省率先建设了县域新时代文明实践中心，乡、村分别建立了新时代文明实践所、站，创新开展了星级文明村、星级文明户"双星"创建活动。光山县的基层社会治理能力也得到明显提升。"扫黑除恶"扎实推进，安全生产形势总体平稳，"平安光山"不断深化，"法治光山"稳步建设，"食安光山"有序推进，"和谐光山"持续向好。

二、光山县绿色发展助力脱贫攻坚的经验

（一）坚持以脱贫攻坚为总引领

"党的十八大以来，党中央从全面建成小康社会要求出发，把扶贫开发工作纳入'五位一体'总体布局、'四个全面'战略布局，作为实现第一个百年奋斗目标的重点任务，作出一系列重点部署和安排，全面打响脱贫攻坚战。"① 2015 年脱贫攻坚成为我国各项工作的重中之重，光山县在中央办公厅的帮扶下，能够更加充分领会中央的工作部署，更加准确地学习和应用习近平总书记关于脱贫攻坚的系列论述精神，把脱贫攻坚作为全县工作的总引领，各级各部门的工作都要服从和服务于光山县的脱贫攻坚工作。习近平总书记在中央扶贫开发工作会议上讲："脱贫攻坚任务重的地区党委和政府要把脱贫攻坚作为'十三五'期间头等大事和第一民生工程来抓，坚持以脱贫攻坚统揽经济社会发展全局"②。光山县作为新一轮扶贫开发重点县、大别山片区县、中办定点扶贫县，始终把脱贫攻坚作为头等大事，列为 1 号民生工程。在脱贫攻坚中，光山县构建了县、乡、村三级书记协同抓扶贫的体制机制，按照"分级负责、无缝对接、全面覆盖、责任到人"的原则，在全县建立"纵向到底、横向到边"的脱贫攻坚网格化指挥工作管理体系，使脱贫攻坚贯穿在各项工作中，各项工作都以脱贫攻坚为目标。

脱贫攻坚战以来，光山县认真学习贯彻习近平总书记精准扶贫

---

① 《习近平扶贫论述摘编》，中央文献出版社 2018 年版，第 26 页。
② 《习近平扶贫论述摘编》，中央文献出版社 2018 年版，第 40 页。

重要战略思想，把打赢脱贫攻坚战作为树牢"四个意识"、坚定"四个自信"、落实"两个维护"的具体行动。2016年6月，光山县委十二次党代会提出全面建设中国智慧之乡的奋斗目标，并坚持以脱贫攻坚为总引领，以实施"六大战略"为总支撑，以弘扬"五种精神"为总保障的发展思路。光山县脱贫攻坚中实施的"六大战略"是指乡村振兴战略、工业振兴战略、新型城镇化战略、生态文明战略、发展第三产业战略和繁荣社会事业战略。这些发展战略从不同方面为脱贫攻坚提供支撑，是光山县经济社会发展的具体工作部署。光山县在脱贫攻坚中弘扬的"五种精神"是指：满怀热情、真诚为民的服务精神；团结协作、善做善成的攻坚精神；知难而进、锲而不舍的拼搏精神；勇于担当、敢于胜利的创新精神；顾全大局、不计得失的奉献精神。弘扬"五种精神"是在工作中战胜各种困难的重要动力，是激励光山县全体扶贫干部的重大法宝。自脱贫攻坚战以来，光山县委坚定不移以既定的发展目标和思路不动摇，持之以恒，一以贯之，确保了高质量脱贫摘帽目标的实现，确保了全县经济社会的全面发展。

（二）坚持以高质量脱贫为目标

光山县作为中办定点帮扶县，不能满足于一般的脱贫摘帽，而是始终把高质量脱贫摘帽作为奋斗目标。高质量完成脱贫攻坚任务是河南省委省政府的期许，是光山县不负中央办公厅帮扶的自我加压。为了做到高质量脱贫，光山县把"创一流走前列"定为工作目标。为能够实现光山县脱贫攻坚工作成效在河南省"创一流走前列"，2017年11月16日光山出台了《光山县脱贫攻坚"创一流走前列"工作意见》和《光山县定点帮扶"创一流走前列"办法》《光山县扶贫先扶志活动"创一流走前列"办法》《光山县脱贫攻坚"创一流走前列"量化问责办法（试行）》《光山县行业扶贫"创一流走前列"办法》（简称"4 个办法"）。这就是光山县脱贫攻坚中的"1+4"工作方案。该方案要求光山县的健康扶贫、电力扶贫、产业扶贫、电商扶贫、涉农资金整合、金融扶贫、教育扶贫、水利扶贫、交通扶贫、转移就业、巧媳妇工程等单项工作要进入全省先进行列，确保能够在年终大考中加分。在实际工作中，在既不降低标准，又不拔高标准的基础上，光山县坚持脱贫标准严之又严、工作要求细之又细，下足绣花功夫。

2017 年底，光山县开展了"决战 50 天，实现脱贫攻坚在全省创一流、走前列"专项活动，全县干部职工实行"二分之一"工作法，实行作风纪律"两条禁令"，县委、县政府坚持"日研判、周调度"，针对存在的问题，研究解决措施，为高质量脱贫打下坚实基础。2018 年，又先后开展了"三百竞赛""四对照"脱贫攻坚总攻战"十大战役"系列活动，确保了光山县脱贫攻坚工作实现在全省"创一流走前列"目标。光山县坚持以脱贫攻坚为统领筑牢高质量发展基础、以高质量发展带动贫困群众稳定脱贫有机统一。近年来，围绕官渡河区域综合治理建设生态南城，累计实施以路、桥、坝、点、园为重点的基础设施项目 48 个，将原本规划 5—10 年完成的任务提前到 3 年完成。脱贫攻坚中广大干部形成的敢于担当、踏实肯干、持之以恒的工作作风，积累了啃硬骨头、攻坚克难密切联系群众的工作经验，推动全县形成了风清气正、崇廉尚实、干事创业的良好政治生态。2018 年，光山县获得"中国魅力生态县"称号，"光山蓝"成为又一张大名片，为推动高质量发展提供了源源动力。

（三）坚持以做优做强绿色扶贫产业为重点

每个贫困地区在贯彻落实中央脱贫攻坚部署中，都需要结合本地自然条件和经济社会条件，形成适合本地需要、行之有效的扶贫脱贫方式方法。这些方式方法中有些具有广泛的启发借鉴意义，可以提升为扶贫模式。光山县在脱贫攻坚中的发展起来的"多彩田园"绿色产业扶贫模式就非常具有推广价值。"多彩田园"是中央办公厅第二批驻光山扶贫工作组刘国梁、杨光辉、薛宗伟结合光山的自然资源和产业扶贫现状，对光山县委、县政府提出的一系列产业扶贫措施、意见的统称，内容涵盖《光山县产业扶贫示范工程实施意见》《光山县产业扶贫示范工程财政奖补细则》《光山县产业扶贫示范工程深化指导意见》等六个政策性文件和相关措施。习近平总书记多次强调："要立足当地资源，宜农则农、宜林则林、宜牧则牧、宜商则商、宜游则游，通过扶持发展特色产业，实现就地脱贫。"① 光山县立足县域实际，挖掘资源优势，充分做好"土地"文章，探索形成了"多彩田园"产业扶贫模式，建立产业发展与贫困人口增收的稳定利益联结机制。光山县发展产业经历了曲折探索的过程。2016 年 2 月，栗战书同志在光山县文殊乡调研时提出了"房前屋后一亩茶、一塘肥鱼一群鸭"要求。受此启发，光山县在中办挂职干部的帮助下，认真调研，并请专家论证，提出了"多彩田园"产业扶贫示范工程的发展思路。这一模式的核心就是立足实际，因地制宜。首先，光山是传统产粮大县，水稻、小麦、油菜种植不能丢，保障粮食安全是首要任务。其次，光山地处大别山北麓，浅山丘陵面积大，适宜发展油茶、茶叶等经济林。再次，光山地处南北气候过渡地带，具有南北物种共生、资源丰富的特点，苗木花卉、小杂果种植和特色养殖历史悠久、品种多样。基于这些特点，光山县在多彩田园产业上不贪大求全、不搞一刀切，提出了以做大做强传统优势产业为主，宜种则种、宜养则养的务实发展思路，并取得了很好的效果。"多彩田园"是综合性称谓，多彩田园产业发展模式的亮点是绿色发展理念和金融支撑机制。

　　光山县做优做强"多彩田园"是对习近平总书记"绿水青山就

---

① 《习近平关于社会主义经济建设论述摘编》，中央文献出版社 2017 年版，第 218 页。

是金山银山"绿色发展理念的正确落实。"小康全面不全面，生态环境是关键。党的十八届五中全会把'绿色发展'作为五大发展理念之一，注重的是解决人与自然和谐问题。"① 光山县不仅要脱贫，还要以绿色发展来脱贫，在产业发展上首先考虑的是绿色、环保、可持续。光山县利用山地资源丰富、岗岭薄地面积大的特点，大力发展茶叶、油茶、小杂果、中药材、苗木花卉等绿色产业。目前，全县茶叶24 万亩、油茶22.7 万亩、小杂果5.8 万亩、中药材8.3 万亩、苗木花卉10.2 万亩。这些绿色产业不仅产生了可观的经济效益，更重要的是产生了巨大的生态效益，为保护光山的绿水青山、蓝天碧水作出了重要贡献。习近平总书记在光山县司马光油茶园考察时强调，利用荒山推广油茶种植，既促进了群众就近就业，带动了群众脱贫致富，又改善了生态环境，一举多得。要坚持走绿色发展的路子，推广新技术，发展深加工，把油茶业做优做大，努力实现经济发展、农民增收、生态良好。习近平总书记对光山"多彩田园"产业发展提出了殷切希望。光山县"多彩田园"产业发展模式有一个重要特点，就是以劳动密集型产业为主，这样更有利于吸收贫困群众就业，更好地发挥带贫作用。近年来，光山县在"多彩田园"产业发展中探索了多种带贫模式，建立了企业、产业与贫困户的利益联结机制。这些模式的核心就是以市场为纽带，把企业、合作社与贫困群众联结起来，实现互利共赢。"多彩田园"产业发展模式是市场主导的产业模式，近年来，光山县大力培育涉农企业、合作社、家庭农场等新兴市场经济主体，全县新兴市场经济主体达到1800 多家，累计发展带动5 户以上贫困户增收的"多彩田园"产业扶贫示范工程647 个，带动贫困户35951 户（次）增收，同时引导将近7000 户有劳动能力的贫困人口依靠自身力量发展"多彩田园"产业增收，实现了产业帮扶措

---

① 本书编写组编：《中国发展新理念——学习贯彻党的十八届五中全会精神》，新华出版社2015 年版，第127 页。

施对贫困户全覆盖。习近平总书记在光山县司马光油茶园考察时强调，要把农民组织起来，面向市场，推广"公司+农户"模式，建立利益联动机制，让各方共同受益。对这种发展模式给予了充分肯定。

光山县在做优做强"多彩田园"绿色扶贫产业中，创新金融支撑机制，激发"多彩田园"的自我发展能力，使扶贫产业由"输血"模式转变为"造血"模式。"多彩田园"产业模式是能够激发造血机能的产业模式。光山县在"多彩田园"产业发展中充分发挥财政资金的引导作用，激发企业带贫和贫困群众自我发展的积极性。县里出台奖补政策规定，凡是贫困户自主经营农作物、经济作物和一定数量畜禽养殖等产业，实现每户年增收 3500 元以上的，一次性奖补 2000 元；合作社、家庭农场、涉农企业等市场经济主体以"公司+农户"模式带动贫困户发展产业，按现行价测算年增收达 3500 元以上的，按照每户 2000 元奖补给带贫的市场经济主体。这一政策极大地激发了带贫企业的带贫积极性，同时极大激发了贫困群众自我发展、自主脱贫的积极性，让"幸福是奋斗出来的"理念深入人心。光山县出台《光山县企业还贷应急周转资金管理办法》，规定县财政出资 3000 万元设立光山县企业还贷应急周转资金，为帮扶贫困户的企业提供 1000 万元以内的短期垫资服务。光山县还出台了《光山县金融扶贫小额贷款临时周转金管理办法》，目的是为缓解光山县贫困户因产业周期不到或者家庭出现重大变故，资金周转暂时困难，且贷款金融机构保障为足额续贷的农户按时还贷续贷提供短期借贷服务。据统计，脱贫攻坚工作开展以来，全县已为 51 家涉农企业放贷 61 笔，合计发款金额 1.49 亿。同时，光山县还加强国有投融资平台建设，通过资产划转，将县发投公司资产扩至 54 亿元、县交发公司资本金扩至近 20 亿元、县扶贫开发公司资产扩至 18 亿余元，根据扶贫建设项目需求筹集大额资金并有效使用。①

---

① 梁庆才：《时代答卷——来自一个国家级贫困县的脱贫攻坚报告》，河南人民出版社 2019 年版，第 333—334 页。

金融是经济的血液，血液健康顺畅，经济发展的质量就高、速度就快。光山县的金融创新机制为"多彩田园"绿色扶贫产业顺利发展的贡献十分突出。

光山县通过大力发展电商为做优做强"多彩田园"提供重要推动力量。为促进传统农业向现代农业的转型，光山县积极与多家网络平台合作，推进电子商务在光山县的迅速发展。电商扶贫极大地促进了"多彩田园"产业发展。光山县是"全国电商消贫十佳县"。近年来，借助"互联网+"东风，光山县积极推进电子商务进农村综合示范，大胆探索电商扶贫、"电子商务+县域经济发展"新路径。全县开设各类网店逾2万余家、从业人员超3万人、催生了网货生产企业200多家、供货商500多家、物流速递企业57家。2018年，全县网销额达40亿元，其中农副产品3亿多元。为了促进电商发展，光山县成立了领导组织，制定了发展规划，并出台了一系列支持措施。一是政策支持。出台支持电商发展和电商扶贫的系列优惠政策，如《电子商务奖励20条》《关于开展电商精准扶贫的实施意见》等，每年开展"五十佳"（十佳电商企业、十佳电商服务企业、十佳网货生产企业、十佳电商扶贫企业、十佳电商服务单位）评选活动，对电子商务产业发展给予奖励。建立电商发展基金，对电商发展和电商扶贫实施扶持和奖励。实施企业服务员制度，26个县直部门为电商企业提供保姆式服务。二是搭建平台。建立电商创业孵化园，目前入驻企业102家，对入驻企业实行"五免一补"；园区建立有电商运营中心等7个中心，服务全县电商发展。建成"光绒网"平台，"易采光山"手机APP成功上线运行，举办了电商扶贫·光山羽绒走进阿里巴巴、中南海等活动。构建"一村一品一店"，已建成村电商精准扶贫服务中心88个、村级服务点306个。与阿里、京东、苏宁易购、中国网库、拼多多等合作，利用平台优势，多渠道销售光山本土产品。建立物流园区，整合县乡物流资源，实现县乡共配，降低物流成本，减少物流配送人员，提高配送时效，增加配送人员收入，加大农副产品上行补贴力度，真正解决好"最后一公里"问题。组织县直26个主要部门，保姆式、全程式、贴心式服务好电商企业，保障好电商发展。三是加强培训。累计举办电商专业培训班118期，培训创业人员1.2万多人，这些学员大都成为专业卖家，有20%已成为实业家，由单一卖产品发展为集产品研发、生产加工、销售服务为一体的实体经营者，这些人已成为光山经济社会发展的主力军。举办跨境电商培训班4期，培训人员200人次，组建跨境电商团队，利用速卖通等平台，将光山的羽绒服装销往世界100多个国家和地区。四是开发产品。县财政每年拿出100万元用于羽绒服装新款开发，带动开发新款上千款，极大地丰富了光山羽绒服装网货品类；多次组织开展农副产品展销，评选出农副产品"光山十宝"上线销售，形成品牌效应。同时开发上线了"光山十小宝""十大精品"，形成光山网货系列，提升光山农产品竞争力。目前已建立"光山十宝"加工基地30个，"光山十小宝"加工基地12个，乡镇"十大精品"基地56个，全力打造农副产品完整产业链。电商发展有力拓展了市场销售渠道，有力促进了"多彩田园"产业发展。

（四）坚持以贫困群众增收为落脚点

"小康不小康，关键看老乡，关键看贫困老乡能不能脱贫。"[①] 贫困群众增收致富是脱贫攻坚的落脚点，一切工作的目的都要落实到这个落脚点。光山县在脱贫攻坚中始终把实现贫困群众增收作为工作重点，设计多种增收政策，创造许多就业岗位，通过多种技能培训提升贫困群众的就业能力。在各种带贫机制中，充分考虑贫困群众的增收目标，并通过严格的考核激励措施，保障增收目标的实现。光山县通过大力推广"房前屋后一亩茶、一塘肥鱼一群鸭"的产业模式使每

---

① 《习近平扶贫论述摘编》，中央文献出版社2018年版，第12页。

个贫困户最大程度利用独特的资源创业增收；培育发展"多彩田园"产业扶贫工程 631 个示范工程带动 3 万多户贫困户增收；培育发展网店 2 万余家，带动 2 万 4 千户贫困户增收；通过大力发展油茶产业为大量贫困户提供就业岗位增收；还通过许多公益性岗位和金融扶贫增加贫困户的增收途径，保障每个贫困户都有 1—2 项产业带贫措施。光山县实现了"多彩田园"示范工程对贫困村的全覆盖，同时，积极开展金融扶贫、保险扶贫、技术培训，为贫困群众举办"送岗位专项招聘会"、光伏扶贫、设立公益性岗位等措施，针对贫困户不同特点，采取不同的增收措施，确保每个退出贫困户达到"两不愁三保障"标准。

对于那些没有劳动能力的贫困户，光山县通过强大的社会保障机制来帮扶。光山县通过完善义务教育、安全住房、医疗救助、安全饮水等保障机制，使特殊困难的群体，特别是老人户、大病户、重残户、边缘户等得到充分的帮扶，使这些特殊困难群体衣食无忧，幸福生活，从而提升群众对脱贫攻坚工作的满意度。光山县投入 88.55 万元对 261 户残疾人家庭进行无障碍设施改造，采购发放辅助器具约 2100 套（件）。发放残疾人"两项补贴"资金 1478 万元；发放孤儿养育津贴 113 万元；医疗救助 33610 人，发放医疗救助资金 1733 万元。光山县通过多种办法资助贫困户子女接受教育，阻断贫困的代际传递。在助学资金中，财政拨款 9194.5 万元，生源地助学贷款 7406 万元，争取社会资助 3410 万元，全县累计资助贫困学生 171164 人次，没有一个贫困家庭学生因贫困而上不起学。

（五）坚持走合力大扶贫之路

从 2014 年开始，我国将每年的 10 月 17 日设立为"扶贫日"，在扶贫日表彰为扶贫作出贡献的人，同时动员社会各方面力量共同为脱贫攻坚作贡献，目的是走合力脱贫之路。习近平总书记强调："要坚持专项扶贫、行业扶贫、社会扶贫等多方力量、多种举措有机结合和互为支撑的'三位一体'大扶贫格局，强化举措，扩大成果。"① 脱贫攻坚是一项艰巨的政治任务，需要进行多种力量的总动员。光山县在脱贫攻坚中，充分利用各种外来帮扶力量，同时最大程度地动员本县的社会力量，卓有成效地走出了一条合力大扶贫之路。光山的扶贫工作在中办的大力帮扶和省、市的关心支持下，汇聚了强大的工作合力。栗战书和丁薛祥两任中办主任亲临光山调研，并为光山县发展绿色扶贫产业指路，极大地鼓舞了全县干部群众的士气。中办 149 个党支部与光山县 74 个贫困村支部开展了对接帮扶，中办驻光山扶贫的四批挂职干部扎根光山，把扶贫当家事、把贫困人口当家人，与全县干部群众融为一体，受到广泛赞誉。河南省省委省政府领导多次到光山调研指导，省委派出两名干部到光山挂任副县长，帮助开展脱贫工作。省委办公厅建立了配合中办定点扶贫光山工作的协调议事机制，定期召开扶贫工作议事会议。中原出版传媒集团、国家开发银行河南分行、省科技厅派出 3 名优秀第一书记，长年吃住在村，倾心倾力帮扶，贫困村面貌变化都非常大。信阳市市委向光山派出扶贫工作队，派出 20 名优秀处级后备干部到光山县各乡镇（街区）挂职党（工）委副书记，专抓扶贫工作，派驻 14 名年轻干部担任贫困村第一书记。县域全面动员。光山县县委县政府把脱贫攻坚作为第一政治任务，县处级干部要主动认责领责，带头下沉一线开展昼访夜谈，工作真上心，责任真上肩。县人大开展了"人大代表精准扶贫尽职责比贡献"活动，县政协开展了"发挥政协委员作用，助推精准扶贫工作"履职实践活动。县直部门主动站位全局，主动抓好行业扶贫，主动沉到帮扶村，研究和解决具体问题，办好具体实事。各乡镇（街区）党委、政府认真履职尽责，集中人财物资源，抓好各项扶贫政策到户到人。

---

① 《习近平扶贫论述摘编》，中央文献出版社 2018 年版，第 99 页。

光山县县委县政府动员全县党员干部积极投身脱贫攻坚工作，先后组织开展了"千名党员干部帮千户""干部进万家、真情帮脱贫"等活动，7100多名帮扶干部与贫困户开展结对帮扶，充当扶贫主力军。工会、共青团、妇联、工商联等群团组织充分发挥联系群众的桥梁纽带作用，组织开展了"百企帮百村""巧媳妇+脱贫"等系列活动，一大批民营企业、新型农村经营主体和创业成功人士主动参与帮扶脱贫工作，在全县上下凝聚起打总攻的强大合力。光山县把运用好上级帮扶力量与动员、引导本县社会力量结合起来，坚持政府主导、社会参与相结合，广泛开展"百企帮百村"活动，发动县内176家龙头企业结对帮扶106个贫困村，凝聚了攻坚拔寨的强大合力。南向店籍企业家发起"牵手对接贫困户"活动，90家企业对接713户贫困户、1031名贫困群众，变"贫困群众适应就业岗位"为"就业岗位适应贫困群众"。持续开展"爱光山、加油干、奔小康"十大系列活动，全县民营企业、新型经营主体、外出创业成功人士累计捐款捐物8000余万元，全县上下形成了多点发力、各方出力、共同给力的大扶贫格局。光山县在打赢打好脱贫攻坚战中，通过充分发挥帮扶的乘数效应，凝聚了党心、民心，形成了同频共振、同向发力的工作格局，对于进一步做好脱贫攻坚与乡村振兴的有效衔接，汇聚振兴合力具有巨大指导推动作用。令人感动的是，刚刚摆脱贫困的贫困户也成为合力脱贫的一股力量。脱贫攻坚战不仅改变了群众的物质生活，而且转变了群众价值观念，培育了邻里团结、互帮互助、守望相助的新风尚。脱贫后的群众主人翁感明显增强，积极主动参与村里的公益事业，想干事谋发展的意愿愈发强烈。白雀园镇方寨村的脱贫户张乃福主动参与到村里的公益事业，在村里义务当起了卫生管理员，调研中他激动地说："党的好政策让俺脱了贫，俺也要为村里的美化出一份力。"在"我为家乡安盏灯""我为家乡栽棵树""我为家乡治水塘"等系列活动中，群众由"旁观者"变为"参与者"，不少刚脱贫的建档立卡户也坚持要参与进来，表达对党和政府的感激之情、拥护之意。

（六）坚持以高质量党建引领高质量脱贫

习近平总书记强调，越是进行脱贫攻坚战，越是要加强和改善党的领导。脱贫攻坚，小康路上一个都不能掉队。这是党中央对全国人民的庄严承诺。习近平总书记多次强调，要"言必信，行必果"①。"坚持党的领导，强化组织保证。脱贫攻坚，加强领导是根本。必须坚持发挥各级党委总揽全局、协调各方的作用，落实脱贫攻坚一把手负责制，省市县乡村五级书记一起抓，为脱贫攻坚提供坚强的政治保证。"② 脱贫攻坚必须靠全体党员干部的不懈努力，必须依靠党员干部的认真履职、高质量履职，因此脱贫攻坚过程就是党员干部成长的过程，就是高质量党建的过程。在脱贫攻坚工作中，光山县注重发挥党建引领作用，坚持以高质量党建推进高质量脱贫，推动基层党组织全面进步、作风全面过硬。全县选派 495 名优秀干部担任驻村第一书记及助理，派出 7160 名党员干部与全县贫困户结对帮扶，93 名副科级干部担任党建指导员、88 名优秀年轻干部担任驻村第一团支部书记，并成立 137 个扶贫工作队、340 个村级脱贫责任组，构成了脱贫攻坚"尖兵方阵"。大力实施农村党建"严乡强村育新"计划，在全市创新开展"建组织、树旗帜、亮身份、加油干"活动，把支部建在产业链上、建在重点项目上、建在帮扶网格里。基层党组织的凝聚力、战斗力全面加强，为脱贫奔小康打下了坚实基础。光山县围绕脱贫攻坚的各项工作，以"千名党员干部帮千户""干部进万家真情帮扶贫""创一流走前列""三百竞赛""四对照""四查四促"等活动为载体，推动全县党员干部全力投身于脱贫攻坚工作中来，以高质量

---

① 《习近平扶贫论述摘编》，中央文献出版社 2018 年版，第 19 页。
② 《习近平扶贫论述摘编》，中央文献出版社 2018 年版，第 50 页。

党建推进高质量脱贫。2017 年、2018 年连续两年在全市农村基层党建考评中名列第一。2017 年 4 月，光山县委制定了《关于建立贫困村脱贫责任组制度的意见》，全县组建了以贫困村所在乡镇（街区）副科级以上干部、村党组织书记、村委会主任、第一书记、驻村工作队员等为架构的村级脱贫责任组 340 个。从帮扶单位抽调优秀干部任第一书记助理 284 名，组建扶贫工作队 137 个。按照精准选人、因村派人的原则，分别派驻到 106 个贫困村、31 个软弱涣散村和部分基础相对较差的非贫困村，实现所有贫困村、软弱涣散村全覆盖。全县攻坚"哨声"响起，帮扶单位、行业部门及时到村"报到"，全体党员干部齐上阵，奋战在扶贫一线，在宣讲扶贫政策、整合扶贫资源、分配扶贫资金、推动扶贫项目落实等方面发挥了重大作用。全县派出县、乡、村各级党员干部 7160 名担任贫困户帮扶责任人，按照"县直单位帮扶人每人帮扶贫困户不得少于 3 户，村干部每人帮扶贫困户原则上不得超过 5 户"要求，实现了全县贫困户结对帮扶全覆盖。2018 年 1 月 8 日，《人民日报》以《支部建在链上，产业连成一片》为题，报道了光山产业链党组织带动脱贫攻坚的典型做法。2019 年 7 月 14 日，以《河南信阳以"严乡强村育新"提升组织力，抓实基层党建，促进乡村振兴》为题，报道了光山县吸引人才回归、强化组织功能的典型做法和成效。2019 年以来，在全县扶贫干部共同努力下，帮扶单位党组织为村级协调帮扶资金 2704.12 万元，引进致富项目 75 个，发展支柱产业 69 个，培养专业合作社 57 个，集体经济实现增收 1520.196 万元。全县广大党员干部冲锋在前，激发了广大贫困群众脱贫致富奔小康的内生动力。《河南日报》分别以《驻村扶贫路峥嵘，光山有群"拼命三郎"》《党群同心干 方洼展新颜》为题，展现了光山县全体党员干部在高质量脱贫攻坚战场上的时代风采。

三、光山县发展绿色产业实现脱贫的启示

（一）高度重视是前提

光山县顺利打赢脱贫攻坚战离不开自始至终对这项任务的高度重视。在脱贫攻坚阶段，光山县扶贫干部对外来人总爱用五句话来介绍光山："司马光砸过缸，鉴真和尚烧过香，邓大姐的故乡，刘邓大军打过枪，中办在这里下过乡。"这几句话集中概括了最让光山县人引以为自豪的人和事。著名史学家司马光少年时代随父亲在光山县生活，发生了家喻户晓的司马光砸缸救人的智慧故事；著名诗人苏东坡在流放途中曾在光山县的净居寺中久住，与鉴真和尚结为好友，使光山人倍感荣耀；杰出的无产阶级革命家邓颖超同志的家人长期在光山县供职居住；刘邓大军千里跃进大别山的落脚点在光山县。最后一句是讲在脱贫攻坚工作中，中共中央办公厅受命定点帮扶光山县，几年来，中办干部轮流在光山县挂职帮扶，不仅给光山带来了许多支持和帮助，更是鼓舞了光山人的干劲，振奋了光山人的精神。中办在光山县进行定点帮扶是促使光山县高质量打赢脱贫攻坚战的重要因素之一。它的重要性体现在几个高度重视上。首先是中共中央办公厅的高度重视。我国的脱贫攻坚战要求五级书记一起抓，这是中共中央对脱贫攻坚战的高度重视，是习近平总书记对脱贫攻坚战的高度重视。中办被安排到光山县进行定点帮扶，代表的是中共中央对光山县革命老区的重视，代表的是习近平总书记对光山县的重视。中办在光山县帮扶期间，两任中共中央办公厅主任亲自到光山县指导工作，给光山县指出了绿色可持续发展路径，给光山县扶贫干部带来了巨大的精神鼓舞。2019 年 9 月 17 日，习近平

总书记亲临光山县视察工作，走进了东岳村，走进了油茶园，肯定了光山县的脱贫攻坚成绩，强调了依靠绿色可持续产业发展带动贫困群众脱贫致富的重要性。其次是河南省委省政府的高度重视。河南省委省政府对光山县的脱贫攻坚工作同样高度重视，为光山县选配了优秀县委书记，同时省委省政府又派干部在光山县挂职，履行省委书记抓扶贫的职责。第三是信阳市委市政府的高度重视。信阳市委市政府不仅派来挂职干部，还经常明察暗访，督查工作。第四是光山县的高度重视。中办的挂职干部在光山县、乡、村三级岗位上都有，对光山县扶贫干部来说，既是压力，也是动力。从工作压力来讲，光山县本地扶贫干部的一举一动、一言一行都直接被中办干部看在眼里，任何懈怠都将是自毁形象。从工作动力来讲，中办挂职干部能够提供政策的准确解读，能够对各种困难提供切实可行的解决办法，使光山县扶贫干部有依靠、有支持。中办的帮扶使光山县扶贫干部坚定了必胜的信心，相信通过脱贫攻坚光山县将拥有更加美好光明的前途。

中办在光山县的定点帮扶使光山县委县政府及每一位扶贫干部都无法不高度重视脱贫攻坚这个特殊任务。正是由于高度重视了这一任务，才能够最认真地去学习习近平总书记关于脱贫攻坚的系列论述，才能够最准确地理解中央及省市对脱贫攻坚的工作部署，才能够最精准地制定工作目标和脱贫举措，并坚持把"创一流走前列"确定为脱贫攻坚的总体目标。由于光山县高度重视脱贫攻坚工作，使光山县在理论学习和实践应用中都有许多值得重视的创新做法。光山县在脱贫攻坚中坚持先学先行，深刻学习和贯彻落实中央关于脱贫攻坚的工作部署，深刻学习和领会习近平总书记的扶贫论述摘编，并严格执行省市脱贫攻坚政策，把脱贫攻坚作为"不忘初心、牢记使命"的实践活动，作为一次特殊的党性教育活动，作为历练干部的活动，真学、真做、真扶贫、扶真贫，不仅提高了实践能力，也提升了理论水平。在脱贫攻坚实践中，光山县在机构、政策、资金、技术、人才、产业发展、扶贫利益联结等方面都有许多创新之处，如"四级督查"机制、"精准滴灌"方法、"双星创建"活动、产业选择中的绿色与特色有机结合、扶贫网格化责任机制等。脱贫实践创新是光山县委县政府对脱贫攻坚工作的高度重视和严格执行的具体表现。除了实践创新，光山县也非常重视总结脱贫攻坚工作过程，提高认识水平，推动脱贫攻坚理论的创新。光山县脱贫摘帽以后，通过对几年来脱贫攻坚工作的认真总结，创造性地提出了"八个典型效应"的重要认识。这八个典型效应分别是，放大延伸初心效应，凝聚同心共筑中国梦的磅礴力量；放大延伸大事效应，进一步彰显社会主义制度的优越性；放大延伸头雁效应，打造忠诚干净担当的干部队伍；放大延伸滴灌效应，把精准贯穿于一切工作全过程；放大延伸愚公效应，注重发挥人民群众的主体作用；放大延伸钉子效应，大力弘扬攻坚克难的工作作风；放大延伸乘数效应，不断汇聚推动高质量发展的强大合力；放大延伸波纹效应，重视发挥先进典型的示范引领作用。提出这"八个典型效应"是光山县学习贯彻习近平总书记扶贫论述的具体体现，是对实实在在地开展脱贫攻坚工作的突出感受和收获。

（二）队伍建设是关键

能否建设一支高素质的党员干部队伍是能否顺利打赢脱贫攻坚战的关键。光山县在脱贫攻坚中能够打造出一支高素质的党员干部队伍，原因在于充分弘扬了"初心效应"和"头雁效应"。

光山县脱贫攻坚实践充分展现了党员干部的"初心效应"。"不忘初心、牢记使命"要求每个共产党员都树立起为国为民的崇高情怀，光山县在脱贫攻坚中充分放大初心效应，就是以"初心"充分调动每个党员干部的工作积极性和主动性。习近平总书记强调："以百姓心为心，与人民同呼吸、共命运、心连心，是党的初心，也是党的恒心。"① 党的十八大以来脱贫攻坚的决策部署，致力于让那些自然条件相对较差、自身条件相对较差的贫困地区农村人口尽快摆脱贫困，走上致富奔小康之路。这是初心的聚焦，这是民心的呼唤。弘扬"初心效应"，要求扶贫干部能够以提高人民幸福指数为目标方向，以解决群众实际困难为决策导向，以提高政府服务水平为工作指向，进一步巩固脱贫攻坚成果，做到时时处处以人民为中心，更好体现人民利益、反映人民意愿、增进人民福祉。弘扬"初心效应"，要求扶贫干部能够坚持感情上融入群众，体验群众生活、体会群众甘苦、体味群众情感，无论什么时候，群众情怀不能淡，真正做群众的贴心人。弘扬"初心效应"，要求扶贫干部能够坚持致力于帮民富，紧紧抓住经济建设这个中心不动摇，以"民不富心不安"的使命意识，千方百计加快发展，让老百姓的"口袋"鼓起来、生活好起来。弘扬"初心效应"，要求扶贫干部能够坚持致力于解民难，多谋民生之利、多解民生之忧，在发展中补齐民生短板、促进社会公平正义，深入开展脱贫攻坚，保证全体人民在共建共享发展中有更多获得感。弘扬"初心效应"，要求扶贫干部能够坚持致力于保民安，危难时想着群众，把人民群众的根本利益和生命财产安全放在首位，哪里有需要就冲向哪里，特别是在处理矛盾问题时应考虑得细致些，把工作做得扎实些，把措施定得周全些，让群众感受到党和政府可亲可靠可敬。弘扬"初心效应"，要求扶贫干部能够坚持干事利长远、决策谋长远，多做功在当代、利在千秋的好事，注重研究战略性、前瞻性、全局性问题，使我们的决策既能造福当代，又能惠及子孙，决不能造成"一代人的政绩、几代人的包袱"。弘扬"初心效应"，要求扶贫干部能够坚持加强基层党组织的政治建设，增强基层党组织的群众组织力，筑牢实现党的初心使命的重要支撑。光山县充分弘扬"初心效

---

① 中共中央党史和文献研究院、中央"不忘初心、牢记使命"主题教育领导小组办公室编：《习近平关于"不忘初心、牢记使命"论述摘编》，中央文献出版社2019年版，第17页。

应", 引领基层党组织切实担负起组织引导群众听党话、感党恩、跟党走的政治责任, 最广泛、最有效地把群众组织起来、动员起来、团结起来, 始终在思想上政治上行动上同以习近平同志为核心的党中央保持高度一致, 从而凝聚意志、汇聚力量。在脱贫攻坚中, 只有每一位党员都能够"不忘初心、牢记使命", 在脱贫攻坚中严格自我要求, 各项工作才能够顺利开展。

光山县脱贫攻坚实践充分展现了各级各类负责人发挥好关键少数作用的"头雁效应"。"头雁效应"同样来自习近平总书记的论述, 习近平总书记多次强调, 各级领导干部是"关键少数", 是各个地方、各个领域、各个单位、各级组织的"头雁"。群雁高飞头雁领。头雁率先垂范, 发挥了示范带动作用, 就会形成"头雁效应", 这支队伍就会向着目标同心同德、奋勇前行。光山县在脱贫攻坚中能够充分认识到"头雁效应", 高度重视干部队伍中的关键少数, 严管厚爱, 使这些干部真正发挥好领头雁的作用, 带出了优秀的扶贫队伍。习近平总书记强调: "脱贫攻坚是一场必须打赢打好的硬仗, 是我们党向全国人民作出的庄严承诺。一诺千金。党的十八大以来, 各省区市党政一把手向中央签军令状的, 只有脱贫攻坚这一项工作。"① 凡是脱贫攻坚工作能够全面推进、迅速见效的地区, 一个十分重要的原因, 是各级领导干部特别是主要领导干部能够以身作则、率先垂范, 敢于涉险滩、啃硬骨头, 路上有陷阱率先铺路架桥, 前面有岔路正确做出抉择, 发挥着重要的标杆引领和示范带动作用。光山县领导干部在脱贫攻坚战中充分培育和发挥领头雁的作用。要求各级一把手必须以担当的勇气和智慧, 克服一切困难和阻力, 始终飞行在雁群前头, 用"头雁勤飞"带领"群雁齐飞", 全力提升党员干部的整体素质, 全力打造一支忠诚干净担当的干部队伍, 为贫困县高质量脱贫摘帽提供了有力政治保证。发挥"头雁效应"就必须强化领导干部特别是

---

① 《习近平扶贫论述摘编》, 中央文献出版社 2018 年版, 第 51 页。

主要领导干部的主体意识、主动意识、担当意识，提升他们的领导能力、领导艺术和领导水平，确保能者上、平者让、庸者下。弘扬"头雁效应"，要求"一把手"必须带头讲政治，不断强化理论武装，筑牢担当作为的思想根基，站稳政治立场，严守政治纪律，在政治方向上"把好舵"，持之以恒地补钙强骨、固本培元。坚持以习近平新时代中国特色社会主义思想为指导，勤于学习不懈怠，确保贯彻落实中央决策部署不走偏、不走样，避免产生形式主义和官僚主义。弘扬"头雁效应"，要求一把手必须是一面旗帜，迎风一招，让众人响应而去；是一面镜子，做得好让人找差距；是一个标杆，有一个刻度在那，让人照着学。抓落实，卡在一把手，难在一把手，重在一把手，成也在一把手。在脱贫攻坚实践中，各级领导干部更是应"领"在前，冲锋在前，一级带着一级干，一级做给一级看，以良好的作风打赢脱贫攻坚战。弘扬"头雁效应"，要求一把手必须坐言起行，担当有为。中央要求五级书记抓扶贫，五级书记必须把对党忠诚、为党分忧、为民造福作为根本政治担当，带头扛起责任，廉洁自律，狠抓落实，永不懈怠。弘扬"头雁效应"，应严格履行"第一责任人"职责，亲自抓、作表率，切实解决群众办事难、难办事的现状，创新工作方式，方便群众办事，减轻基层干部负担。弘扬"头雁效应"，要求一把手多当"施工队长"，多拿"图纸"进"工地"、到现场，与群众直接交流听取意见。群众在哪里，现场就在哪里；矛盾、问题和困难在哪里，"工地"就在哪里。"上为之，下效之"。在脱贫攻坚战中，必须由一把手打造出好的执行力，把领导带头贯穿于始终，在行为示范上做文章，才能把一个个难关踩在脚下，把一座座险阻抛在身后。

（三）求真务实是核心

脱贫攻坚的一切成绩都来自扶贫干部的务实作风，真扶贫、扶真贫、做实事、见实效，这是脱贫攻坚工作最突出的要求。光山县求真务实做好脱贫攻坚工作，充分展现了"大事效应"、"钉子效应"、"滴灌效应"和"乘数效应"。

光山县在脱贫攻坚中能够做到攻坚克难，充分展现了集中力量办大事的"大事效应"。光山县脱贫攻坚中展现"大事效应"是习近平总书记多次强调的集中力量办大事的社会主义制度优越性的基层应用，是集中全县之力把脱贫攻坚这个大事办好，资金集中使用，干部尽锐出战。习近平总书记强调："全面建成小康社会，最艰巨最繁重的任务在农村、特别是在贫困地区。没有农村的小康，特别是没有贫困地区的小康，就没有全面建成小康社会。"[①] 光山县是革命老区、大别山集中连片深度贫困区、典型的农业贫困县，需要解决的贫困难题有许多。为了按时完成脱贫攻坚任务，同样需要集中力量攻坚克难。近年来，光山县认真贯彻落实总书记重要讲话精神，把打赢脱贫攻坚战作为践行"四个意识"、坚定"四个自信"、做到"两个维护"的具体行动，发扬老区人民"善始善终、善作善成"的奋斗精神，办成了一批多年想办而未办成的大事、实事，进一步夯实了县域经济高质量发展基础。在脱贫攻坚战中，需要认真探索完善集中力量办大事的路径和机制，使贫困地区能迅速而有效地整合各种力量和资源，集中力量、各个击破难啃的硬骨头。

光山县在脱贫攻坚实践中把不可能变成可能，集中展现了"钉子效应"。"钉子效应"是光山县对脱贫攻坚所需攻坚克难精神的一种描述，脱贫攻坚需要深入群众，深入基层，找准症结，对症下药，没有钉子精神是难以使工作深入开展的。习近平总书记强调，"贫困之冰，非一日之寒；破冰之功，非一春之暖。做好扶贫开发工作，尤其要拿出踏石留印、抓铁有痕的劲头，发扬钉钉子精神，锲而不舍、驰而不息抓下去。"[②] 光山县通过总结提炼"钉子效应"，教育党员干

---

① 《习近平扶贫论述摘编》，中央文献出版社 2018 年版，第 4 页。
② 《习近平扶贫论述摘编》，中央文献出版社 2018 年版，第 111 页。

部自觉打造"钉子精神"。打赢打好脱贫攻坚战离不开抓铁有痕、踏石留印的"钉子效应"。脱贫攻坚以来，光山县认真学习领会钉钉子精神深刻内涵，引导党员干部勇于担责担难担险，说了算，定了干，咬住高质量脱贫摘帽目标不放松，高标准、严要求，把一个个不可能变成可能，把一个个可能变成现实，把一个个现实变成更加美好的现实。发挥好"钉子效应"，需要在工作中增强集中注意力，定点用力。钉钉子首先得有计划、有目标，这样才有的放矢，不至于东一榔头西一棒子。近年来，光山县围绕"十三五"规划确定的目标任务，确定了全面建设中国智慧之乡的奋斗目标，并坚持以脱贫攻坚为总引领、以实施"六大战略"为总支撑，以弘扬"五种精神"为总保障发展思路，一张蓝图绘到底，一以贯之抓落实，把中国智慧之乡的知名度和美誉度持续提升。发挥好"钉子效应"，需要把压力转变为动力。好的作风既要抓，更靠带。脱贫攻坚战锤炼了党员干部敢于担当、勇于负责、严谨务实的工作作风，全县党员干部舍小家顾大家，五加二、白加黑，把脱贫攻坚中形成的好的作风自觉运用到为民办实事中。发挥好"钉子效应"，需要保持定力，持续发力。在攻坚拔寨的伟大实践中，光山县党员干部面对困难不低头，累计整改解决脱贫攻坚中发现的问题5431条。广大干部形成了敢于担当、踏实肯干、持之以恒的工作作风，积累了啃硬骨头、攻坚克难密切联系群众的工作经验，推动全县形成了风清气正、崇廉尚实、干事创业的良好政治生态。脱贫攻坚工作的全过程，正是"钉子效应"的集中体现过程。在脱贫攻坚中，高效高质的执行力是必不可少的，这就要每个党员干部在需要时能够像钉子一样准确深入地投入相应的工作中。

光山县顺利打赢脱贫攻坚战，体现了对习近平总书记精准扶贫、精准脱贫论述的正确践行，充分展现了"滴灌效应"。"滴灌效应"既是对光山县自身工作特色的一个概括，也是对习近平总书记扶贫论述的积极应用。"精准滴灌"对应着"大水漫灌"，在扶贫资金使用上，光山县以前存在"大水漫灌"现象，各个方面平均用力。习近平总书记提出精准扶贫以后，"精准"二字成为脱贫攻坚的关键词语和关键方法。脱贫攻坚，"精准"是要义。习近平总书记指出："扶贫开发推进到今天这样的程度，贵在精准，重在精准，成败之举在于精准。搞大水漫灌、走马观花、大而化之、手榴弹炸跳蚤不行。"①光山县在扶贫资源的使用上，改"大水漫灌"为"精准滴灌"，并用"滴灌"一词作为认真工作的代名词，启发指导各级各类干部工作中要更加认真，让"滴灌效应"在各方面工作中都有体现。发挥"滴灌效应"，需要进一步注重形成工作的问题导向，寻根溯源，探病开方，做到因地制宜、因事定计、因人施策。脱贫攻坚战取得历史性胜利的事实充分证明，凡事讲求精准，真正做到精准，再大再难的事都将迎刃而解，"滴灌效应"是打赢打好脱贫攻坚战的重要法宝。精准扶贫精准脱贫是打赢脱贫攻坚战的大策略、真招数，只有把精准落到实处，下足精细精确精微的"绣花"功夫，才能确保脱贫攻坚取得实实在在的效果。光山县在打赢脱贫攻坚战中深刻领会总书记精准思维的核心要义，坚持把精准贯穿脱贫攻坚全过程，把有限的资源用在刀刃上，用在人民群众最需要的节骨眼上，取得了经得起实践和历史检验的脱贫成效。

光山县脱贫攻坚综合性成效突出集中展现了多方合力产生的"乘数效应"。对于"乘数效应"，习近平总书记也多次提及，习近平总书记强调，"要向开发农业多种功能要潜力，发挥三次产业融合发展的乘数效应"②。光山县不仅通过三产融合发展带来经济上的"乘数效应"，还通过广泛地动员各种力量，使各种力量融合使用，产生倍增效果，被描述为"乘数效应"。脱贫攻坚战是一场自上而下层层推动的递进式战役，同时也是一场四面八方全民协同的联动性战役，

---

① 《习近平扶贫论述摘编》，中央文献出版社2018年版，第58页。
② 《习近平关于社会主义经济建设论述摘编》，中央文献出版社2017年版，第205页。

一个贫困县、一个贫困村甚至一个贫困户，牵动的是各种政策的聚集、各方力量的聚集、各路资金的聚集、各个产业的聚集，而且随着脱贫攻坚工作的不断深入，这种聚集的广度在拓宽，深度在增加，力度在强化。各种力量的大聚集汇成一股洪流，荡涤着贫困山村，使广大农村迅速改变贫困面貌。光山县有效利用中央办公厅定点帮扶和省市协同帮扶的制度优势，鼓励支持各类企业、社会组织、个人积极参与脱贫攻坚，全社会行动起来，形成社会协同的大扶贫格局，充分发挥了帮扶工作的"乘数效应"，为高质量脱贫摘帽提供了重要支撑。光山县在打赢打好脱贫攻坚战中，通过充分发挥多种力量协调发力的"乘数效应"，凝聚了党心、民心，形成了同频共振、同向发力的工作格局，对于进一步做好脱贫攻坚与乡村振兴的有效衔接，汇聚振兴合力具有巨大指导推动作用。

（四）依靠群众是根本

脱贫攻坚是全体中国人的事情，不能是"干部看，群众看"，必须依靠群众。我党长期以来把群众路线视为一切工作的生命线，一切为了群众，一切依靠群众，从群众中来，到群众中去。光山县脱贫攻坚的一切成效来源于依靠群众。光山县脱贫攻坚实践中的群众路线集中体现在"愚公效应"和"波纹效应"。

光山县脱贫攻坚成效突出体现了依靠群众的"愚公效应"。习近平总书记在多次重要讲话中引用愚公移山典故。习近平强调，脱贫攻坚战的冲锋号已经吹响，我们要立下愚公移山志，咬定目标、苦干实干，坚决打赢脱贫攻坚战，确保到 2020 年所有贫困地区和贫困人口一道迈入全面小康社会。"愚公效应"的最鲜明特质就是目标宏远，不畏艰难，矢志不移，前赴后继。脱贫攻坚工作虽已进入冲刺阶段，绝大多数贫困县已摘帽，绝大多数贫困户已脱贫，但就与贫困斗争而言，任务依旧繁重，仍然需要人民群众持之以恒地自力更生、艰苦奋斗，仍然需要几代人坚持日拱一卒无有尽，方能达到水滴石穿、绳锯木断的良好成效。在全面打赢脱贫攻坚战中，光山县认真学习贯彻习近平总书记关于注重扶贫同扶志、扶智相结合的重要指示精神，把激发群众内生动力、发挥群众主体作用贯穿脱贫攻坚全过程，引领人民群众以愚公移山的韧劲和拼劲，不断开创脱贫攻坚工作新局面。在脱贫攻坚中，需要大力弘扬"宁愿苦干、不愿苦熬"的"愚公效应"，需要保持责任的连续性、政策的连续性、帮扶的连续性、投入的连续性以及扶贫同扶志、扶智相结合工作的连续性，发挥群众的主体地位。在脱贫攻坚中依靠群众，就要求把"政府搭台、群众唱戏"有机结合起来，不搞大包大揽，把该由群众集体决策、群众参与完成的事项交还群众。只有当全体农民意识到自己的责任并且勇敢地、自觉地来承担自己的责任时，才能真正激发他们的主动性、积极性和创造性。在脱贫攻坚中依靠群众，需要积极鼓励群众撸起袖子加油干，政府不包办代替，防止出现"政府热、百姓冷"。依靠群众，就需要鼓励群众依靠双手发展产业、改善环境，政府可以采取财政奖补、项目扶持的方式，调动群众的积极性，真正实现群众从"看政府唱戏"到主动"上台唱戏"的转变。

光山县脱贫攻坚成效突出体现了依靠群众的"波纹效应"。"波纹效应"是光山县对脱贫攻坚中树先进、树典范及其成效的一种概括，榜样的力量是无穷的，以身边的榜样来影响更见成效。光山县在脱贫攻坚中能够不断培育出先进典型、能够选准典型，使这些典型带动周围的群众进步，发挥了应有的作用。正如一枚投入水中的石子，石子虽小，却能够在整个水面产生一圈圈波纹，这就是小石子的大效应，是"波纹效应"。习近平总书记指出，榜样的力量是无穷的。善于抓典型，让典型引路和发挥示范作用，历来是我们党重要的工作方法。在脱贫攻坚工作中，涌现出了许许多多先进的典型人物和典型经验，这些典型就像投入扶贫池水中的石子，一石激起千层浪，不断扩延，不断放大，产生巨大的"波纹效应"，推动着脱贫攻坚工作从一个起点走向另一个起点，宣传先进，传播正能量，产生由此及彼的连锁效应。在脱贫攻坚战中，光山县通过挖掘典型、宣传典型、学习典型，传递脱贫攻坚的正能量，激荡波峰迭起的强劲效应。在光山县脱贫攻坚中成长起来的先进人物，尽管都是身边之人，但是通过广泛的宣传教育，能够使之在整个脱贫攻坚中产生绵长的积极影响力。在脱贫攻坚中，需要在更宽领域、更多层面发现和总结典型人物和典型经验，以获取更多的激水之石。弘扬"波纹效应"，需要选好典型、推广典型，使典型事迹得到广泛传扬，以扩大影响力、提升带动力。弘扬"波纹效应"需要多种形式、多种渠道，光山县在县电视台专题设立扶贫频道，开辟脱贫路上光山人、光山脱贫故事等多个专栏，深度挖掘在脱贫攻坚战中不等不靠有志气、自主脱贫有骨气的贫困群众和担当意识强、工作作风实的帮扶干部，对他们的先进事迹，通过"报纸、网站、微信、电视"等县内各媒体进行立体化、全方位宣传。弘扬"波纹效应"，就是要以好的先进典型激发内生动力、提振攻坚信心、凝聚工作合力、展示脱贫成果；就是要大力宣传先进典型，宣传、展示乡村道德模范、最美人物，树立一个带动一片、一批影响全局，凝聚人心、弘扬正气、催人奋进，形成"干部比干劲、群众比思想、幸福靠奋斗"的比学赶超氛围。

四、光山县脱贫攻坚衔接乡村振兴的政策建议

光山县顺利实现脱贫目标后，在保持脱贫政策连续性基础上，已经开启了衔接乡村振兴的工作部署，主要是通过抓好项目规划、启动发展规划和抓住关键环节来进行的。尽管如此，光山县依然存在一些制约经济社会发展的因素，主要体现为四个方面：一是光山县财政收

入水平较低；二是村集体力量弱小；三是县域品牌能力不足；四是农田基础设施整修任务艰巨；五是务农人口老龄化现象突出。因此，光山县需要在增大财政收入、壮大集体力量、塑造县域品牌、改善基础设施及汇集人才等方面加大工作力度，以便更好地推动脱贫攻坚与乡村振兴的衔接。

（一）传承脱贫攻坚精神，提升自我发展能力

"人无精神则不立，国无精神则不强"[①]。光山县在脱贫攻坚衔接乡村振兴中，必须重视精神力量的作用。光山县的脱贫攻坚坚持以"五种精神"为总保障。[②] 脱贫攻坚过程中各级党员干部认真领会习近平总书记要求的"绣花功夫""钉子精神"，真抓实干，经常处于"白加黑""五加二"的工作状态，涌现出许多可歌可泣的感人事迹，因而脱贫攻坚中形成的精神更加值得传承，特别值得在乡村振兴阶段发扬光大，从而实现从脱贫攻坚到乡村振兴的顺利衔接。在从脱贫攻坚过渡到乡村振兴阶段，应该使好的做法得到保存或改进，好的精神得到发扬光大，从而实现在各种帮扶力量下的发展转变为自力更生的自我发展。光山县在脱贫攻坚阶段的重要推动力之一是中办各批驻县驻村干部带来的积极认真、踏实勤勉的标杆作用。若使全县党员干部的内在力量能更好更持久地得到激发，就必须加强这种脱贫攻坚精神，从而提升光山县的自我发展能力。为了传承脱贫攻坚精神，光山县在具体工作层面需要加强以下几个方面的工作。一是全面总结脱贫攻坚阶段的经验教训，使脱贫攻坚阶

---

① 习近平：《在全国抗击新冠肺炎疫情表彰大会上的讲话》，人民出版社 2020 年版，第16 页。

② 光山县脱贫攻坚中倡导的五种精神为：满怀热情、真诚为民的服务精神；弘扬团结协作、善做善成的攻坚精神；知难而进、锲而不舍的拼搏精神；勇于担当、敢于胜利的创新精神；顾全大局、不计得失的奉献精神。

段的人才资源、产业条件、资金支持及其他各种支持力量能够在乡村振兴中继续发挥作用。二是科学调整发展目标，结合乡村振兴的总体目标，把光山县脱贫攻坚目标调整为乡村振兴的具体目标，以构建现代农业产业体系作为抓手。三是以农村劳动者为主体，以基层党支部建设为纽带，动员一切能够动员的力量，以脱贫攻坚精神开启乡村振兴事业。

（二）筑牢"多彩田园"根基，提高品牌塑造能力

光山县在脱贫攻坚阶段，能够在科研机构的支持下，精心选择绿色发展产业，在中办支持下，绿色产品获得稳定的市场渠道。为了使光山县各种绿色产品获得更强的生命力，需要在扩大规模、打造品牌、增大县财政收入上加大工作力度。没有规模就没有品牌，没有县域内强大的绿色产品深加工能力，就难以形成强大的品牌。光山县在脱贫攻坚阶段培育出来的"多彩田园"产业仍处于"小、散、弱"的状态，通过汇集力量把"小、散、弱"发展为规模适度、竞争力强的产业是非常必要的。在未来发展中，光山县在坚持绿色可持续发展的同时，需要加大县域品牌产品塑造的支持力度。鉴于光山县的区位优势和历史积淀，在从脱贫攻坚向乡村振兴的过渡阶段，一方面要继续加大基础设施投入，增强公共服务能力，构建现代化服务和治理平台，提升"多彩田园"的规模和效能。另一方面，需要在继续塑造"光山十宝"等区域品牌的基础上，对本地的传统羽绒加工等企业进行力量整合，壮大第二产业的加工生产能力，逐步使弱小的品牌强大起来，形成县域品牌优势。同时还要促进各类生产经营主体的成长，促进一、二、三产业之间的密切关联，实现三次产业间的融合发展，发挥"乘数效应"，使绿色产业发展获得更强大的生命力。

（三）打造产学研一体化平台，汇集乡村振兴人才

在有限土地上增加农产品的产出需要科技，延长产业链条、增加农产品的附加值需要科技，优化工作环境、吸引年轻人返回乡村更需要科技，因而打造产学研一体化平台，汇集乡村振兴人才，是实现从脱贫攻坚衔接乡村振兴的又一重要内容。从脱贫攻坚到乡村振兴，科技和人才力量的形成与汇集，需要一个产、学、研相结合的载体。通过打造县域产学研一体化平台，不仅有利于培养本县涉农人才，还便于与县域外的涉农高校和科研机构建立起稳定的联系。县域产学研一体化平台的职能是多方面的，一是培养本校学生，二是培养本地农民，三是培养本地党员干部，四是开展本县域的农村生产经营的研发，五是成为县域内外科研工作沟通的平台。县域产学研一体化平台在培养县域现代职业农民方面，能够发挥独特的作用。光山县可以把全县农民分批分类进行职业培训，根据培训情况，科学部署生产经营项目，为职业农民创立成长进步的体制机制，提高本县农民在县域内的流动就业能力和收入福利水平，从而在本县使务农成为令人尊重的职业，使本县农村成为令人向往的地方。乡村振兴的根本是人才，特别是年轻人才。光山县在脱贫攻坚阶段，通过联手大型网络公司，开发数字标注工作岗位，吸纳了不少年轻人就业。但是乡村的振兴更需要以农业为依托，构建产学研一体化平台，不仅促进一、二、三产业融合发展，而且使这些工作岗位得到年轻劳动者的认可，从而促进年轻人回归乡村。

（四）壮大集体经济，增强抗击风险能力

习近平同志多次强调发展农村集体经济的重要性，指出："集体经济发展了，不但可以为农户提供各种服务，还可以发挥调节作用，

防止两极分化。"[1] 农村集体经济不仅能够发挥调节作用，还可以增强农业产业的抗击风险的能力。农业产业面临的风险不仅有自然风险，还有市场风险。在应对自然风险中，只有集中力量抢收、抢种才能应对瞬息万变的恶劣天气，只有依靠集体力量才能修建起旱涝保收的水利工程。在应对市场风险中，只有依靠集体力量才能有效提供市场信息服务、提供拓展营销渠道的服务。在一个县域之内，县级国有企业可以看作一个县域的集体经济组织，把县域国有企业与各乡镇或村的集体经济组织关联起来发展，即由县国有企业负责收购和加工各乡村的农产品，就能够为各乡村集体经济组织的产品提供稳定的出路，从而增强抗击市场风险的能力。早在 20 世纪 50 年代，我国就全面总结了各省的合作社发展经验，其中就有一条是"只有合作化才能抵抗天灾"[2]。我国脱贫攻坚工作就是举全国之力战胜各种困难的一个过程，在一个县域经济社会发展中，也需要常态化地汇集各种力量克服发展中的困难，组织乡村集体经济和组建发展国有企业就是汇集多种力量的一个途径，这对于光山县尤其必要，因为光山县非常缺乏提供公共服务的财力，只有集体经济或县域国有企业才能够有效提供这种支撑。

---

[1] 习近平：《摆脱贫困》，福建人民出版社 1992 年版，第 193 页。
[2] 中共中央办公厅编：《中国农村的社会主义高潮》（中册），人民出版社 1956 年版，第548 页。

后　记

　　脱贫攻坚是实现我们党第一个百年奋斗目标的标志性指标，是全面建成小康社会必须完成的硬任务。党的十八大以来，以习近平同志为核心的党中央把脱贫攻坚纳入"五位一体"总体布局和"四个全面"战略布局，摆到治国理政的突出位置，采取一系列具有原创性、独特性的重大举措，组织实施了人类历史上规模空前、力度最大、惠及人口最多的脱贫攻坚战。经过 8 年持续奋斗，现行标准下 9899 万农村贫困人口全部脱贫，832 个贫困县全部摘帽，12.8 万个贫困村全部出列，区域性整体贫困得到解决，完成了消除绝对贫困的艰巨任务，脱贫攻坚目标任务如期完成，困扰中华民族几千年的绝对贫困问题得到历史性解决，取得了令全世界刮目相看的重大胜利。

　　根据国务院扶贫办的安排，全国扶贫宣传教育中心从中西部 22 个省（区、市）和新疆生产建设兵团中选择河北省魏县、山西省岢岚县、内蒙古自治区科尔沁左翼后旗、吉林省镇赉县、黑龙江省望奎县、安徽省泗县、江西省石城县、河南省光山县、湖北省丹江口市、湖南省宜章县、广西壮族自治区百色市田阳区、海南省保亭县、重庆市石柱县、四川省仪陇县、四川省丹巴县、贵州省赤水市、贵州省黔西县、云南省西盟佤族自治县、云南省双江拉祜族佤族布朗族傣族自治县、西藏自治区朗县、陕西省镇安县、甘肃省成县、甘肃省平凉市崆峒区、青海省西宁市湟中区、青海省互助土族自治县、宁夏回族自治区隆德县、新疆维吾尔自治区尼勒克县、新疆维吾尔自治区泽普县、新疆生产建设兵团图木舒克市等 29 个县（市、区、旗），组织中国农业大学、华中科技大学、华中师范大学等高校开展贫困县脱贫摘帽研究，旨在深入总结习近平总书记关于扶贫工作的重要论述在贫困县的实践创新，全面评估脱贫攻坚对县域发展与县域治理产生的综合效应，为巩固拓展脱贫攻坚成果同乡村振兴有效衔接提供决策参考，具有重大的理论和实践意义。

脱贫摘帽不是终点，而是新生活、新奋斗的起点。脱贫攻坚目标任务完成后，"三农"工作重心实现向全面推进乡村振兴的历史性转移。我们要高举习近平新时代中国特色社会主义思想伟大旗帜，紧密团结在以习近平同志为核心的党中央周围，开拓创新，奋发进取，真抓实干，巩固拓展脱贫攻坚成果，全面推进乡村振兴，以优异成绩迎接党的二十大胜利召开。

由于时间仓促，加之编写水平有限，本书难免有不少疏漏之处，敬请广大读者批评指正！

本书编写组

责任编辑：刘彦青　刘敬文
封面设计：姚　菲
版式设计：王欢欢
责任校对：马　婕

图书在版编目（CIP）数据

光山：绿色发展引领脱贫攻坚/全国扶贫宣传教育中心 组织编写. —北京：
人民出版社,2022.9
（新时代中国县域脱贫攻坚案例研究丛书）
ISBN 978－7－01－023207－2

Ⅰ.①光…　Ⅱ.①全…　Ⅲ.①绿色经济-扶贫-案例-汇编-光山县
Ⅳ.①F127.614

中国版本图书馆 CIP 数据核字（2021）第 039521 号

光山：绿色发展引领脱贫攻坚
GUANGSHAN LÜSE FAZHAN YINLING TUOPIN GONGJIAN

全国扶贫宣传教育中心　组织编写

人民出版社 出版发行
（100706　北京市东城区隆福寺街 99 号）

北京盛通印刷股份有限公司印刷　新华书店经销

2022 年 9 月第 1 版　2022 年 9 月北京第 1 次印刷
开本：787 毫米×1092 毫米 1/16　印张：16.5
字数：218 千字

ISBN 978－7－01－023207－2　定价：50.00 元

邮购地址 100706　北京市东城区隆福寺街 99 号
人民东方图书销售中心　电话（010）65250042　65289539